JN119376

モヤモヤの
ボランティア学

私・他者・社会の交差点に立つ
アクティブラーニング

李永淑 編

昭和堂

まえがき

「ボランティア」と聞くと何色が頭に浮かびましたか？
その理由は何でしょう？

あなたの「答え」は何でしょうか。誰かに同じ質問をすることができるのならば，あなたの「答え」と同じ色の人はどれくらいいたでしょうか。色が同じであった人のなかで，同じ理由の人はどれくらいいたでしょうか。

おそらく，多様な「答え」が出たと思います。ある意味それは，あなたの周囲の潜在的な多様性が顕在化した（見えた）ともいえるでしょう。そしてその多様な答えを聞き，あなたはどのように感じましたか。

本書では，このときのあなたの状態を「モヤモヤ」と言い表したいと思います。そして本書は，あなたのボランティアのモヤモヤを，アクティブラーニングに接続したいと目論んでいます。さて，この説明にあなたは「モヤモヤ」したでしょうか。

あなたの様子を想像しつつ，これから本書の前説を始めたいと思います。

ボランティアはモヤモヤするものなのか

改めて，あなたのボランティアの色とその理由は何でしょうか。そして，あなた以外の人には，どのような答えがあったでしょうか。

ちなみに，あなたを含めた多様な「答え」には，個々人の経験や価値観が反映されていなかったでしょうか。例えば，私がこれまで聞いた学生の答えのなかに，「緑，ビブスの色だから」というものがありました。詳しく尋ねると，「小学校のとき，登下校時の交通安全ボランティアのおじちゃんが着ていたビブスが緑色で，それが初めて出会ったボランティアだったから」とのことでした。この学生のように，自身が目にしたり経験したりした具体的な理由もあれば，「肌色。ボランティアは人と人とのふれあいがある温かい

i

活動だと思うから」と，イメージから答える学生もいました。

　このように，「ボランティアとは何か」という問いには，実に多様な「個々人の経験や価値観が色濃く反映された答え」があります。

　その一方で，私たちはこの複雑な「ボランティア」という言葉を，実に巧みに使い分けています。例えば，以下のケースでは，それぞれどのような意味で使われているでしょうか。そして，あなたはどのように「理解」しているでしょうか。

　　　ケース１「一日介護体験ボランティアとして来ました〇〇です」
　　　ケース２「ルールを破った罰としてボランティアをさせます」
　　　ケース３「被災地ではボランティアが不足して困っています」
　　　ケース４「今日はボランティアしてくれる？」

　ボランティアという言葉に，確固たる定義がないからこそ，このようなバリエーションが生まれるともいえるのではないでしょうか。そして，ボランティアという言葉を使用する際には，自分の「答え」をいったん保留して，言葉そのものよりも，その場の空気や社会情勢，相手の態度や表情から読み取れる情報に反応しながらメタ・メッセージ（言葉以外の，高次のメッセージ）を読み取る力，つまり多義的な高次のコミュニケーション能力が求められているようです。

　本書は，このような「問いの宝庫」であるボランティアを手がかりとして，よりよい社会を描き，共有し，それらを具体的な実践知につなげる装置になることを目指しています。その前提は，①「私」は「他者」でもあり，「他者」は「私」でもある，②「私」と「他者」により「社会」は構成されているという，シンプルなものです。

　さて，ここで社会という言葉が出ましたが，社会とは何でしょうか。

ボランティアのモヤモヤはどこにあるのか

> 「私たちが社会の存在を自分の目でとらえようとするなら，私たちが目を向けるべき場所は人間と人間の間であること，そしてとくに人間と人間の間で何か不適切と感じられる出来事が起こっている場面に注目することである」（浜 2007：22）。

　浜の指摘を踏まえると，「不適切と感じられる出来事」とはいつもと違う出来事，つまり「普通だったら○○であるはずなのに（べきなのに）どうして？」と感じるような，「自分の考えや価値観とは違う」出来事のようです。そして，モヤモヤした気持ちになる出来事は，「人間と人間の間」で起こり，それは，生きてきた社会のありようが反映された個々の「答え」のせめぎあいであると考えられるのではないでしょうか。

　他者の「答え」が多様であったように，「ボランティア活動は『私・発』」（早瀬 1997：7）であるからこそ，ボランティアは多様な個々人の経験や価値観が色濃く反映された答えを生み出すのでしょう。

　このように，自分と違った／出会ったことがない考え方（価値観）に出会う「私・発」のボランティア活動では，モヤモヤした気持ちでいっぱいになる可能性と隣り合わせですが，その葛藤は，多様な「答え」に出会う過程でもあるでしょう。それは，ボランティア活動が，自分と他者の人生を突き合わせる連続であるからです。

　西山は，「ボランタリズムを他者との関係のなかに成立する行為と捉え」（西山 2007：ii），「人間の『生』の固有性，そのかけがえのなさに徹底的にこだわる『支え合い』をさす概念」（西山 2007：ii）である「サブシステンス」という視座から，ボランタリズムの実態を検討しています。そのなかで，阪神・淡路大震災後の，仮設住宅での被災者支援ボランティアへの調査から，復旧・復興期における活動において，彼らがチャリティ型ボランティアの限界と継続性のあるボランティア活動の必要性に直面し，NGO として組織を再編した経緯を記しています。当時，ボランティアたちは，孤独死を抑止できない

壁に突き当たるとともに、「自己犠牲的」ボランティアや「自己満足的」ボランティアが被災者の自立を妨げ、活動の継続を困難にするという問題に直面していました。そこから、被災者の生活再建を継続的に支えるためには、まずボランティア自身が自立することが大きな課題となったといいます（西山 2007：109-118）。

　ボランティア活動は、多様なボランティアたちが、多様な他者の「生」と向き合うと同時に、自身の「生」とも向き合い、その開放のあり方が問われる過程でもあるからこそ、このような課題が立ち現れるとも捉えられるのではないでしょうか。

　そうであれば、「私の生」を起点として、「他者の生」との間にめぐるボランティアに向き合うことは、「よりよい社会」の実践知につなげるためのボランティア学につながるのではないだろうか——このような想いを形にする挑戦として、本書の論考はすべて「私」を主語としました。

　しかし実のところ、「私」を主語としてボランティアを論じる作業は非常に困難でした。「社会を構成するかけがえのない私」を主語にして政治的・社会的な文脈を考察することは、「私」と関わってきた「かけがえのない他者」を、具体的に思い描きながら慎重に言葉を紡ぐ作業でした。

　しかし、だからこそ、「社会的には〜」や、「日本では〜」といったような「大きな主語」で論じることで零れ落ちてしまいそうな、私と他者の「かけがえのない生」を丁寧に描きながら、私たちの生きる社会の「よりよい生」について論じることができるのではないかと考え、執筆者一同、言葉にならない言葉を紡ぐ作業と格闘しました。

　本書に収録された論考を手がかりに、あなたが、「かけがえのない私」の物語から、「かけがえのない他者と社会」へ議論を広げてくれたらと願っています。社会を構成し、政治と関わるかけがえのない主体である「私」が、自身の「生」をどのように感じて考えているかを起点に、「他者」と「社会」の「生」について議論を広げるプロセスは、わざわざアクティブラーニング用のテキストと謳うまでもなく、あなたの思考を常にアクティブな状態にするでしょう。他方、「かけがえのない私と他者」は、「社会」という大きな主

語のなかでの秩序化と隣り合わせの状態にあります。それはいったい，どういうことなのでしょうか。

本書の構成と特徴

　さて，この後の序章では，先ほど中途半端に終わらせた，「かけがえのない私と他者」は，「社会」という大きな主語のなかでの秩序化と隣り合わせの状態にある，という問いを広げることから始めます。そして，『モヤモヤのボランティア学——私・他者・社会の交差点に立つアクティブラーニング』という本書のタイトルの所以を解き明かしながら，ボランティアが内包する「モヤモヤ」を随所にちりばめています。

　序章でちりばめた「モヤモヤ」はその後，12名の執筆陣に引き継がれます。各章では，ボランティアという交差点に立つことで感じてしまった「モヤモヤ」を放置できなかった，各執筆者の「私とボランティアの物語」が語られています。そして，様々な論点を交差させながら，「モヤモヤ」の言語化を試みています。しかし，残念ながらモヤモヤは晴れるどころか，深みにはまっていきます。やむをえず，「ゼミナール」で，さらにモヤモヤを広げていきます。

　つまり，本書にはモヤモヤを解消する処方も効能もないので，おおいにモヤモヤし，モヤモヤした箇所に下線を引いてください。それは，内容かもしれないですし，用語かもしれません。「ブックガイド」や引用文献も参照しながら，自身の知的好奇心に身をゆだねてください。「分かったこと」と「分からなくてモヤモヤして気になって調べたこと」を書き出して可視化すれば，よりあなたのモヤモヤは拡張するでしょう。そしてそれをぜひ，議論の端緒にしてください。当然ながら，教室で話し合うことだけが議論ではありません。可能であれば読後，隣に居合わせた人に話しかけてみることをお薦めします。私だったらおそらく，胸に広がる「モヤモヤ」をそのままにしておくことがしんどいと思うからです。もちろん，授業であれば，その場を大いに活用して「モヤモヤ」を吐き出しましょう。また，「話し合い」にとどまらず，冒頭の「ボランティアの色」や，本書で紹介する演劇やアートを用いたワー

クショップなど，議論の方法も多様です。もちろん，本書に登場する「ボランティア」を手がかりに，あなた自身がその交差点に立つこともできます。

　終章ではまとめとして，『「私」を生きるボランティアの隣の「他者」と「社会」』をテーマに論じています。読後は，各章の「モヤモヤ」の交差点が見え，序章の伏線を回収することができるのではないでしょうか。そしてそのとき，あなたにはどのような「モヤモヤ」が広がるのでしょうか。

　本書は一応「テキスト」を謳っていますが，アンソロジー（短編集）としても読んでいただけると思います。誤解を恐れずいえば，学生に限らず，「モヤモヤ」というタイトルが気になってうっかり手に取ってくださった方が，「モヤモヤが収まらない……もしかすると，これがアクティブラーニングの状態？」という読後感を抱いていただけたらと願っています。

　「アンソロジー」ですから，気になった章から読んでいただいて構いません。各章の冒頭で示す各執筆者の「ボランティアの色」やキーワード，それぞれの専門領域は多種多様なので，きっと気になる出会いがあると思います。そして，「なぜそれとボランティア？」と思ったら，さっそく読み始めましょう。ぜひ，ご自身の「推し章」を見つけ，なぜ推すのか（もしくはなぜ推さない章があるのか）という新たな「モヤモヤ」を始めてください。

　さあ，魅惑のボランティアワールドへ。

　　　2023年1月

李永淑

●参考文献●

西山志保　2007『〔改訂版〕ボランティア活動の論理——ボランタリズムとサブシステンス』東信堂。

浜日出夫　2007「親密性と公共性」長谷川公一・浜日出夫・藤村正之・町村敬志『社会学』有斐閣，17-46頁。

早瀬昇　1997「私にとってのボランティア」社会福祉法人大阪ボランティア協会監修，巡静一・早瀬昇編著『基礎から学ぶボランティアの理論と実際』中央法規出版，2-19頁。

目　次

ボランティアは
「モヤモヤ」を提供するのか

李永淑

　さて，あなたの「モヤモヤ」のボランティアワールドへの第一歩は，すでに始まっています。しかし，「まえがき」を読んだ読者のなかには，「モヤモヤという言葉がたくさん出てくるけれど，本当にボランティア＝モヤモヤなのか。ボランティアはしょせんボランティアでしょう？」と思った人もいるかもしれません。たしかに，「まえがき」では本書のねらいと特徴についての説明がまだまだ抽象的でした。

　そこで本章では，「序章」として，果たしてボランティアは本当に「モヤモヤ」を提供するのか，具体的な切り口から考えてみたいと思います。そして，ボランティアの「モヤモヤ」を，「私」と「他者」と「社会」の交差点から見出したとき，何をどのように学ぶ可能性が開くのかを，論じてみたいと思います。

(1) ボランティアは目的？　手段？

　秩序とは社会や集団における望ましい状態を保つための順序や決まり（『大辞泉』）なので，秩序を守ることは社会的に重要であると考えられている。しかし，万能で完璧な秩序はないので，「見落とされるもの」が出てくる。では，何が見落とされるのだろうか。

　「東日本大震災では，秩序化のドライブが露骨なまでに猛威をふるってしまった。多くの被災者が苦しみ，悲しみに暮れて，助けを求めている姿を前にして，ボランティアが現地に行くべき時期かどうかが議論され，ボランティアがすべきこととしてはならないことが列挙されていった。挙句の果てには，現地災害ボランティアセンターの準備が整っていないから，ボランティアをお断りするという事態まで発生した。その結果，災害ボランティアセンターありき，

災害ボランティアセンターが定めたニーズありきという姿勢の前に，被災した方々の姿は霞んでしまった。こうした事態の背後には，秩序だったボランティア活動を行おうとする意志が流れていた。無論，この意志は，誰か特定のリーダーの意志ではない。社会に通念として流れる意志であり，これこそが『秩序化のドライブ』である。その結果，被災者救援という目的のための手段にすぎなかった災害ボランティア活動が，いつのまにか本来の目的を離れ，手段であったはずの災害ボランティア活動自体が目的と化し，災害ボランティアという目的を達成するための秩序の維持へと関心を移行してしまったことに問題がある」（渥美 2014：140-141）。

　渥美の文章に手がかりを探ると，「秩序化のドライブ」によって，社会的に弱い状況にある人々個々の「生」が見落とされてしまうのではないだろうか。しかしボランティアは本来，そのような見落とされた存在に寄り添うものではないのだろうか。社会的秩序から見落とされ困難な状況にある人々は「社会的弱者」と呼ばれ，そのような「困った」場面でボランティアは多く要請を受け，活躍している。
　一方，彼らが社会的に弱者であるというとき，彼らの困難は彼らに起因しているのではなく，社会に起因している。つまり，私たち一人ひとりが構成している社会が，彼らの困った状況を，安定的に再生産し続ける構造を維持していると考えることができる。その結果としてボランティアのニーズがあると考えると，ボランティアは，「他人の"困った"を他人事として自分と切り離したうえで関わること」ではなく，「自分事として地続きに捉える実践」であるといえるだろう。
　しかし，私たちが社会的秩序を意識するのは，おそらくその秩序によって自身が困難な状況になったときである。

（2）他人事が他人事になるとき，他人事が自分事になるとき

　例えば，あなたは性的マイノリティと呼ばれる人々をどう思うだろう。「最近では当たり前だし特別何も思わない」と思うだろうか。

　昨今ではLGBTQという言葉も広まり，性的マイノリティへの社会的な関心が高まったり理解が進んだりしているように見える。そうであれば，あなたも，あなたの家族や友人も，「安心して」当事者になれるはずだが，実際に今と変わらず「普通」に暮らしていけそうだろうか。

　自身がトランスジェンダーであることを公表している杉山文野さんは，パートナーのご両親はずっと応援してくれていたから，交際を報告してもきっと大丈夫だと思っていたところ，大反対を受けたそうだ。しかし，自身が自分のセクシャリティを受け入れるのに年月を要したように，ご両親にも時間が必要だと思ったそうだ。パートナーの様子についても，自分と一緒にいることで当事者になったわけで，「それまでの人生では経験しなかった偏見や差別を目の当たりに」してとても苦しそうだったと振り返っている（たまひよ 2019a）。

　「いざ，私が当事者になったら」

　このような想像力が伴わないと，社会的弱者と呼ばれている人たちの「困難」に寄り添うことは難しいのではないだろうか。

　杉山さんは，パートナーがゲイである友人から精子提供を受けてくれて子どもを授かり，「親3人育児」を楽しんでいる（たまひよ 2019b）。多くの人から祝福を受けた一方で，「子どもがかわいそう。いじめにあうのではないか」といった批判もあったそうだ。杉山さんは，この偏見こそが，いじめのはじまりだという（たまひよ 2019a）。

　　「僕は世の中を変えたい！と立ち上がったわけでも，何か特別なことをしたいわけでもありません。ただ，他の多くの方と同じように日常生活を送りたいだけ。普通に生活しようとすればするほど『活動』になってしまいました。

　　好きな人と一緒に暮らしたいし，家族になりたい。でもこうやって『普通』に恋愛して実を結ぶことすら，話題にされてしまう」（たまひよ 2019a）。

　金子みすゞの有名な童謡『わたしと小鳥とすずと』のなかには，「みんな

ちがって，みんないい。」という一節があるが（金子 1984：107），「みんなちがってみんないい」社会であれば，社会的弱者と呼ばれる人たちの発言や行為は，「普通の生活の一部」に過ぎないはずだ。しかし，杉山さんが指摘するように，残念ながら私たちの生きる社会は，「違い」から生まれる分断と排除に溢れている。

　その根底にいくつもの「正しさ」がせめぎあっているのが見え隠れしていないだろうか。

（3）正しさとしあわせとボランティア

　　「ボクのおとうさんは，桃太郎というやつに殺されました」

　　「一方的な『めでたし，めでたし』を，生まないために。広げよう，あなたが
　　見ている世界」

　これは，「しあわせ」というテーマで募集された，「2013年度新聞広告クリエーティブコンテスト」で最優秀賞を受賞した，「めでたし，めでたし？」という作品である（図0-1）。

　主人公「ももたろう」が，村人を苦しめる悪い鬼を成敗するために鬼ヶ島に赴き，村へ凱旋するという，日本で馴染みの深いこの昔話は，正義と悪が明確に分かれており，最後は「めでたし，めでたし」という言葉で締めくくられる。

　しかし，「めでたし，めでたし」と締めくくることができない，見落とされた物語があるのではないだろうか。作者の山﨑博司さんと小畑茜さんは作品について，次のようにコメントしている。

　　「ある人にとってしあわせと感じることでも，別の人からみればそう思えない
　　ことがあります。反対の立場に立ってみたら。ちょっと長いスパンで考えて
　　みたら。別の時代だったら。どの視点でその対象を捉えるかによって，しあ
　　わせは変わるものだと考えました。そこで，みんなが知っている有名な物語

図 0-1　山﨑博司・小畑茜「めでたし，めでたし？」
出所）日本新聞協会／新聞広告クリエーティブコンテスト 2013 年度
　　　最優秀賞作品。

を元に，当たり前に使われる『めでたし，めでたし。』が，異なる視点から見ればそう言えないのでは？ということを表現しました」（日本新聞協会「2013年度新聞広告クリエーティブコンテスト」）。

　他者の「しあわせ」を願うボランティアには，「しあわせ」への向き合い方が問われる。しかし「私のしあわせ」を一方的に投影してしまうと，ボランティアは独善的だと受け止められる場合がある。私の考える「しあわせ」と他者の考える「しあわせ」は必ずしも同じではないからだ。そうなると，ボランティアは面倒なことが多そうだと，思わず尻ごみしそうになるだろうか。
　しかし結局のところ，人は自分の「しあわせ」だけを考えて生きていく生き物ではないようだ。
　例えば，「あと24時間後に死ぬとしたら何をしますか」と聞かれたら，あ

なたは何と答えるだろうか。

　私の周りの学生の多くは、「好きなものをお腹いっぱい食べます」「行きたいところに行きます」と答える。そこで「誰と？」と聞くと、家族や友人、恋人と答える。どうやら人間という生き物は、自分の命に関わる究極の局面において、他者の存在を思い浮かべるようだ。そのような「人間」という存在を諦めないために、ボランティアには「しあわせ」というテーマがあるのかもしれない。

　さて、あなたはあと24時間後に死ぬとしたら、誰と何をするだろうか。

(4) 多数性とボランティア

　「ももたろう」で表現されているように、「しあわせ」と「正しさ」は一瞬、普遍的な響きを感じさせるが、個人、他者、社会により「違い」がある。したがって、「みんな」の社会的合意を達成することは不可能だ。しかし、最終的に一つの「答え」が出なければ、私たちの社会は成り立っていかない。

　では、その「答え」は、どのように誰によって出されるのか。そしてその「答え」は、私たちの生にどのように関わってくるのか。また、私たちはその「答え」に、どのように関わっている、もしくは関われるのだろうか。

　「小平都市計画道路に住民の意思を反映させる会」は、半世紀前に計画された東京都の小平都市計画道路３・２・８号府中所沢線（以下、328号線）の計画を、見直すべきか否かについて、住民投票を提案したことから始まった。この会に参加した國分功一郎さんは、「実際の政治に住民が参加するまでのハードルは本当に高い」（國分 2013：55）と述べている。

　そして國分さんはアレント（1994）の「多数性こそが政治の条件である」（國分 2013：116）という指摘を踏まえ、政治というものの原理的困難性を指摘している。人間が多数いるということは、それぞれに異なった多種多用な人間が存在することだ。つまり人間の多数性こそが、多数の人間の間を取り持ち、合意を取り付け、決定を下す、政治という営みを要請するが、政治がもたらす決定は一つでしかありえない。多と一は結びつかないという、原理的に無理なことをやっているので、そこに争いが生まれ、敵と友の区分が出現

する。そして，最も恐ろしいのは，政治が実は無理なことをやっているという事実が忘れられ，敵／友の区分がまるで存在しないかのように政治が扱われるときだという。そのとき，支配する側にいる者たちにとっての敵，あるいはその敵の意見は，無視されたり，ときには抹殺されたりするという（國分 2013：116-119）。

　國分さんが同会の住民投票運動に参加したのは，「328号線の問題性は『説明会』で十分に分かっていた」（國分 2013：52）からだった。そして説明会後の気持ちを次のように述べている。

　　「私はバットで頭を殴られたような気になった。私たちは民主主義の世の中に生きている。少なくともそう言われている。ところが，自分たちが住んでいる土地に道路が建設されると決まったら，それに対してもの申すことも許されない。質問に対する再質問もできない。行政は道路建設を勝手に決めて，『説明会』を開いて終わりということである。呆然としながらも，だんだんと怒りがこみ上げてきた」（國分 2013：34）。

　國分さんは，328号線計画の「問題」を指摘している。例えば，道路建設は住宅地，雑木林，玉川上水を貫通するため，200世帯以上が立ち退き，480本の樹木が切られるという。総工費は200億円をくだらないと推定され，その8割近くが立ち退き費用になり，工費の半分は，財政赤字で苦しむ国庫から支出されるという。ちなみに，計画予定地のすぐ脇には，府中街道という道路がすでに平行して通っている（國分 2013：36-37）。

　みんなちがってみんないい。そのために，よりよいもの，より正しいものを願い，実現していく。

　この一見，誰もが同意できそうな，ボランティアの理想の実現は，実際にはとても複雑で難しいようだ。

　ところで，國分さんの活動はボランティアなのだろうか。

⑸ 自発性とボランティア

　「ボランティアの条件が列挙されるとき常に登場するのは，〈自発性〉・〈無償性〉・〈公共性〉という三つの条件である」という（入江 1999：5）。そして「『ボランティア』（volunteer）とは『自発的（voluntary）に行為する人』という意味であり，その語源は，ラテン語の『意思』（voluntas）である」（入江 1999：6）という。

　ボランティアのはじまりは，1647年のイギリスで，自ら自警団として参加する人たちをボランティアと呼ぶようになったことだといわれている（筒井 1997：20-21）。少し想像を膨らませると，1647年のイギリスといえばピューリタン革命の最中なので，いわゆる内戦状態だ。公的な庇護に頼らず自分たちで村や町を守らねばならなかった人々が，「ボランティア」と呼ばれたのだ。

　その後，18世紀後半から19世紀前半にかけて，アメリカ合衆国の独立，フランス革命，南アメリカ諸国の独立，ギリシャの独立などに参加する義勇兵がボランティアと呼ばれるようになる（筒井 1997：21）。「自由意志にもとづいて，自発的に奉仕活動をする人」（入江 1999：6）の活動には，他者との流血沙汰が伴ったのだ。

　あなたは，面識のない人を傷つけることができるだろうか。「はい」と即答する人はいないと思うが，ではなぜ，「普通はできない」ようなことを，社会正義として自ら進んでできるのだろうか。また，私たちは本当に「そんなこと絶対にしない」と言い切ることができるのだろうか。私たちは，何を守り，正しいと信じて実践するのだろうか。

　「国民は一つの共同体として想像される」と述べたベネディクト・アンダーソンは，「過去二世紀にわたり，数千，数百万の人々が，かくも限られた想像力の産物のために，殺し合い，あるいはむしろみずからすすんで死んでいった」，「なぜ，近年の（たかだか二世紀にしかならない）萎びた想像力が，こんな途方もない犠牲を生み出すのか」（アンダーソン 1997：26）と問いかけている。

　アンダーソンが述べたように，国民という想像された共同体における信条は，その共同体における秩序と異なる価値をもち，面識のない他者を「自発

的」に傷つける結果に結びつく。信条をめぐる分断と衝突は，戦争という形になる。しかし戦争に限らず，「信条」をめぐる衝突は私たちの日常に溢れている。では，私たちはどれほど確固たる「信条」を自覚しているのだろうか。

　中野は「ボランタリーな活動というのは，国家システムを越えるというよりは，むしろ国家システムにとって，コストも安上がりで実効性も高いまことに巧妙なひとつの動員のかたちでありうるのである」（中野 2014：258-259）という。

　そして，「ボランティアは，国家システムの側の要求でもある」（中野 2014：259）という。例えば，ボランティアが，福祉現場の抱える多様な課題とニーズに対応して広く活躍していると聞くと，よくある話だとうっかり聞き流してしまいそうだが，よくよく活動を確認してみると，内容によっては，「それってボランティア？」「ボランティアが『自発的な主体』として行っていると捉えられているけど……」とモヤモヤしないだろうか。「現在流行のボランティアの称揚は，もちろん進行中の『行政改革』や『教育改革』にも，そして『安全保障』にも，きちんとリンクしていると考えなければならないのである」（中野 2014：259）のではないかと。

　ボランティアは自由意志に基づく社会活動であるといわれるが，ボランティアが，社会秩序から影響を受けることを考えると，ボランティアの三つの条件は，単なる特徴として片づけてしまうのではなく，政治的・社会的文脈から社会の何が見えて何が見えなくなってしまうのか，その結果どのような帰結につながるのか，そしてどのような政治的・社会的文脈で「私」は自覚的もしくは無自覚に組み込まれているのか，社会のなかの私の主体性について相対化し，揺らぎを与える問いでもあるのではないだろうか。

　早瀬は，「『自発的』とは“言われなくてもする”ことだが，同時にそれは“言われても（自分が納得しなかったら）しない”ことでもある」（早瀬 1997：6）と指摘する。さて，あなたは自分の「自発性」をどう考えているだろうか。

(6)　「私」と「他者」と「社会」の交差点に立つボランティア

　2018年，韓国出身のアーティストBTS（防弾少年団）のメンバーの一人が，

9

原爆と「朝鮮独立万歳」を叫ぶ人々の画像がプリントされ「Patriotism Our History Liberation Korea」という文字が書かれた T シャツを着用した「事件」が発生した。日本の音楽番組では BTS の出演が中止になり，日本国内では批判や嫌韓ムードが高まった。BTS は世界中にファン（以下，ARMY）を擁するが，日韓の歴史や政治問題がすべての ARMY にとって身近でよく知られた話とは限らず，彼らのなかでも意見は割れた（WHITE PAPER PROJECT 2018）。

　そのようななか，様々な立場の ARMY が参加した「白書」が発表された。これは，事件の経緯から政治的背景，マスコミの報道，朝鮮王朝末期や日韓併合などの日韓の歴史的・政治的対立について，参考文献も添えて，韓国語と英語で執筆された109頁に及ぶ論文だった。彼らは白書で共通した挫折感から集まり，私たちは全員何かをしたかった（WHITE PAPER PROJECT 2018：4, 引用者訳）と，自らについて以下のように述べている。

　　「私たちは学生，作家，工学者，翻訳家，科学者，教師，経済学者，芸術家，編集者，そしてデザイナーです。私たちはキリスト教，仏教，ユダヤ教，自然神教，天主教，不可知論，そして無神論を信じています。私たちは英語，韓国語，アラビア語，スペイン語，中国語，日本語，インドネシア語，ロシア語，ポルトガル語，そしてドイツ語を駆使します。私たちのうち，数名はジョングク（BTS メンバーの最年少者，白書発表当時21歳：引用者注）よりも年下で，その他数名の年齢は，彼らのほぼ 2 倍です。私たちは，私たちの多様性が，すべての ARMY たちの多様性を代表することができないことを知っています。そして，私たち自身ではない他の誰かを代表しようともしません。しかし，私たちはたくさんの眠れぬ夜をかけて結集した知性，調査，討論，そして防弾少年団と ARMY に向けた私たちの愛が，さらに多くの多様性を持つ多くの人々に届き, 共鳴することを願っています」（WHITE PAPER PROJECT 2018：1, 引用者訳）。

この事件は「原爆 T シャツ事件」と呼称される一方で，「光復節 T シャツ

事件」とも呼称され，世界中の ARMY たちの反応も異なるなか，同白書は「T
シャツ事件」として執筆された。

　様々な「正しさ」をめぐる論争が交差するなか，白書を執筆した ARMY
たちは，翻訳活動のなかで多様な媒体のニュースや意見がファンにとってど
のように消費されているか，非常に注意を払っている（WHITE PAPER
PROJECT 2018：82）という。そして，このように述べている。

　　「私たちは言葉の交差点に立っており，人気があるものよりは正しいもの，そ
　　して面白いものよりは賢明なものを選ぶために毎日，どの瞬間も，慎重な選
　　択をしなくてはなりません。私たちは責任感を持っています。しかしこれは，
　　私たちだけが果たさなくてはならないものではありません」（WHITE
　　PAPER PROJECT 2018：82，引用者訳）。

　白書には，「事件」をめぐる論争で誰がどのような枠組みを前提に「問題」
を描いているのか，誰のどのような経験が排除されているのか，どれくらい，
「かけがえのない個々の生」を捉える努力がなされているのかなど，複数に
わたる困難の関係性を，懸命に考慮する努力が綴られた。

　「この試練から私たちは希望を見つけます」（WHITE PAPER PROJECT
2018：85，引用者訳）という彼らの活動は，エスニシティは限界をもたらす，
市民（個人）は無力であるという「常識」を問い直す，ボランティアパワー
の現れでもあったのだろうか。複合的な問題の交差点に立つことは，対立で
はなく共生社会の在り方を模索するボランティアの可能性を広げるのだろうか。

　果たして，ボランティアは対立を強化するのだろうか。

　もしくは，共生への知恵を紡ぐのだろうか。

⑺ ネット時代とボランティア

　インターネットの普及も後押しし，既存の枠組みに収まる説明可能な領域
を創造してきた「近代」の限界が至るところで「発見」され続けている今，
ARMY に見られたような，国家や空間などを超えたボランティア活動の可

能性はますます注目され，具体的に現れていくだろう。それは，既存の枠組みにとらわれずに新しい希望を紡ぐボランティアの形が，おおいに現れる時代の到来かもしれない。

　しかし，インターネット上では激しい相克が繰り広げられている。グローバル化・デジタル化社会では，互いに傷つけ合うことから生まれる憎しみと分断がますます鮮明になっている。そのようななかで，Z世代の力が注目されている。

　1996年から2015年生まれとされるZ世代は，スマートフォンやSNSを当たり前のように使いこなすデジタルネイティブであり，インターネットを介して自分の考えを発信したり，人脈を広げたり，他の世代にはないネットの使い方をする（TikTok：For Business 2020：3）といわれている。

　TikTok：For Businessの『Z世代白書』によると，Z世代の背景には，度重なる震災や経済危機，先行きの不透明さから，一面的な価値観への疑問があるという（TikTok：For Business 2020：43）。そして，上の世代が描いていたアイコン的な安定した将来像が幻想となったことで，多面的な思考・価値観を抱くようになり，完璧を求めず，不完全性のなかに喜び・共感を見出すようになっていく（TikTok：For Business 2020：40）と分析されている。

　　「Z世代の背景には，一つに絞ることに対する"不安"があった。だからこそ，
　　様々なことに効率よく興味を持ち，手を付ける。多面的な価値観に対して，
　　多様な情報と繋がり・共感していくことこそが彼らにとって重要なことなの
　　だ」（TikTok：For Business 2020：33）。

　同白書では，「NPOやボランティア活動に関心がある」人の割合が，Z世代では41.0％，25歳以上では26.6％と，Z世代が他の世代よりも高くなっている（TikTok：For Business 2020：36）。こうしたZ世代の特長とされる経験と価値観が，彼らの武器であるデジタルスキルと融合したボランティアパワーとして発揮されるためには，人間と人間の間にある「モヤモヤ」を関わり合いのなかで直接感じ，相対化する営みが必要不可欠だろう。

　しかし，わざわざいうまでもなく，この点について十分「分かって」ボランタリーアクションを起こしたり関わったりしている Z 世代の活躍は，「大人」たちの想定を超え，すでに始まっている。

　ところで，「分かる」とはどういうことなのだろうか。

(8) アクティブラーニングとボランティア

　本書は「アクティブラーニング」をタイトルに謳っている。アクティブラーニングという言葉を聞いたことがあり，そのような授業を受けたことがあるという読者は多いだろう。なぜなら日本では，小学校から大学に至るまで，アクティブラーニングを積極的に導入するよう求められているからだ。いったい誰が，なぜ，あなたにアクティブラーニングを求めているのだろうか。

　大学の授業のあり方を見直すきっかけとなった，中央教育審議会の答申「新たな未来を築くための大学教育の質的転換に向けて――生涯学び続け，主体的に考える力を育成する大学へ」では，以下のように明記されている。

　　「従来のような知識の伝達・注入を中心とした授業から，教員と学生が意思疎通を図りつつ，一緒になって切磋琢磨し，相互に刺激を与えながら知的に成長する場を創り，学生が主体的に問題を発見し解を見いだしていく能動的学修（アクティブ・ラーニング）への転換が必要である。すなわち個々の学生の認知的，倫理的，社会的能力を引き出し，それを鍛えるディスカッションやディベートといった双方向の講義，演習，実験，実習や実技等を中心とした授業への転換によって，学生の主体的な学修を促す質の高い学士課程教育を進めることが求められる。学生は主体的な学修の体験を重ねてこそ，生涯学び続ける力を修得できるのである」（文部科学省中央教育審議会 2012：9）。

　同答申では，「国民，産業界や学生は，学士課程教育の現状に満足していない」とし，「『チームで特定の課題に取り組む経験をさせる』，『理論に加えて，実社会とのつながりを意識した教育を行う』などの点で重要性の認識に差異や隔たりがある」（文部科学省中央教育審議会 2012：12）と指摘している。

あなたは「確かに就活で必要だ！」「時代に乗り遅れないようにしなくては！」と腑に落ちただろうか。もしくは「私は日本社会の要請に応えなくてはいけないの？」「主体的な学びなのに設定されるっておかしくない？」と疑問に思っただろうか。

　これまでの学び方では，社会的な要請に応えることはできないし，これからの社会を生き抜いていけない，だから学校教育を変えなくてはならない，そのためには，アクティブラーニングの推進が必要で，その流れに従うことは，社会と個人の幸せにつながるのだと，素直に期待してよいのだろうか。

　小針は，アクティブラーニングが，戦時下教育のように，国家や政府のめざす政治・経済体制に，自発的または能動的に奉仕，奉公することを子どもに求める教育になっていくのではないかという懸念を禁じえないという（小針 2018：120）。

　ちなみに，「アクティブラーニングとは，行為すること，行為についてのリフレクションを通じて学ぶことを意味している」(松下 2015：23) が，「いったん内化された知識は，問題解決のために使ったり人に話したり書いたりするなどの外化の活動を通じて再構築され，より深い理解になっていく（内化が深まる）」(松下 2015：9) という。

　そして，子どもたちが社会や政治のあり方を批判的に思考・判断し，自分の考えを的確にまとめ，表現する「深い学び」を教師が受け止め，様々な意見を共有して調整するためには，教師の力量だけではなく，異なる意見や立場に対して，政治や社会全体がどれだけ寛容でいられるかが問われている（小針 2018：120-121）のである。

　私たちはこのようなアクティブラーニングを経て，何かを知り，そして何かが分かるのではないだろうか。

　ちなみに，「知る」は，もともと認識していなかった情報を外部から新規に得ることを表し，「分かる」は，不明瞭な状態にある情報や認識が明瞭な状態に変化することを表している（生天目・高原・砂川 2017：68）という。

　あなたの「ボランティアのモヤモヤ」は，どのような知識にあなたをつなげ，どのような変化をあなたにもたらすのだろう。そのとき，あなたは何を

知り，何が分かるのだろうか。そしてあなたの「学び」は，他者と社会にどのような変化をもたらすだろうか。

　ボランティアに埋め込まれたモヤモヤの伏線を回収しながら，あなたと，あなたの隣の他者と，あなたが生きる社会に交差する「ボランティアのモヤモヤ」に接続していくアクティブラーニングは，もしかすると，かけがえのないあなたの生の可能性を，あなた自身が開いていくプロセスなのではないだろうか。

　経済のグローバル化が進み，より複雑で変化の激しい時代に必要とされる能力の育成のグローバル競争が繰り広げられ，経済と教育のグローバル化が相互に関連し合っている（苅谷 2010：242）真っただ中で，あなたはどのように，どのような「主体的な深い学び」に辿り着くことができるだろうか。

●参考文献●

渥美公秀　2014『災害ボランティア──新しい社会へのグループ・ダイナミックス』弘文堂。

アレント，ハンナ　1994『人間の条件』志水速雄訳，筑摩書房。

アンダーソン，ベネディクト　1997『増補　想像の共同体──ナショナリズムの起源と流行』白石さや・白石隆訳，NTT 出版。

入江幸男　1999「ボランティアの思想──市民的公共性の担い手としてのボランティア」内海成治・入江幸男・水野義之編『ボランティア学を学ぶ人のために』世界思想社，4-21 頁。

金子みすゞ　1984『金子みすゞ童謡集　わたしと小鳥とすずと』矢崎節夫選，JULA 出版局。

苅谷剛彦　2010「日本社会はどこまでメリトクラティックか？──学歴社会の実像，虚像，そして変容」苅谷剛彦・濱名陽子・木村涼子・酒井朗『教育の社会学〔新版〕──〈常識〉の問い方，見直し方』有斐閣アルマ，237-255 頁。

國分功一郎　2013『来るべき民主主義──小平市都道 328 号線と近代政治哲学の諸問題』幻冬舎。

小針誠　2018『アクティブラーニング──学校教育の理想と現実』講談社。

たまひよ　2019a「前編トランスジェンダーの僕が，赤ちゃんを授かるまで」ベネッセコーポレーション，Web メディア「たまひよ」https://st.benesse.ne.jp/ninshin/content/?id=35599（2021 年 2 月 6 日閲覧）。

たまひよ　2019b「後編トランスジェンダー，ゲイ，ママ『親 3 人の育児始めました』」

ベネッセコーポレーション，Web メディア「たまひよ」https://st.benesse.ne.jp/ikuji/content/?id=35613（2021 年 2 月 6 日閲覧）。

筒井のり子　1997「ボランティア活動の歩み――私たちの社会とボランティア」（社福）大阪ボランティア協会監修，巡静一・早瀬昇編著『基礎から学ぶボランティアの理論と実際』中央法規出版，20-34 頁。

TikTok：For Business　2020『Z 世代白書――“かじる”Z 世代たち　新しい世代のあるがままのリアル』。

中野敏男　2014『大塚久雄と丸山眞男――動員，主体，戦争責任〔新装版〕』青土社。

生天目知美・高原真理・砂川有里子　2017「多義動詞としての『知る』と『分かる』の使い分け――コーパスを活用した類義語分析」『国立国語研究所論集』12：63-79。

日本新聞協会「2013 年度新聞広告クリエーティブコンテスト」https://www.pressnet.or.jp/adarc/adc/2013.html（2022 年 2 月 10 日閲覧）。

早瀬昇　1997「私にとってのボランティア」（社福）大阪ボランティア協会監修，前掲書，2-19 頁。

松下佳代　2015「ディープ・アクティブラーニングへの誘い」松下佳代・京都大学高等教育研究開発推進センター編著『ディープ・アクティブラーニング――大学授業を深化させるために』勁草書房，1-27 頁。

文部科学省中央教育審議会　2012「新たな未来を築くための大学教育の質的転換に向けて――生涯学び続け，主体的に考える力を育成する大学へ（答申）」https://www.mext.go.jp/component/b_menu/shingi/toushin/__icsFiles/afieldfile/2012/10/04/1325048_1.pdf（2022 年 2 月 12 日閲覧）。

WHITE PAPER PROJECT 2018. 티셔츠 한 장의 영향력 : 방탄소년단, 디지털 세상에서 정치를 만나다 한국어 2018 년 12 월 6 일（「T シャツ一枚の影響力――防弾少年団，デジタルの世界で政治に出会う」韓国語バージョン 2018 年 12 月 6 日，引用者訳）. https://whitepaperproject.com/ko.html（2021 年 11 月 3 日閲覧）

第Ⅰ部

「思い」から考える
ボランティア

私のボランティアの色はオレンジ。ボランティア仲間と情熱をもって取り組みながらも，輝く太陽のような元気を私は与えてもらっているから

第1章

学 校

ボランティアは何を励ますの？

小島祥美

　私は職業を聞かれると，その返答にいつも迷ってしまいます。どうも，私は「研究者／大学教員」という自覚に欠けているようです。今の職を「ボランティアを続けてきたその延長上の活動」と説明する方が，私の気持ちにピタッとあてはまるからです。

　ボランティアを通じて私は，日本社会が抱える課題を知りました。その気づきが私を次へと突き動かし，ただがむしゃらにこれまで取り組んできました。ボランティアを続けることで，課題解決のために次に取り組むべきことが鮮明になったからです。私のボランティアは，もうすぐ30年目に突入します。今も続けているので，私のボランティア歴の最長記録は更新中です。

　しかし私のモヤモヤは，年を重ねるごとに増すばかり。その理由は，どこまでがボランティアで，何がボランティアか，その境界線がよく分からないからです。そのため，休日の外出時に息子から「今日はお仕事？」と聞かれても，即答できない私がいます。「今日はボランティアかな，それとも仕事かな。うーん。」

　そこで本章では，これまでの私の半生を振り返りながら「ボランティア」を考えることで，私のモヤモヤを和らげたいと思います。

●キーワード●エンパワメント，外国につながる子ども，不就学児，万人のための
　　　　　　教育

● 1 —— 私とボランティアの物語
人との出会いが私の人生をつくる

(1) 初めて知った外国につながる子どもたちの存在

　私は短大を卒業した20歳のとき，埼玉県内の公立小学校に着任した。そこ

で，インドシナ難民の児童3人の姉弟と出会った。日本語が分からないことで勉強が分からず，さらに友達もできないことで「学校がつまらない」と話す3人。当時は電子辞書などの便利な機器がなかったため，この3人とは紙の辞書を片手にジェスチャーや絵を交えて会話した。そのため，「明日はお弁当を持ってきてね」と伝えたつもりが，空の弁当箱を持ってきた，という失敗もあった。こんな失敗を繰り返しながらも，この児童らから私はたくさんのことを教えてもらった。文化や言葉の違いで毎日とても苦しんでいること，学校がつまらないこと，お姉ちゃんは日本の高校へ行けないこと，そして日本に来ることになった理由など――。高校の授業で学んだ「ボートピープル」が，今，私の目の前に存在するという現実に，私は驚愕した。もっとこの3人姉弟を理解したくて，それから家庭訪問を始めた。両親からは，小さなボートで出国した話を聞いた。当時小学校2年生に在籍していた一番下のRくんは，ベトナム戦争で米軍が散布した枯れ葉剤の影響で結合双生児として生まれた「ベトちゃんドクちゃん」のような子どもがたくさんいたことを，覚えたての日本語で話してくれた。私と児童らとでは見えている景色があまりに違うことに，ショックを受けた。家庭訪問を通して湧いた，いったい私はこの3人姉弟のために何ができるのだろうという思い。あのときの出会いと何もできなかったことへのもどかしさが，私の「ボランティア」の原点だ。

　その後，Rくんと同じ学年に，来日したばかりの日系ブラジル人Aくんも加わった。日本での労働者不足を補うために法改正された，1990年の出入国管理及び難民認定法の施行によって，Aくんは家族と来日した。ブラジルではそのことを「デカセギ」と呼ぶことを教えてもらった。近隣の小学校では，フィリピンから来日したAちゃんと出会った。Aちゃんの母親はエンターテイナーとして来日し，パブで働いていた。アキノ政権後期の急激なインフレで市民の生活は混乱し，日本へ出稼ぎに来た母親の送金で母国にいる家族たちが食いつないでいる話を聞いた。小学校で出会った外国につながる児童たちの暮らしから，世界の「今」を私は垣間見た（毎日新聞2019）。

　「この児童たちが育った国々を，この目で見てみたい」と，私はあるとき

思い立った。こうした外国につながる児童たちに学校生活が楽しいと言ってもらえるようになるためには，児童たちの日本語学習を強化する以前に，私がこの児童たちの背景を理解することが先なのではないか，と考えたからだ。そう思いついたものの，何から始めたらよいのだろう……。

　外国へ行くためには，まずは語学の習得が必須と考えた。同時に，歴史認識などの教養力も高める必要がある。そのためには外国語大学への進学しかないと思った。そこで私は，仕事をしながら再び受験勉強を始めて，22歳のときに大阪外国語大学（中南米地域文化学科）へ入学した。そして入学後すぐにバックパッカーでの世界一人旅を計画した。しかし，そのことを両親に話すも，なかなか首を縦に振ってもらえない。当時は今のようにインターネットなどの電子通信が身近でなかったため，海外との連絡は簡単ではなかった。とりわけ海外渡航経験ゼロの両親にしてみれば，娘の考えていることがさっぱり分からないようだった。最終的に，コレクトコール（電話を受けた側が通話料を負担する方法）でこまめに連絡することを条件に両親から「許し」を得て，私は日本を発った。

(2) 日本は真の先進国か

　日本から一番遠い国から行ってみようと，私は南米各国から訪れた。すると，現地に住む多くの人から「日本は大丈夫か」と聞かれた。それは1995年に起きた，阪神・淡路大震災の影響を心配する声であった。日本で生活する同郷の人たちのことを案じる彼（女）らの姿は，まったく予想していないものだった。約半年で帰国した後，私は真っ先に神戸へ行った。新聞で見つけた「ボランティア」に関する記事を頼りに，神戸市長田区にあるカトリック教会を訪れた。教会の敷地内に，被災した外国人住民への支援活動の事務所があった。事前に電話で話した金宣吉さん（現，NPO法人神戸定住外国人支援センター理事長）が，私を待っていてくれた。金さんから震災当時のことや，その後に開始した活動について丁寧に教えてもらううちに，私は活動に興味が湧いてきたため，そこで学生ボランティアとして外国人被災者の聞き取り活動に参加することになった。その後，生活に関わる情報の多言語での発信

から始まり，多言語での電話・出張相談，外国人コミュニティ支援，日本語教室，外国につながる子どもの学習サポート，子どもの居場所づくりなど，多種多様の活動に参加するようになっていった。

　神戸でのボランティアに参加して 2 年が過ぎたころ，学校に通っていない外国籍の不就学児と出会った。このときの衝撃で，私は使命感に駆られることになる。その日のことを私はフィールドノートに次のように記録している。

　　「『日中に外国人の子どもがたくさんアパートにいるけど，子どもたちの生活はどうなっているのだろう』と，地域に暮らす日本人住民から相談があった。早速，電話で聞いた神戸市 N 区にあるブラジル人が集住するアパートへボランティアの K さんと一緒に行ってみた。このアパートは，人材派遣業者が所有するアパートらしい。子どもの声がする方へ行ってみると，ブラジル人の子どもが 4 人いた。男 3 人，女 1 人で，男の子 2 人は兄弟。両親が働いているので毎日家事をして過ごしているそうだ。日本語はまったく分からない。日本に来てから学校へ行ったことはない」（フィールドノート，1999年 6 月，ボランティア活動にて）。

　神戸市内で出会った不就学児の姿は，南米を旅したときに出会ったストリートチルドレンと重なった。当時日本の ODA（政府開発援助）は，世界で第 1 位を占めていた。また，1990年にタイで「万人のための教育世界会議」が開催され，「万人のための教育（Education for All）」をスローガンとして，すべての人に基礎教育を提供することを世界共通の目標とするという国際的コンセンサスが形成されていた時代でもあった。そのため，外国籍の不就学児の存在は，私の生まれた先進国・日本で起こっていることとして，信じることができなかった。日本政府は外国籍者を就学義務の対象外として扱うために，学校に通う外国籍児の就学実態さえも把握していないという現実があることも，このときに私は初めて知った。こんな現状のなかで，不就学児の救済のために私には何ができるのだろう――。

　そんなことを考えていたときに，日本で初めて「ボランティア」を看板に

掲げた講座が，近くの大阪大学大学院にあることを知った。当時私は日本人チューターとして，大阪府内にある私費留学生寮に住んでいた。その寮生から「ボランティアと国際協力が学べるところ」と教えてもらった。「私のための大学院じゃん！」とすっかり魅了されてしまい，迷わずに進学の道を選んだ。

　大学院に進学すると，すぐに指導教官から2人の長期研修生のチューターを頼まれた。彼（女）らは，日本の教育制度を学ぶために3年間の留学として来日した，中米グアテマラの第一線で活躍する専門家であった。日本語学習経験ゼロの研修生であったことから，私は日常生活のお手伝いも買って出た。翌年には南米のペルーとボリビアからの研修生も講座に加わり，気づくと7人までに増えていた。私と彼（女）らは一緒に過ごす時間が徐々に増していき，いつしか「アミーゴ」の間柄になっていた。

(3) Think Globally, Act Locally！

　大学院の研究室でのアミーゴとのおしゃべりは，私をグローバルな思考に導いてくれた。アミーゴといっても，出身国では，日本のODAを活用して国家レベルでの教育向上プロジェクトに携わる専門家たち。そのため，私が神戸で取り組むボランティアの話をするたび，彼（女）らは出身国の状況と照らし合わせながらのコメントや助言をしてくれた。「途上国での日本政府の動きを知るといいよ」という助言をきっかけに，一番親しかったグアテマラ出身のリリアナさんが，私を実家に招いてくれた。

　グアテマラでは，約2ヶ月間もリリアナさんの実家に居候し，日本政府による支援を視察して回った。そして彼女の同僚たちの好意で，様々な国際協力の現場に連れて行ってもらい，ローカルスタッフや現地の支援対象の子どもたちと対話する機会をたくさんもらった。現地では「学校で朝食を配ることによって，子どもたちの就学率がアップした」「女子児童が学校に通えるようになった」など，日本のODAに対する感謝の声が溢れていた。

　現地で感じた，日本の「国内での顔」と「途上国での顔」の違い。この矛盾についてもっと知りたく，JICA（現，国際協力機構）の長期海外インターンシップ（約3ヶ月間）にも参加した。派遣された南米ボリビアの地で，見

えないモノを可視化するために，共通言語として客観的な数字を示すことの
重要性を学んだ。そしてやっと，日本国内で外国籍の不就学児が問題として
扱われないのは，数字的なデータがないために社会的に「見えない」ためだ
と理解できた。「よし，やるぞ！」。博士論文のテーマとして外国籍の不就学
児問題に挑む覚悟をもって，私は帰国した。

　こうして博士論文のテーマは，外国籍の不就学児問題を解決するための実
態把握に定まった。当時日本では学校に通う外国籍児の実態さえも把握され
ていなかったため，学校に通ってない外国籍の不就学児は社会から「見えな
い」存在とされていたからだ。国も自治体も研究者も，誰も取り組んだこと
のない問題であったので，外国籍の不就学児の可視化という挑戦への賛同者
は，予想以上に少なかった。そんなことにあっさりと共感して協力してくれ
る自治体など，すぐには見つからない。指導教官の中村安秀先生（現，大阪
大学名誉教授）の「あなたへの共感者は今は全国に5人くらいしかいないだ
ろうが，きっといつしか調査の意義を理解してくれる人が増えるだろう」と
いう激励は，諦めようとする私の背中を何度も押し，前向きな思考と行動へ
と切り替えてくれた。

　ボリビアから帰国して数ヶ月後，ミラクルが起きた。それは，ボランティ
アで出会った名古屋で活動する横尾明親さん（当時，外国人の子どもの教育と
人権ネットワーク事務局長）と私の指導教官が出会ったことをきっかけに，私
と岐阜県可児市とのお見合いが実現したのだ。経験も実績も何もない私の覚
悟と挑戦に，当時の可児市の各関係者は真摯に耳を傾けてくれた。そして，
幾度もの話し合いを経て，私が望む調査の体制から私生活までサポートして
もらえることになった。一つ一つの丁寧な対応に感謝し，私は調査に全力で
取り組む意を決した。そして2003年4月，私は大阪から引っ越して可児市役
所に住民票を提出した。可児市内で最も多く外国人労働者を雇用する企業の
社宅に住居を移して，一市民となって，可児市に暮らしながら外国籍の不就
学児問題に正面から向き合った。「このチャンスを最大限生かそう。外国籍
の不就学児の姿を可視化できたら，何かが分かって，きっと何かを変えられ
るはず！」希望しか，当時の私にはなかった。

⑷ 全国初の調査に挑んだ2年間

　私は大阪大学大学院生として，可児市，可児市教育委員会，NPO法人可児市国際交流協会，岐阜県，岐阜県教育委員会，公益財団法人岐阜県国際交流センターと協働して，この調査に取り組んだ。調査の内容は，可児市内に暮らす学齢期（小学校1年生から中学校3年生）の子どもがいるすべての外国籍住民の家庭を訪問して，子どもの就学実態を把握するというものであった。訪問調査の開始前には，子どもが通っているだろう公立小中学校，近隣の外国学校（ブラジル学校，朝鮮学校）をはじめ，多言語でミサを行っているカトリック教会，外国人労働者を多く雇用する企業，外国人労働者の利用が多いエスニック食材店や多国籍レストラン，エスニックメディア，外国につながる住民が集うコミュニティ（民団や総連など），そのほか外国につながる子どもに関わる関係者に私は直接会い，この調査の意義を伝え，協力を求めた。神戸の活動でのつながりも多く，その「ご縁」でこの調査の告知文を掲示／配布してくれる店舗や団体もあれば，給料明細に告知文を同封してくれる企業もあった。外国人労働者の多くが集うカトリック教会では，多言語のミサで神父から告知してもらうこともできた。また，外国学校や公立学校からの配布もできた。

　このように事前にできるかぎり周知を行い，告知が広まった頃を見計らって訪問調査を行ったので，「会社から聞いているよ」「いつ来るか，待っていたよ」などと言ってくれる家庭が多く，訪問した先々でとても温かく迎えてもらった。私が一文無しのボランティアで取り組んでいる噂がコミュニティ内で広がったらしく，「食べていく？」と夕飯やおやつをご馳走してくれる家庭もあった。そうした家庭で世間話をするなかで，子どもの保護者から「年金制度のことが知りたい」「高額医療費って何？」など日本の制度に関する質問を受けることも多く，神戸の活動時に多言語で翻訳・作成した生活に関わる様々な資料を差し出すと，とても喜ばれた。また，在留資格や労働に関することなど外国籍住民であることで抱える問題について相談を受けることもたびたびあった。相談の内容に応じて適任者に繋ぎながら解決方法を探る

ことで，不就学児問題は家庭環境や保護者の不安定な就労状況とも複雑に重なり合っている現実を知った。

　2003年4月1日現在の住民情報を用いて5月から訪問調査を始めた結果，対象者283人の就学実態を約1ヶ月半で把握することができた。すぐに結果を集計し，速報を多言語で作成して調査対象者および関係者に配布することで，感謝の気持ちを伝えた。同時に，一般公開による報告会も行った。半年後，2003年9月1日現在の住民情報を用いて，再度同じ調査を実施した。1回目の調査の手応えから，2回目では保護者へのインタビューを新たに加えるなど調査を拡充して取り組んだ。こうして2回目の調査では318人の子どもとその保護者の声を集めることができた。これらの2回の調査の結果，不就学児は社会が生み出した問題であることが，より鮮明となった。

　この調査を立案したとき，調査の期間は1年間としていた。だが，その予定の1年を終えようとするころに，協働した可児市から思いがけない申し出が舞い込んだ。1年目の調査結果を深刻に受け止めた可児市は，施策に反映するためにより充実した調査が必要と判断して，追跡調査研究を私個人に委託してくれたのである。それによって，もう1年延長となった。私は可児市長が任命した非常勤として，3回目の訪問調査に挑んだ。

　2年目の調査では，2回目の調査から1年後の2004年9月1日現在の住民情報を用いて，学齢期の子ども（370人）とその保護者への訪問調査を行った。同時に，2回目の調査時に中学校3年生だった子ども（42人）の進路・進学状況を把握するための追跡訪問調査も行った。さらに，可児市立小中学校の全教員（475人）を対象にしたアンケート調査（必要に応じてインタビュー調査も実施），可児市内にある全幼稚園・保育園および無認可託児所の施設調査も実施し，外国籍児に関わる包括的把握に取り組んだ。これら2年間にわたる調査の結果を計4冊の報告書にまとめ，同時に一般公開の報告会も数回に分けて行った。多言語による調査結果を示した簡易版は真っ先に作成し，訪問調査に協力してくれた調査対象者および関係者に配布した。これらを経て，最終的に私は外国籍児の不就学問題解消のための提言を可児市へ提出することで，2年間の調査を終えた。

　この調査から明らかになったことは，多岐にわたる。そのなかでも要点を
まとめると三つになる。一つ目は，「就学」しているといえども，外国籍児
の就学形態は多様であったことである。市立学校，私立学校，養護学校（現
在の特別支援学校）という「日本の学校」（学校教育法第1条に定める学校。以
下「一条校」と略す）のみならず，ブラジル学校，インターナショナルスクー
ル，朝鮮学校などの「外国学校」に通う子どもの存在が明らかになった。時
期を変えて3度同じ調査を実施したが，外国学校への通学者の比率はいずれ
も全体の約3割を占めていた。日本の学校への通学者とほぼ等しい比率であ
り，外国学校が外国籍児にとって大切な学び舎であることが明らかになった。
二つ目として，不就学児にはブラジル，フィリピン，韓国・朝鮮，インド籍
の子どもが含まれており，一部の国籍の子どもの問題ではないことが分かっ
た。調査では，無国籍状態で不就学になっている子どもとも出会った。三つ
目は，日本国籍を有していないという理由だけで，学齢期の子どもが就学と
不就学の間で揺れた状態におかれていることである。しかも，不就学児には
公立小中学校の中退者が多く，日中就労している子どもが大多数であった。
日本の法律では15歳以下の子どもの雇用を禁止しているにもかかわらず，学
齢期の外国籍児は学校に行かず，日本で就労していたのだ。その後，岐阜労
働基準監督署が岐阜県内の人材派遣会社に立ち入り調査を行い，その実態が
「15歳以下12人雇用」という見出しで，次のように大きく報道された。

　　「岐阜県内の人材派遣会社2社が，労働基準法で雇用が禁止されている15歳以
　　下の日系ブラジル人の子ども12人を工場で働かせたとして，労働基準監督署
　　から同法違反で是正勧告を受けていたことが29日，分かった。（中略）子ども
　　たちは『学校の日本語の授業が理解できなくてつまらない。家計を助けたかっ
　　た』と，中学には通っていなかった」（中日新聞2006年12月30日朝刊）。

　なお，調査では「就学」に含められた子どもたちからも，幼い弟や妹の世
話をしたり，保護者が病院へ行くときに通訳をしたりするために学校を欠席
せざるをえない状況におかれているという声もたくさん聞かれた。「ヤング

ケアラー」の姿は，当時から珍しくなかった。

(5) 「約束」を果たすために

　可児市長の「不就学ゼロ宣言」により，「連携」をキーワードとした具体的施策が2005年4月から開始した。調査を通じて「協働」した機関や団体の関係者は，基礎調査の重要性は認識していたものの，たまたま集まった人々であった。しかし，地域が抱える課題が可視化されたことで，関係者間の意識が共通化され，日を追うごとにネットワークが強化されていった。私は，これがこの調査の一番の成果ではないかと感じている。可児市長の「不就学ゼロ」に向けた施策の実現は，その証拠といえるだろう。

　その施策の一つとして，可児市教育委員会により，「不就学ゼロ」を具現化するための外国人児童生徒教育保障事業が開始した。そして，新たに「外国人児童生徒コーディネーター」という職務が設置された。その職務に，可児市教育委員会は私を抜擢してくれたのだ。この「粋な」計らいによって，私は2005年4月から可児市の一職員として「不就学ゼロ」に取り組んだ。

　2003〜04年の調査で分かったことは，外国籍の不就学児の抱える問題は「学校に通っていない」というだけの，単純なものではないということ。子どもたちは，通いたくても通えない，あるいは継続できない環境におかれていたからだ。就学／不就学問わず子ども一人では解決できない大きな問題を，外国籍児が背負っていることを，2年間の調査から教えてもらった。そのため，「不就学ゼロ」に向けたプログラム設計にあたっては，それぞれの子どもの背景を丁寧に把握すること，子どもたち一人一人が目標をつくり，自己肯定感を育むことができることを柱に，私は取り組んだ。中退者が多かった中学校で実施した，子どもたちの母語を生かした授業では，外国につながる生徒がいきいきする姿が多く見られた。また，外国につながる子どもや保護者がいるからこそ実践できる豊かな教育にも着手した。特に，学校給食のメニューに多国籍料理を導入したことは，日本人の児童生徒からも大好評であった。

　このような連携による実践が開始してから1年後，可児市は「不就学ゼロ」を見事に実現した。それから20年近く経過する今日も，「不就学ゼロ」を目

標にした新しい取り組みが続く。これらは，最近になってやっと文部科学省からも評価されるようになった。例えば，2020年3月に文部科学省が発表した「外国人の子どもの就学状況の把握・就学促進に関する取組事例」では，なんと可児市の取り組みがトップで紹介されている（文部科学省 2020）。

可児市に新たに学齢期の外国籍児が転入すれば必ず就学案内がされるなど，誰一人就学から取り残さない方法が確立した。日本語指導に関わる体制なども含めて，「不就学ゼロ」のための実践が可児市教育委員会の分掌規程のなかで明文化されたことで，可児市は今や名実ともに外国につながる子どもの教育実践の「先進地」として知られるようになった。私の調査研究が起爆剤となり可児市の教育体制が大きく変わったのは，確かだろう。しかし，これらは調査実施後のことで，調査中に出会った不就学児の救済はできなかった。その悔いが，常に私の胸にある。

その子どもたちのことを思い出すたびに「なぜ，どの子どもも保護者も調査に協力してくれたのだろう」という疑問が頭のなかをよぎる。それは，外国籍住民はいまだ地方参政権も付与されないという現実のなかで，政治に訴えられない民意を私に託してくれたということではないか——。その理解に達したとき，私はその責任の重さを感じた。そして心のなかで「可児に暮らす外国につながる子どもたちの抱える問題がすべて解決するまで，私は全力で取り組むこと」を誓ったのだった。

外国籍の不就学児問題を解決するために取り組んだ調査であったが，この調査に取り組むことで，私は外国につながる子どもの就学を考えるうえで緊急性の高い多岐にわたる課題の存在を知った。そのため，調査を終えた2005年度から，私はこうした課題解決に「研究」という手法で取り組んでいる（小島 2016）。だから私は今も可児で外国につながる子どもに関わるボランティアを続け，可児に出向ける距離で暮らす。調査に協力してくれた人たちとの「約束」を果たすことが，今の私の「ボランティア」となっている。

●2── ゼミナール：ボランティアにまつわるモヤモヤ

ボランティアとは，人のためだけか

(1) 約5人に1人が学校に通っていない

　そもそも，なぜ日本に外国籍の不就学児がいるのか。読者の皆さんも疑問を抱いたことだろう。すべての子どもに教育を受ける権利があり，それは当然認められるべきものであることは，誰でも知っている。

　日本では，国籍を問わず，すべての外国籍児にも日本の公立学校に通うことが可能とされている。しかしながら，外国籍児は義務教育の対象外とされている。それは，憲法第26条の「国民」を「日本国籍者」と日本政府が解釈しているためだ。一方，納税の義務を定めた憲法第30条ではどうだろうか。そこでは「国民」を「居住者」と解釈して，外国籍住民からも税金をしっかり取っている。なお，日本の制度では，親が子どもを学校に通わせる就学義務があるが，子どもの立場からすれば，就学義務の確立によって自らが教育を受ける権利が保障されることを意味する。

　外国籍児は就学義務の対象外という解釈によって，実際には日本政府は彼（女）らの就学を「恩恵的」な形でしか許可していない。つまり，親あるいは保護者が就学手続きをしない限り，その子どもは不就学の状態におかれてしまうのである。「日本語を覚えてから」と窓口で拒む担当者がいるために，就学手続きができない場合もある。それだけではない。就学できたからといって，必ずしも継続できるわけでもない。就学義務の対象外という扱いは，学齢期の子どもが自ら小中学校を退学することも，大人が学校を退学させることも可能になる。そのため，言葉の壁やいじめなどの様々な理由で一定期間欠席する外国籍の子どもに「不登校」を認めず，学校長の判断で退学届の提出を求めることまでも可能になってしまう。

　このような扱いのため，日本国内には学齢期であるにもかかわらず，学校に通っていない外国籍児が実在する。その実態は，2019年度に国が初めて外国籍児の就学状況を調査したことで，やっと明らかになった。学齢期の外国籍児（12万3830人）のうち，全体の18.1%（約5人に1人，小島 2021a：13-14）

が学校に通っていなかったのだ（文部科学省 2020）。この数は，果たして多いのか少ないのか。持続可能な開発目標（SDGs）の目標4（すべての人々への包摂的かつ公正な質の高い教育を提供し，生涯学習の機会を促進する）の最新の進捗状況を示すユネスコのレポートを見てみると，「初等教育就学年齢の子どもの8.2％が学校に通っておらず，その割合が世界で最も高い地域はサハラ以南のアフリカ地域の18.8％」（UNESCO 2019：4）とある。すなわち，日本に暮らす外国籍児は，世界で最も初等教育にアクセスできていないサハラ以南のアフリカ地域に暮らす子どもと，不就学の割合がほぼ同じであることが分かる。このゆゆしき事態を放っておくと，未来に大きな禍根を残すことになるだろう。なお，2022年3月には，国主導による2回目の外国籍児の就学状況の調査結果が発表された。図1-1は，その結果を示したものだ。1回目の調査結果と比較すると，学校に通っていない（①②以外）の子どもの比率は9.9％と半分に下がったものの，その数は1万3240人と依然として多い実態が明らかになったところだ（文部科学省 2022）。いまだ約10人に1人が学校に通っていない現実が国内にある。

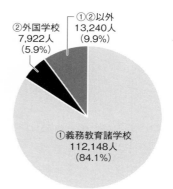

図1-1　外国籍児の就学状況
出所）文部科学省（2022）より筆者作成。
注）N＝133,310人。
　四捨五入により，合計は100％にならない。

(2) 若者が綴る「ボランティア」

　日本で学校に通っていない子どもは，実は健康も守られていない。現在の教育制度では学齢期の子どもは「日本の学校（一条校）に通うこと」を前提とするため，外国籍の不就学児のみならず外国学校に通う子どもまでも制度から除外されている。そのため学校健診さえも公費で受けることができないのだ。私は複数のブラジル学校で医師や自治体などの協力を得て健康診断を行っているが，驚くことに，初めて日本で健康診断を受けたという子どもにも出会う。そのなかには，両耳で十分に聞こえない子どもや両目で十分に見

えない子どもなども実在する（小島 2015）。その理由を保護者に聞いたところ，「生活が忙しいために，子どもたちが痛みを訴えたりするときだけ医者に診てもらうような状況」とのことだった。これこそ，学校健診が重要だ。

　前述の，図1-1を改めて見てもらいたい。この調査のうち「②外国学校」に通う子どもと「①②以外（不就学状態）」の子ども，計２万1162人の健康は，法的に守られていないといっても過言ではないだろう。その割合は，なんと日本に住む外国籍児全体の15.9％（約６人に１人）に相当する。先進国である日本において，こんなことが公然と許されてよいはずがない。私はこの原稿を新型コロナウイルスが世界中で猛威を振るうなかで書いているが，今なお法律における外国籍児の健康に関わる扱いは変わらない。外国学校ではクラスターが発生しているところもある。私はこれまで以上に熱を入れて，すべての子どもの命と健康を守ることができる法体制の構築に取り組んでいる（小島 2021b）。

　大学の講義では，こうした私が「ホンキ」で取り組む「ボランティア」を伝える。ときには，私がボランティアで出会った方々をゲストスピーカーとして招くこともある。招くゲストスピーカーの共通点は「ホンモノ」であること。つまり，社会課題を解決したいという情熱と強い信念をもってボランティアに取り組む人たちである。そして，初回の講義でいつも必ず受講生にお願いすることがある。それは，「外国につながる学生（当事者）やボランティアに取り組む学生がいたら，授業内で経験談を話してほしい」ということだ。嬉しいことに，私の講義では自ら手を上げてくれる学生が必ず数人いる。この立候補者の協力により，まさに化学反応が教室内で起きる。やはり，自分の隣に座る大学生が話す経験談・体験談は現役大学生の心に最も響き，共感の輪が最も広がる。こうして彼（女）らの思考は変化し，踏み出す一歩も変わってくる。

　大学での講義や演習を通じて「化ける」大学生の姿を私はこれまで何十人も見てきた。その後の生き方にも影響を与えているようで，例えば，教員志望で大学進学したのに，誰もが暮らしやすい社会をめざして地方公務員になった者や外国につながる子どものための教材づくりをめざして出版業界に

就職した者がいた。目標なしでの大学進学であったが，小学校教員免許取得をめざして大学院に進学する者もいた。さらに問題意識を高めた大学生のなかには，自ら学生団体を立ち上げる者もいたり，もっと自分にできる社会貢献の方法を考えたいと休学してNPOでのインターンシップに参加する者もいたりと，多様な生き方を模索する。こうした学生らの姿を見ると，こちらの「ホンキ度」が問われている気がして，身が引き締まる思いだ。

　20年以上も前になるが，学生時代に受けた講義で聞いたある先生の言葉が強烈に耳に残っている。それは，早瀬昇先生（現，社会福祉法人大阪ボランティア協会理事長）の「ボランティアは『ほっとかれへん』『がまんでけへん』ことやねん」という言葉だ。月曜1限であったので目を擦りながら毎週向っていたが，週のはじめにふさわしい，インパクトのある講義だった。まさに，私のボランティアは「ほっとかれへん」という思いから始まっている。そんな私がボランティアを続けながら授業で伝える「ボランティア」を，現役大学生はどのように受け止めているのか。それが分かることで，私のモヤモヤの源である「ボランティア」が，もうちょっと見えてくるかもしれない。

　そこで，私は担当するある講義（2022年1月）で，現役大学生に「『ボランティア』を他者に分かりやすい言葉に置き換えるとしたら？」と投げかけてみた。すると，ボランティア経験歴も異なる学生たちであるが，それを若者らしい言葉で表現してくれた。

「人間らしい『思いやり』を個人レベルからさらに広げたもの」
　　「どんなボランティアも，原点は人間の持つ思いやりにあり，それによる助け合いというのは，与えられた仕事をきっちりこなすロボットには不要な感情で，いろいろな個性，環境を持つ人間には不可欠なものである。そのある意味，非効率な部分が人間の愛らしい所であり，人間はそれを潜在的に行い，同じ思いの者が集まり，ボランティアが生まれていくと思うから。」

「誰もが課題や問題に向き合うための機会」
　　「社会問題といえば，『政府が』『NGOが』となりがちだが，『社会で』解決さ

れるべき問題であり，人任せばかりでは解決しない。プロや専門家ではなくても，何が起きているのかに真摯に向き合えるのがボランティア。そういう定義とともに，ボランティア終了後も何か考えることがあったらよいなと考え，『機会』という言葉をつけた。」

「自分の意志で社会に貢献する活動」
　　「普段生きていて，自分の意志で行動することは，思ったより少ないのではないかと感じます。学校でも職場でも，また家でも，人から指示されてする活動が多いです。そんななかで，ボランティアは，完全に自分の意志でできます。極端な話，やる・やらないも自己決定です。そして，どんな活動をしてもいい，というふうに，自分の好きなように選んで，その活動が社会のためになる（貢献することができる）からです。」

　すべてを紹介できないが，ほかにも「相手と自分を一緒に成長させてくれる活動」「人々の選択肢を広げ，チャンスを提供する活動」「世間に今起きている問題を周知させて，全体として解決に導く活動」「社会に向けたプレゼン」「社会問題に目を向け，協力して解決に向けて取り組むことで，社会全体に変革を及ぼすことができる活動」「やらせていただく社会貢献」「人間愛」「誰かのためになる，はじめの一歩」「お互いの成長の機会づくり」「自分と相手が一緒に成長する活動」「よりよい世界をつくるために，私ができること」「なんとかしたい」「何かを変えたいという想いが募り，行動になること」「他者理解と自己実現」「自分の好きなこと・得意なことを生かして，楽しみながら，自分が解決に貢献したいと思う社会問題に取り組むこと」「社会の現状を映し出す鏡」「社会問題との戦い」「思いやりのバトンリレー」——これらの言葉は，私のモヤモヤする気持ちを自然と和らげてくれた。それはなぜか。私が伝えたい「ボランティア」が，確実に大学生に伝わっていることを確信できたからだと思う。
　　本章を通じて私にとっての「ボランティア」を改めて考えることで，一つはっきりしたことがある。それは，これまで迷っていた息子への返事だ。ボ

ランティアへ出かける前に息子に聞かれたら，今度からは胸を張って言おう。「ママにとっての大切な『お仕事（ボランティア）』に行ってくるね」と。

●参考文献●

小島祥美　2015「ブラジル人学校における日本の学校健診モデルの適用の可能性」『学校保健研究』56（6）：427-434。

——　2016『外国人の就学と不就学——社会で「見えない」子どもたち』大阪大学出版会。

——　2021a『『Q＆Aでわかる外国につながる子どもの就学支援——「できること」から始める実践ガイド』明石書籍。

——　2021b「経済教室・私見卓見　外国人学校，健康管理の制度化を」日本経済新聞社8月25日朝刊。

毎日新聞　2019『にほんでいきる　子どもたちの暮らしから垣間見た世界の「今」』2月10日有料記事，https://mainichi.jp/articles/20190209/k00/00m/040/215000c?mode=print（2022年9月24日閲覧）。

文部科学省　2020「外国人の子供の就学状況等調査結果（確定値）について」https://www.mext.go.jp/b_menu/houdou/31/09/1421568_00001.htm（2022年1月20日閲覧）。

文部科学省　2022「『外国人の子供の就学状況等調査（令和3年度）』の結果について」https://www.mext.go.jp/b_menu/houdou/31/09/1421568_00002.htm（2022年9月24日閲覧）。

UNESCO Institute for Statistics 2019. Fact Sheet No. 56. http://uis.unesco.org/sites/default/files/documents/new-methodology-shows-258-million-children-adolescents-and-youth-are-out-school.pdf（2022年1月20日閲覧）

●ブックガイド●

『まんがクラスメイトは外国人——多文化共生20の物語』
　　「外国につながる子どもたちの物語」編集委員会編，明石書店，2009年
　　外国につながる子どもたちが，日本でどのように暮らし，どのような問題を抱えているか。実際の事例などを参考にしてつくられた漫画を通じて，日系ボリビア人，インドシナやクルドの難民，フィリピンの移民，在日コリアンなどのクラスメイトと出会った気持ちになることができる。さらに「もっと知ろう」という小さな解説は，クラスメイトの背景の理解に役立つ。

『真ん中の子どもたち』温又柔，集英社，2017 年
　　台湾人の母と日本人の父の間に生まれ，幼いころから日本で育った琴子（ミー
　ミー），日本育ちで，台湾と日本のハーフである嘉玲（リンリン），両親ともに
　中国人で，日本で生まれ育った舜哉の姿は，日本人とは？　母語とは？　を私
　たちに問いかける。「ナニジンだから何語を喋らなきゃならないとか，縛られる
　必要はない。両親が日本人じゃなくても日本語を喋っていいし，母親が台湾人
　だけれど中国語を喋らなきゃいけないってこともない。言語と個人の関係は，
　もっと自由なはずなんだよ」（116 頁）という言葉を，アイデンティティで悩む
　すべての外国につながる子どもたちに伝えたい。

『Q & A でわかる外国につながる子どもの就学支援
　　──「できること」から始める実践ガイド』小島祥美編，明石書店，2021 年
　　全国各地で行われてきた実践が凝縮された，現場で使える支援のポイントをま
　とめたバイブル。実践者の英知だけでなく，外国につながる子どもの進路・進
　学相談ができるボランティア団体の存在を都道府県別で知ることができるため，
　ボランティアをしたいあなたの「一歩」にもつながるだろう。

私のボランティアの色は白。
これから何色にでもなれる，
無限の可能性を持っているも
のだから

第2章

生き方

「ボランティア＝人生」はあり？　なし？

川田虎男

　約半世紀前，ボランティアという言葉がようやく市民権を持ち始めた頃，私の両親はボランティア活動に関わり，出会い，結ばれ，私が誕生しました。そんな私も学生時代のボランティア活動がきっかけで妻と出会い，結婚。そして現在の仕事は，大学のボランティア論の講師兼ボランティアセンターの専門職スタッフです。まちづくりのNPO法人にもボランティアとして関わっています。このままいくと，ゆりかごから墓場まで一生涯ボランティアとともに歩む人生になりそうです。最近はボランティアに日本一お世話になっているのは自分ではないだろうかと思うようになりました。そんな「ボランティア＝人生」である私の歩みを通して，ボランティアについて考えていきたいと思います。

　この章でみなさんと一緒に考えたいことは，ボランティアの持っている魅力や可能性です。まだまだ新しい概念であるボランティアは，曖昧さや時として危うさを持ったものでもあります。そのことを自覚しつつも，ボランティアに多くのものを与えられた者として，あえて私なりのボランティア賛歌を語らせていただきます。この章を読んでくださった方が，活動を始めてみようと思える契機になれば幸いです。

●キーワード●バリアフリー，ボランタリズム，ソーシャルアクション，情けは人
　　　　　　　のためならず，コロナ禍

● 1 ── 私とボランティアの物語

人生まるまるボランティアとともに

(1) ボランティアに日本一お世話になっている人生

　「生き方──『ボランティア＝人生』はあり？　なし？」という不思議なテーマをいただいた。先に結論を述べてしまえば，私の答えは「あり」である。

というより，私の人生はボランティアを抜きにしては何も語れない。編者はそのことを見抜いて，このテーマ設定をされたのだと認識している。「ボランティアと人生」はどのように交わり，また影響を及ぼしていくのか，私とボランティアの物語を通してお伝えしていきたい。

私が生まれたのはボランティアのおかげ

私とボランティアとの関わりは，私の誕生にまで遡ることになる。約半世紀前，私の両親は同じボランティア活動をしていたことがきっかけで出会い，結ばれ，私が誕生した。そう，ボランティアがなければ私は誕生すらしていないことになる。その後，両親は私を含め 6 人の子どもを養うためにボランティアを卒業することになるが，幼い頃に連れられて参加した福祉施設での経験やボランティアに関わる人たちとの出会いは，その後の私の人生に影響を及ぼしていくことになる。

仕事に出会えたのはボランティアのおかげ

福祉系の大学に進学した私は，多種多様なボランティア活動に参加した。私の学生時代（1998年～2002年）は，1995年に阪神・淡路大震災という大きな災害があり，140万人以上のボランティアが駆けつけ，「ボランティア元年」と呼ばれた年からまだ数年しか経っておらず，さらに2001年は日本が提唱して国連で採択された「国際ボランティア年」だったこともあり，ボランティア熱が非常に盛り上がっていた時期でもあった。そのようななか， 3 年次以降はボランティア経験を活かし，学生ボランティアを促進すべく，他大学の学生とネットワークを組みながら，大学に学生ボランティアセンターを立ち上げる活動を展開した。そんなボランティア推進の取り組みが楽しくなり，就職先を「ボランティアセンター」一本に絞り，卒業後は地域の社会福祉協議会のボランティアコーディネーターとなった。その後，市議会議員を経て現在の仕事につながることになるが，詳細については後述したい。一ついえることは，私の仕事はすべてボランティアとのつながりから生まれているものであり，ボランティアと出会わなければ今の仕事もしていなかったという

ことである。

結婚できたのもボランティアのおかげ

プライベートでは，学生時代に同じボランティア団体に所属していた後輩と結婚。親子2代でボランティアを通して素敵な出会いをいただいている。目下，自分の子どもたちにも将来ボランティアに親しめるよう，幼少期より英才教育を施している。

以上，誕生から現在に至るまで，そしてきっとこれからも生涯，ボランティアとは切っても切れない人生を歩むことになると予感している。そんな「ボランティア＝人生」の私の歩みを通して，読者と一緒にボランティアについて考えを深めていきたい。

(2) ボランティアに託された思い

1970年代。ボランティアという言葉がまだ市民権を得ていなかった時代。私の両親はボランティアで出会い，結ばれ，私が誕生した。「当時の両親は何を考え，ボランティアに取り組んだのだろうか」。この本を執筆するにあたり，改めて本人（父）に直接話を聞く機会を持った。私の父は自分の父親を早くに亡くし，児童養護施設に預けられた経験がある。中卒で社会に飛び出した父が，「『社会的に役立つ生き方をしたい』と願ったときに出会ったのがボランティアだった」そうだ。そんな父にとってボランティア活動とは，「経済優先の社会を，人間や命を優先にする社会にしたい」という思いを実現するための活動だった。

具体的に取り組んだのは公共交通機関のバリアフリー化運動だった。ボランティア団体を立ち上げ，車椅子の国会議員として当時有名だった八代英太氏や杉並区の福祉施設，障害者団体，他のボランティア団体と協力し，JR山手線の駅のバリアの状況（階段にスロープやエレベーターがついているか，多目的トイレがあるかなど）の点検を実施した。車椅子利用者とボランティアが一緒になって，すべての駅を巡り，バリアを総点検したうえで，その結果をメディアに公表し，国会にもバリアフリーに向けた請願を行った。その後

も継続的に駅のバリアフリー化促進に向けた署名活動を展開した。

　そんな両親のボランティア活動は,「困っている人に手を差し伸べる活動」というよりは,「困っている人を生み出している社会の構造を変える活動」だった。また,社会という自分の外に向けられた活動であると同時に,「欲を持ちお金を稼いでいる自分」と「理念を追いかけている自分」という自己矛盾に葛藤する生の人間として,ボランティア活動に取り組んでいた。「一番大事なのは社会を改良していくこと。そして,自分のなかの物欲と人間性との矛盾を見つめ続けること」という父の言葉に,ボランティアに託された当時の両親の思いを感じることができた。

(3) 学生時代のバリアフリーマップづくり

　そんな親の影響もあったのか「お金のためでなく,人と社会に貢献できる生き方がしたい」,そんな生意気かつ漠然とした思いで福祉系の大学に進学した私は,高齢者・障害者・児童・病院・国際などあらゆる分野のボランティア活動に参加した。そのなかでも特に印象に残っているのが,学内のバリアフリーマップづくりだった。

　大学2年のとき,一つ下の学年に車椅子を利用するAさんが入学してきた。大学は,車椅子を利用する学生の受け入れが初めてだったため,設備面でのバリア(段差や階段,トイレ,扉など)が多くの場所にあった。そこで,仲間たちとともにAさんの移動をサポートする活動を始めたが,予想以上に段差などのバリアが多く,数ヶ月後には,Aさんと一緒に学内のバリアをチェックし地図に落とし込んだバリアマップを作成することにした。さらに,そのマップをもとに大学とバリア改善に向けた話し合いをたびたび持った。その結果,大学側もバリアマップをもとに徐々に構内のバリアフリー化を進め,1年が経つ頃には,スロープの設置やエレベーターの設置など多くの改善が見られた。バリアマップは時とともに「バリアフリーマップ」へと変化していった。その甲斐もあり,現在では車椅子利用の学生がいることが,日常の風景になっている。

　戦後日本の福祉分野の先駆者である阿部志郎は,ボランティア活動に期待

される役割として，

①「地域社会の福祉ニーズに積極的に応えようとする先駆的役割」

②「公的制度の不備を補う補完的役割」

③「制度や行政施設に対して建設的批判をする批判的役割」

④「行政施設と住民の間で理解・協力者として活動する架橋的役割」

⑤「地域の福祉を守り育てる相互扶助的精神を普及する啓発的役割」

の五つをあげている（阿部 2008：99）が，いま振り返ってみると，バリアフリーマップの活動を通して自分たちも阿部の指摘したボランティアに期待される役割を担っていたことが分かる。

　例えば，私たちが最初車椅子利用者であるＡさんの教室移動というニーズに応えようと活動を始めたことは，①「地域社会の福祉ニーズに積極的に答えようとする先駆的役割」だったと説明することができるだろう。それは，本来大学が環境を整えるべき課題であった。私たちがボランティアとして当面の困りごとの支え手として関わったことは，②「公的制度の不備を補う補完的役割」を担っていたと考えられる。さらに，活動を続けるなかで，そもそも大学の環境が車椅子を利用する人への配慮が十分できていないことに気づき，Ａさんと一緒にバリアマップを作成し，大学との話し合いを通して学内のバリアフリー化を図っていったことは，③「制度や行政施設に対して建設的批判をする批判的役割」と「④行政施設と住民の間で理解・協力者として活動する架橋的役割」だったと考えられる。学内のバリア（フリー）マップづくりはその後も続いたが，Ａさんより１年先輩である私は後輩たちに活動を引き継ぎ卒業することとなった。この次世代の担い手育成という役割は⑤「地域の福祉を守り育てる相互扶助的精神を普及する啓発的役割」にもつながっていると考えられる。

　Ａさんとのバリアフリーマップづくりは，私のボランティア活動の原点として今も大切な思い出となっている。

⑷ ボランタリズムとの出会いと出馬

　大学卒業後，社会福祉協議会のボランティアセンター職員として３年が

経った頃，働きながら通っていた大学院の教員に誘われて，東京ボランティア・市民活動センターが主催しているボランタリーフォーラム TOKYO というイベントの実行委員になった。そこで出会った「ボランタリズム」という考え方により，その後の人生が大きく変わっていくこととなった。

　ボランタリズムについては，いくつかの定義があるが，ここでは永年ボランタリズムの研究と実践を行ってきた，岡本榮一氏の定義を紹介したい。

　　「ボランタリズムには，大きくは，a. Volunteerism，b. Voluntarism，c. Voluntaryism，の三つの思想や哲学を含んでいる。複層した概念（理念）ではあるが，おおまかにいえば，a はボランティアやボランティア活動の精神，b は，個人と関わる『主意主義』を表す。『主知主義（Intellectualism）』の対置概念で，『意志』とか『主体性』につながる。〈y〉のついた c は，国家や行政から『独立した民間の立場』を意味する。いわば，国や行政とは『独立しつつ共存する立場や関係性』をさす。ボランタリーな活動や組織が，憲法第89条の『公私分離の原則』と関わり，〈y〉のついた c のボランタリズムと関わる。日本も含めアジア圏ではこの c のボランタリズムが弱い」（大阪ボランティア協会ボランタリズム研究所編 2011：1）。

　当時の私は，曲がりなりにもボランティアセンターの専従職員として，ボランティアの原則やボランタリズムについて理解しているつもりでいた。しかし，私が実際に想定していたのは，「困っている人を（自発的に）支える」ボランティアの姿だった。それも大切なボランタリズムの視点ではあるが，それだけでは目の前の人を支えることにのみ専念し，ときとして都合のよい労働力として使われてしまう危険性がある。「困っている人を支える」だけでなく，「困っている人を生み出す社会」にまで視野を広げ，そのような社会を私たちが創り出しているとの認識のもと，「困っている人を生み出さない社会に変えていく」という発想にまでは至っていなかったことに気づかされた。阿部志郎は，日本におけるボランタリズムの課題として，以下のように指摘している。

「ボランタリズムの特色が『社会とともに』歩みつつ，『社会より一歩早く』
開拓的・先駆的役割を負い，『社会に一歩おくれて』落ち穂拾いの役割を担う
ことであるならば，日本でもボランタリズムは開花したが，同時にボランタ
リズムの基本的性格が現実社会，国家権力に『逆らって』という非妥協性を
内包しているとすれば，この側面はわが国では結実されなかったといえよう」
（阿部 1980：97）。

この指摘は，自発的に社会に貢献する担い手としてのみボランティアを捉
えていた当時の私とも重なる。ボランタリーフォーラム TOKYO を通して
出会った「ボランタリズム」とは，人権思想に基づく社会改革に取り組むボ
ランタリズムであった。この国のなかでボランタリズムの展開に人生をかけ
て取り組んだ先人たちがいたことを知るとともに，そのバトンを自分も受け
継いでいくことが重要ではないか。そんな使命感がふつふつと湧いてきたこ
とを記憶している。

社会に目を向ければ，2006年当時，自殺者が毎年３万人を越え続け，私の
関わる福祉分野においては，自己責任論が強調され，それまで利用できてい
たサービスが削られ，負担が増していた。「これ以上の負担には耐えられない」
と障害を抱えた子どもを持つ親が一家心中を図るという悲しい事件も起きて
いた。

福祉を学ぶ者にとって，憲法25条は特別な意味を持っているが，ここでそ
の条文を紹介しておきたい。

日本国憲法第25条【生存権】
1 すべて国民は，健康で文化的な最低限度の生活を営む権利を有する。
2 国は，すべての生活部面について，社会福祉，社会保障及び公衆衛生の
向上及び増進に努めなければならない。

障害者を抱えた家族の心中事件を聞いたとき，「この国は生存権の保障を放
棄した」という怒りがこみあげてきたのを覚えている。そんな怒りと，社会

改革に取り組むボランタリズムという思想，そして「若いからまあ何とかなるさ」という楽観に後押しされ，26歳のときに出馬を決意し，翌年，27歳で地元の市議会議員選挙に立候補し，ぶじに当選した。福祉を専門とする市議会議員として4年間勤めさせていただくこととなった。市議会議員時代の話については，ここで紙面を割くことができないため，別の機会に譲りたい。ただ，理想と現実の狭間でもがき続けた4年間であった。任期終了の4年後，県議会議員選挙に出馬し，当時の県議会議長と一騎打ちとなり，東日本大震災の1ヶ月後という特殊な状況も重なり，落選。31歳にして元議員という不思議な肩書きを得ることになる。ただ，議員は「困っている人を生み出さない社会をつくっていく」ためのツールの一つでしかないという当たり前のことにも気づくことができた4年間だった。

(5) ボランティアからの贈り物

　落選後，これから先のことも見通せないまま，いろいろ身軽になったことをいいことに，東日本大震災のボランティア活動に関わり始める。2011年の東北太平洋沿岸部はどこも津波による甚大な被害を受けており，瓦礫の撤去や津波で被害を受けたお宅の清掃などに関わらせていただいた。「うちは（家族の）遺体が見つかっただけでも良かった」。そんな家主の言葉に返す言葉が見つからず，ただうなづくことしかできなかったことを思い出す。議員をしていた地元に戻れば，多くの知り合いからそれまでと変わらず，音楽イベント，まちづくり会議，障害者団体の会合などなど地域活動（ボランティア）のお誘いが寄せられた。ただ，落選前と違うのは，議員報酬がないため生活がどんどん追い詰められていくということだった。議員は非常勤の公務員だが，落選すると退職金もなければ，雇用保険にも入れないため失業手当もない。当然のことながら，収入源がないままボランティアを続ければ続けるほど，経済的には先細る一方である。31歳にして，「ああ，人間お金がないと生きていけないんだ！」と，あまりにも当たり前のことを実感するに至る。そんな途方にくれていた私を救ってくれたのもまた，ボランティア（による出会い）だった。

　最初に声をかけてくれたのは，議員になる前から活動に関わっていた
NPO法人のスタッフだった。そのときの誘い文句は今でも忘れられない。「と
らちゃん！　落選するの，ずっと待ってたよ！」そんなことを待たれていた
のかと思いつつ，お誘いをありがたくお受けすることにした。次に来た話は，
母校の大学からだった。母校では，東日本大震災を契機に学生のボランティ
ア活動が活発化し，それらの活動を恒常的に支援していくためにボランティ
アセンターを設置することになった。そこで，センターの運営を担える専門
のスタッフを探していた。卒業して10年ほど経っていたが，学生時代に学生
ボランティアセンターを立ち上げたことを覚えていた教員から連絡があり，
「落選したみたいだけど，今は何してるの？　大学にボランティアセンター
を立ち上げることになったので，手伝ってほしい」とのことだった。母校へ
の恩返しという思いもあり，素晴らしい2名の仲間とともに2012年からセン
ターの立ち上げメンバーとして関わることになった。さらに，大学に戻って
みると，ボランティア論の講師は，学生時代に自分たちの活動を応援してく
れていた，他大学のボランティアセンターのコーディネーターが担っていた。
久しぶりにお会いすると「この科目はいつか川田さんにバトンタッチするつ
もりでいたので，来年度からはよろしくね」とのこと。あれよあれよと，ボ
ランティア論の科目も担当させていただくこととなった。

　結局それから現在に至るまで10年たつが，NPOスタッフとしては，事務
局長を経て代表理事（ボランティア）に就任している。また，大学ボランティ
アセンタースタッフ（非常勤）から専門職員（常勤職）になった。ボランティ
ア論講師としては，ボランティア実践論やコミュニティサービスラーニング
など担当科目が増え，現在も継続中である。このようにボランティアでつな
がった出会いに支えられ，働く場も与えられることとなった。

　話は少し変わるが，勤めている大学ボランティアセンターでは，震災直後
より岩手県釜石市で復興支援活動を行ってきた。そのご縁で，釜石という街
を調査しながら「希望学」という学問について研究している東京大学の玄田
有史氏とのご縁をいただき，講演会などを実施してきた。玄田氏から教わっ
たことのなかに，「ウィーク・タイズ（Weak Ties)」がある。「ウィーク・タ

イズ（緩やかなつながり）」とは，職場の仲間や家族や親戚ではない。もっと別の友人・知人で，自分のことを評価してくれたり，期待してくれたり，ときに心配してくれたりする人々のつながりのことである。仕事について実現見通しのある希望を持っている人の特徴として，このウィーク・タイズを持っていることがあげられるというお話だった（玄田 2010）。私自身もボランティア活動を通して，知らず知らずのうちに多くのウィーク・タイズを築いていたことを落選（＝無職）という状況に陥って，気づかされることとなったのである。

　また，玄田氏は「希望とは何か」を以下のように定義している。

　　「Hope is a Wish for Something to Come True by Action」（玄田 2010：37）。

　また彼は，社会的な希望（Social Hope）として次のような表現もしている。

　　「Social Hope is a Wish for Something to Come True by Action with Others」（玄田 2010：48）。

　希望とは，行動を通して何かを願い実現すること。社会的な希望は，その願いを一人ではなく他者と一緒に行動し実現すること。玄田氏の言葉を聞いたとき私は，社会の課題や人々の困難に対し，その解決のために仲間とともに行動するというボランティアの姿を思い浮かべることができた。希望学を通して，ボランティア活動は，単に課題解決の手段というだけではなく，人々の希望にもつながる行為であることを教えてもらった。

● 2 ── ゼミナール：ボランティアにまつわるモヤモヤ

ボランティアとして生きる限界とその先へ

(1) ソーシャルサービスとソーシャルアクション

　ボランティア活動の機能には，直接的に困っている人の支え手として関わるソーシャルサービスの機能と，困りごとのそもそもの原因を捉え，困らな

いような環境をつくっていくソーシャルアクションの機能があるといわれている。早瀬昇は，図2-1のような図を示し，ソーシャルアクション（社会変革性）の機能と活動者自身の自発性の有無が，奉仕活動との大きな違いとなっていると指摘している。具体的には，以下のように整理できる。

A　社会変革性が強く，自発性も強いボランティア独自の領域

B　社会変革性は弱いが，自発性が強いボランティアも奉仕活動も重複する領域

C　社会変革性が弱く強制性が強い奉仕活動独自の領域

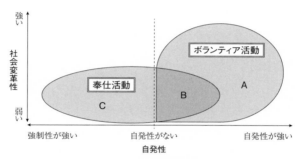

図2-1　ボランティア活動と奉仕活動の関係
出所）早瀬 2011：19。

　前節の(3)で触れた阿部志郎のボランティア活動に期待される役割と比較すると，ソーシャルサービスの機能に対応するのが，①「地域社会の福祉ニーズに積極的に応えようとする先駆的役割」，②「公的制度の不備を補う補完的役割」であり，ソーシャルアクションの機能に対応するのが，③「制度や行政施設に対して建設的批判をする批判的役割」だと考えられる。

　私が学生時代に取り組んだバリアフリーマップの活動も，単に目の前の車椅子を利用している後輩を支えるということだけではなく，「バリアフリーを進めることで，そもそも，障害を持っていたとしても困らない社会環境（当時は大学キャンパス）を創る」というソーシャルアクションの活動であったといえる。

　また，ボランティアの持つ危うさとして，中野敏男は次のような指摘をし

ている。

> 「植林などの緑化運動には『ボランティア』で参加しても，『原発』や『ゴミ
> 焼却場』の建設反対運動への参加については『ボランティア』と呼ばないの
> が通例だ。(中略) ボランティア活動の内容には選別が働いており，その選別
> に際しては『公益性』と称されるような支配的言説が求める基準が強く関与
> しているのは明らかなのだ」(中野 1999：76)。

　中野が指摘するように，ソーシャルアクションのないボランティア活動は，
都合のよい労働力として権力者に利用されてしまうリスクがある。
　ソーシャルアクションの一つの方法として，デモがあげられる。一見する
とボランティア活動には見えないが，私としては，社会の規範を守りつつ，
自分たちの求める社会を訴えるデモ活動も一つのボランティアと捉えられる
と思うのだが，読者のみなさんはどのように考えるだろうか。

(2) ボランティアの限界とその突破方法

　私の父は，子どもが 3 人になったときに「これはいよいよボランティアを
辞めて，ちゃんと稼がないとやばいのでは？」と危機感を持ったらしい。そ
れまでは，短期間のアルバイトなどで生活費を稼ぎつつ，ボランティア活動
をメインでやっていたようだが，子どもの食費や生活費を考えるといろいろ
思うところがあったようだ。その後，子どもは増え続け，6 人兄弟になる頃
には起業して会社を立ち上げていた。私自身も，大学卒業直後はボランティ
アセンターのスタッフとして，その後議員として，幸いにして生活が保障さ
れているなかでボランティア活動に関わっていられたが，議員落選後，被災
地支援や地元の活動を続けるなかで経済的に追い詰められ，31 歳にして「お
金がないと生きていけない」ことを痛感した。
　親子 2 代を通して，教訓が活かされず成長のない人生だが，ボランティア
が無償の活動である限り，誰にでもその限界はすぐに訪れてしまうようにも
感じられる。早瀬昇はこのようなボランティアの特徴をふまえ，ボランティ

アには「人権の『擁護』はできても『保障』は難しい」（早瀬 2018：100）と述べている。介護を例に考えてみよう。2000年に介護保険制度が整う以前，介護は主として家族が担っており，ボランティアによるサポートも行われていた。しかし，介護は毎日のことであり，ボランティアの力だけでその生活を「保障」することには困難が伴う（このテーマに関心がある読者には，渡辺一史の『こんな夜更けにバナナかよ』という本をお薦めしたい。介護ボランティアのリアルな姿が描かれている）。目の前に困難な人がいる。しかし，その人を支えるだけの力が自分（ボランティア）にはない。そのような状況に追い込まれたとき，あなたなら，どのように考え，選択し，行動していくだろうか。

　私のように議員になって制度を変える方法もある。それ以外にも，諦める，担い手の仲間を増やす，ボランティアの役割を金銭の発生する仕事にする，支える制度や仕組みをつくる，など多様な可能性がありそうだが，あなたなりの選択肢や解決策を考えてみてもらいたい。

（3）コロナ禍のボランティアについて

　2020年以降，全世界に感染が拡大した新型コロナウイルス。日本においてもコロナ禍の影響で，多くの対面でのボランティア活動が休止となった。世代交代の早い学生ボランティアは，長期間活動が行えないなかで引き継ぎもままならず団体を解散させるところも出てきている。そんな暗中模索のなかで，ボランティアに関わる私たちができることは何だろうか。私の考える答えの一つは，「自分たちの活動の願い，大切にしたいこと」の再確認である。コロナの影響により，地域の見守り活動やサロン活動ができなくなってしまったという話も聞かれる。確かに対面での活動には様々な困難が予想される。ただ，仮に「地域の豊かなつながりづくり」が団体の願いであれば，直接会えずとも電話をかけてみてはどうだろうか。手紙や会報を自宅へ届けてみては？　野外で距離を保ちながらであれば，ラジオ体操くらいならできないだろうか。オンラインでつながれないだろうか。そんな，様々なアイディアや可能性が見えてくるかもしれない。改めて「活動の願い，大切にしたい

こと」を考えてみると，これまでの活動はその願いを叶えるための手段であり，選択肢の一つに過ぎないことに気づく。きっと願いを叶える方法は他にもたくさんあるはずだ。ボランティアにとって大切なのは，今ある活動の維持ではなく，自分たちの願いを形にすること。コロナ禍においては，そんな活動の原点の確認とともに願いを形にする方法の柔軟さが求められているように感じている。

　ボランティア活動は，「自発的に社会や他者のために無償で行う行為」だといわれている。そのような活動は，ときとしてこれまで他の誰も取り組んだことのない，先駆的で新たな活動を生み出す創造性を持つといわれている。ボランティアの創造性を考えるとき，忘れられない学生がいる。その学生は，小さい頃から「将来は警察官になりたい」との思いを持っていた。私たちのセンターでは，まずその学生の「願い＝夢」を形にするボランティアを一緒に考え，地元の警察署と連携した「防犯ボランティアグループ」を立ち上げることにし，その学生は初代代表となった。

　コロナ禍という誰も経験をしたことがない未知の世界にあっては，ボランティアの持つこの先駆性・創造性が力を発揮すると私は信じている。もちろん，新しい活動を生み出すには，気力も体力も知力も必要となる。しかし，平均年齢77.2歳（最高齢は87歳）のサロングループが，コロナ禍を機にオンラインサロンに切り替えたという事例もある（西川 2020）。主催者に話を伺うと，「難しいと思っていたけど，やってみたら大丈夫だった」とのこと。参加者からは「人が寄り合うことの意味と作り方は，オンラインでもオフラインでも同じだった」との感想も聞かれた。この困難な状況において，みなさんであれば，どのようなボランティア活動を考え，また実践できるだろうか。思いついたアイディアを一つでも行動に移し，実践してもらえたらと願っている。

(4) 他者のために生きることと自分のために生きること

　ボランティアを定義づける際に「社会性・公益性」が重要な要素だといわれている。私自身，学生の頃は「将来福祉専門職になるためにも，人のため，

社会のためのボランティア活動に一生懸命取り組まねば」との義務感で，しゃかりきになって様々な活動に取り組んでいた。しかし振り返ってみれば，人のため，社会のためにやれたことよりも，結果的に自分のためになっていたことの方がはるかに多いように感じている。それは直接的には，活動を通して，コミュニケーション能力やプレゼンテーション，リーダーシップなど，自分自身のスキルアップが図れたということもある。また活動を通して，自分自身のやりたいこと，やりたくないこと，夢中になれるものが見つかったということもある。ただ，そういった直接的なことだけではなく，ふとしたときにボランティアからの贈り物を受け取ることがある。議員落選後に声をかけてくれた人々は，みな私がボランティア活動を通して出会い，信頼していた人々であった。そのようなつながりから，NPO スタッフ，大学職員，講師など，新しい役割を授けてもらうことができた。

　「情けは人のためならず」という言葉がある。「情けはその人のためにならないから，やめた方がいい」という意味に誤解されていることもあるが，本来の意味は「人に親切にすれば，その相手のためになるだけでなく，やがてはよい報いとなって自分にもどってくる」ということだといわれている。私自身は，ボランティアを通してまさにこの「情けは人のためならず」＝「人のためと思って取り組んでいたが，結果的には自分のためでもあった」ことを実感している。そんな思いを持ちつつ，日々の学生ボランティア支援に向き合っていると，「他者のための活動であるということを見失わない限りは，不純な動機でもいいかな」と思えるようになってきた。もちろん，他者を蹴落とし，陥れるような人はもってのほかだが，「ボランティアを通して成長したい」「仲間をつくりたい」「恋人がほしい」などなど，不純な動機の数々にも「それもありかな」と思えるようになってきた自分がいる。きっと，生真面目な学生時代の私だったら，もってのほかと考えていたように思う。

　「他人のためのボランティア」「自分のためのボランティア」，はたまた「他人にとっても自分にとっても意味のある活動としてのボランティア」，この本を読んでくれたあなたは，どのように考えるだろうか。

●参考文献●

阿部志郎　1980「キリスト教と社会福祉——ボランタリズムを中心に」嶋田啓一郎
　　編『社会福祉の思想と理論』ミネルヴァ書房, 83-106 頁。

阿部志郎　2008『福祉の哲学』改訂版, 誠信書房。

大阪ボランティア協会ボランタリズム研究所編　2011『ボランタリズム研究 1』大阪
　　ボランティア協会。

玄田有史　2010『希望のつくり方』岩波新書。

中野敏男　1999「ボランティア動員型市民社会論の陥穽」『現代思想』27（5）：72-
　　93。

西川正　2020「あそびの生まれる場所（12）オンラインよりあいの会」『くらしと教
　　育をつなぐ We』229 号（2020 年 12/1 月号）。

早瀬昇　2011「ボランティア活動の理解」大阪ボランティア協会編『テキスト市民
　　活動論——ボランティア・NPO の実践から学ぶ』大阪ボランティア協会, 8-35 頁。

早瀬昇　2018『「参加の力」が創る共生社会——市民の共感・主体性をどう醸成するか』
　　ミネルヴァ書房。

●ブックガイド●

『ボランタリズム』阿部志郎, 海声社, 1988 年
　　本章でも触れた「ボランタリズム」について, 歴史的背景や意味を紹介している。
　　紹介しているボランティア活動については, 現在との違いがあるが, ボランティ
　　アの源流について学びたい人にお薦めの 1 冊となっている。

『「参加の力」が創る共生社会——市民の共感・主体性をどう醸成するか』早瀬昇,
　　ミネルヴァ書房, 2018 年
　　長年ボランティア支援の最前線で活躍している筆者による, ボランティアの強
　　み・弱みを捉えた実践的なボランティア支援の方法が紹介されている。

『希望のつくり方』玄田有史, 岩波新書, 2010 年
　　本章でも触れた希望学の入門書。ボランティアそのものについて触れられてい
　　るわけではないが, ボランティアの背景にもつながる, 希望と社会のつながりや,
　　希望の持てる社会について紹介されている。

私のボランティアの色はホワイト。まったく知らなかった児童虐待を知り，そこからたくさんの出会いがあったから

第3章

原動力

「児童虐待をなんとかせねば」突き動かされる思い

久米隼

「え！　子どもの命を親が！？」

　当時，学生だった私はひょんなことから「児童虐待」という言葉に目が留まり，大きな衝撃を受けました。そして調べれば調べるほど目を覆うばかりの事実を知ることとなりました。1週間に1人以上の子どもが尊い命を奪われていること，なかには誕生した直後に，その子を産んだ親によってこの世から消されてしまうことも。

　ここに書くのもつらい事実が，私たちの社会で発生していることにショックを受け，次第に憤りを覚え，気が付いたときには何故だか「なんとかせねば」という強い感情を持って，行動を起こしていました。

　読者のみなさんは，「これって問題ありそうだな」と思うことを見つけたときにどのような行動をとりますか。問題だと分かっていても，周りの目などを気にしてあえて直視するのを避けたり，ときには意図的に見過ごしたりすることもあるのではないでしょうか。

　私は，児童虐待という問題に出会い，そのように黙っていることができませんでした。「なんとかせねば」という思いに突き動かされて，今も活動を続けています。

　本章では，そのようなボランティアとの出会い，そしてボランティアを通して出会える自分について考えてみたいと思います。

●キーワード●児童虐待，なんとかせねば，突き動かされる，出会い

● 1 —— 私とボランティアの物語

偶然の出会いに突き動かされた思い

(1) 私と児童虐待問題の偶然の出会い

読者のみなさんは児童虐待という言葉を耳にしたことがあるだろうか。

　本書を手に取り，ボランティアを通して社会の様々な問題に向き合おうとしているみなさんであれば，初めて聞いたという人はおそらくいないだろう。

　そうでなくとも，テレビや新聞，ウェブニュースなどで連日のように報道されていることもあり，今や目にしない日が少ないような状況である。

　斯くいう「私」も，児童虐待の問題を学生の頃に知った。児童や教育分野を専攻していたわけでもなければ，ボランティアとして活動をしていたわけでもない。偶然の出会いであった。

　大学では，社会福祉を学び，主に社会保障制度・政策について，高齢者福祉や介護問題に関心を持って勉強をしていた。

　少子高齢化が進行する我が国においては，現行の諸制度や政策に限界があることに，私は比較的早い段階で気づいていた。

　そのようななかで高齢者の問題だけを考えていては将来構想ができない。特に「子ども世代」にもしっかり目を向けることが必要だと考えるようになったのが，子どもを取り巻く諸問題と向き合うことになるきっかけであった。

　こうして子どもをめぐる社会的な課題を調べていくなかで，私の想像をはるかに超えた衝撃の事実を知ることとなる。本章のテーマである「児童虐待」だ。

　幼い子どもが，殴る・蹴るといった理不尽な暴力などを受け，その尊い命が奪われている。ときには育児放棄（ネグレクト）によって栄養が不足し「餓死」する子どもや，真冬に暖もとらせてもらえず「凍死」する子どももいる。

　これは，世界のどこか遠く離れた国や地域の話ではない。信じ難いことに私たちが暮らすこの日本で，この社会で，実はすぐ身近なところで起きていることなのだ。

　世界でも豊かで治安のよいとされる我が国で。私たちの暮らす地域で。今まで見過ごされていた「本当の事実」をゆくりなく思わぬところから知ってしまったような，何とも言い表せない気持ちにもなり，悲嘆に暮れてしまった。

　「子どもは社会の宝」だとか「未来を担う若者」だとか，美辞麗句を耳にすることも多いが，私たちが暮らすこの社会は，本当に子どもを大切にし，

子どもが将来にむかって夢や希望を描くことができる社会なのだろうか。

　このときの複雑な気持ちは，自分でも計り知れないもので，言葉も出てこなかった。しかし，この気持ちは次第に憤りの念に変わっていった。そして，気が付いたときには何故だか「なんとかせねば」という強い感情を持っていた。

　この「なんとかせねば」という感情こそ，私の児童虐待防止を含む諸活動の原点であり原動力である。

　それ以来，今日に至るまで児童虐待をなくすための活動を続けている。児童虐待がなくならない限り，やめるわけにいかないのだ。

　このように，ボランティアをしたかったわけでもない，児童や教育分野を専攻していたわけでもなかった私だが，偶然にも，児童虐待の問題と出会ったことによって，その後の人生が変わることになった。

　社会福祉学の第一人者であり実践者でもある阿部志郎は，このような出会いを「邂逅（めぐりあい）」と表現している。

　邂逅は「たまたま」や「偶然」を意味する言葉だが，いつどこで，一所懸命になれることに出会うかなんて分からない。邂逅については，政治学者であり利他について研究する中島岳志も「予定調和的な出会いではなく，思いがけず出会うこと」（中島 2021：151）と表現している。そのような思いがけない出会いが「自己の存在の根源をゆすぶられるようなめぐりあい」（阿部 2008：20）となることもある。

　私自身も思わぬところで児童虐待の問題と偶然めぐりあい，それは，その後の人生を大きく変える出会いとなった。

　一所懸命になれることにめぐりあうのは，大学のキャンパスやアルバイト先かもしれない。あるいは図書館で読んだ本や，部活の先輩・後輩，街でたまたますれ違った人から影響を受けることだってあるだろう。

　どのようなめぐりあいが，どのタイミングでもたらされるのか，それは誰にも分からない。

　しかし，そのような思いがけない一瞬一瞬のめぐりあいを「たんなるすれ違いに終わらせるか，価値あるめぐりあいとして育てるか」（阿部 2008：40），それは自身にかかっているともいえる。

(2) 私が「なんとかせねば」と思ったワケ

　思わぬところで児童虐待という問題を知った私は，まずはその実態をもっと知らなければと思った。

　はじめに，児童虐待とは何かを確認することにした。児童虐待防止法（児童虐待の防止等に関する法律）によると，①身体的虐待，②性的虐待，③ネグレクト，④心理的虐待，の四つが定義されている（同法第 2 条）。

　様々な文献を読み，一つ一つの虐待事例に接するたびに胸が痛んだ。最も大きな衝撃は，そのような虐待のすえに，親によって子どもの尊い命が奪われる「虐待死」を知ったことだった。

　近年の政府のデータによると，2020年 4 月から2021年 3 月までの 1 年間に児童虐待によって亡くなった子どもの数は77人だった（厚生労働省 2022a）。つまり，分かっているだけでも平均して週に 1 人以上の子どもの命が虐待によって奪われているのである。

　学生だった当時の私は，この事実を受け入れることができずにいた。「なぜ親が，自らの子どもの命を奪うのか」と，深まる疑念と複雑な気持ちとで頭と胸がいっぱいになった。

　その答えを探るために，児童虐待によって命を落とした子どもの年齢に着目して考えることにした。

　そこで分かったのが，心中以外の虐待死亡事例（49人）のうち，亡くなった子どもの年齢は「 0 歳」が最も多く（65.3％），さらに月齢を見ると， 0 ヶ月児が最も多い（50.0％）ということだった（厚生労働省 2022a）。この数値は近年のデータによるものだが，当時も同じような傾向が見られた。

　あわせて実母（子を産んだ親）の年齢も調べることにした。驚くべきことに，学生だった当時の私と同じ年代（～24歳）の実母による虐待死の事例は29.8％で，およそ 3 件に 1 件だった（厚生労働省 2022a）。

　学生の私と同じ年代の親が，自らの子を殺めてしまう虐待死。同じ年代だからこそ率直になぜかと考えさせられた。

　考えに考えた結果，同じ世代として思ったのは，妊娠に気づいてから出産

までのおよそ10ヶ月もの間，ずっと悩みに悩んでいたのだろうということだ。

　学生だった私と同じ世代の若者が，予期せず親になるのである。おそらく，どうしたらよいのか分からなかっただろうし，どこに相談したらよいのかも分からなかったのだろうな……と。そして，何一つ解決しないままに出産を迎え，生まれてきた子をどうしたらよいのかも分からず，殺めてしまったのではないかな……と。

　もしそうならば，誰かが相談にのっていれば虐待を防ぐことができたかもしれないし，相談機関の存在を早めに伝えることができれば，もっと前の段階で悩みが解決できたかもしれない。

　また，当時の私が偶然知るまで，まったく知らなかったように，児童虐待について知らない人も多いのではないかと思われた。ならば，社会に対して積極的に伝えることによって，社会全体で防ぐこともできるのではないか。

　それも，学生である自分と「同世代」に直接，伝えることが必要だと考えた。そして，他人事ではなく，自分たちの問題として児童虐待の実態を広めていかなければいけない。児童虐待は遠い世界の話ではなく，誰にでも起こりうる，身近な問題であることを伝えなければならない。

　こうして「なんとかせねば」という感情が，私を次の行動へ突き動かすこととなった。

(3) 私が起こしたアクションとその後

　私の「なんとかせねば」という沸々とした感情は，日に日に強くなる一方だった。

　誰に言われたわけでもない。頼まれたわけでもない。子どもへの虐待をなくしたいという思いが，次第に，頭のなかだけに留まらず，実際の行動へ移っていった。

　まず，同じ大学の友人に話をした。しかし，反応は思いのほか，よくない。

　そもそも私自身が高齢社会の問題や制度・政策に関心を持って学んでいたため，学友も同領域に関心を持つものが多く，児童分野への関心は高くはなかった。それでもめげずに繰り返し話題にし続けたところ，数名の友人が共

感してくれて，一緒に活動することになった。気持ちの面でも，活動の幅を広げる面でも，その意味は大きかった。

　しかし，同じ大学の友人という限られた範囲では活動の輪が広がらない。そこで，大学の壁を超えて，中学・高校の同級生にも声をかけた。アルバイト先で知り合った他大学の学生にも話をした。さらにその友人，そのまた友人と，学生のネットワークが広がっていった。

　こうして私が取り組んできた児童虐待防止の活動は，虐待から子どもの命と心を守るために，多くの人々に児童虐待の実態を伝え，社会全体で取り組むべき課題の一つとして認識してもらうことを目指していた。いわゆる「啓発」の活動である。特に，私と同世代の学生を主な対象として，自分たちにも身近なことであると伝える活動を中心にしていた。

　具体的には，学生が中心となって街頭に立って啓発活動をしたり，学生の本気度を社会に示そうと，学生による全国会議を開催したり，学生による児童虐待防止施策の提言を行うイベントを中央省庁の担当者も招いて開催したりと，矢継ぎ早に活動を展開していった。

　そのような私を見て「急ぐことないよ」と言う知人もいた。しかし，こうしている今も悩みを抱えている親，また，つらい状況におかれた子どもがいるとするならば，事態は「待ったなし」である。私には「なんとかせねば」と活動を加速させる以外に思いつかなかった。むしろ，そのように「急ぐことないよ」と言われるたびに，むしろ「急がねば」という思いが強くなっていく一方だった。

　今でも鮮明に覚えているのは，ある大人（一般の社会人）に「君がそんなことしても，するだけ無駄だ」と，はっきり面と向かって言われたことだ。おそらくこのシーンは，発した本人は覚えていないだろうが，私は生涯忘れることがないだろう。当時の私にとっては，どんな言葉よりも強烈で，一刀両断されたような，厳しく，つらい一言だった。

　まるで，学生がそんな活動をするのは差し出がましいだけで認めんと言わんばかりであった。諺にある「出る杭は打たれる」がこういうことならば，「出過ぎた杭は打たれない」ようになるか，ひたすら「打たれ強い杭」にな

るしかなかった。

　当時，児童虐待は，加害者である親側の個人的な問題として考える風潮が根強かった。今も，そのように思っている人は決して少なくはない。

　社会の風潮として「臭いものに蓋をする」ように，社会の問題ではなく当事者の個人的な問題にしてしまうことで，大人たちは問題を直視することを避けていたのかもしれない。だからこそ若い世代である私たちが直視して考えようとしていたのに，理解してもらえなかった。

　このような「開けられない蓋」に学生だけの力では限界を感じていた。

　同時に活動が大きくなるにつれ「学生の勝手な主張でしょ？」「学生の活動なんて，どうせ続かない」など，悲しい声が聞こえてきて，悔しくも思いが伝わっていないことを実感せざるをえなかった。

　そのようなときに出会ったのが，児童虐待のない社会を目指して活動に取り組んでいる NPO（Non-Profit Organization）であった。

　その頃は，そもそも NPO が何かも知らなかった。私は，ただただ児童虐待をなくすために「なんとかせねば」という強い思いだけで活動をしていたにすぎない。今になって当時を振り返ると，この状況の突破口になるのではないかという気持ちだったのかもしれない。いや，理解されない悔しい思いに，「理解してくれる大人」を探し求めて，すがる思いだったのかもしれない。

　いずれにしても，思い立ったら行動せずにはいられなかったことは確かだ。即座にアポイントメントをとって，訪ねることにした。

　結果的に，このときの NPO との出会いは，その後の私にとって非常に大きな意味をもたらした。市民活動とは何かを実践的に学ばせてもらい，第一線で活躍する研究者や活動者に支えられ，学生による活動はより大きなアクションに，そして私自身もさらに成長することができた。

　このような経緯を経て，わずか数人ではじめた学生による活動の輪はいよいよ全国規模に拡大していくことになる。

　市民による児童虐待防止の啓発活動，特に学生による活動を政府（厚生労働省）が後押しする動きも相俟ったことで一気に活動が広まり，全国100校以上の大学や専門学校などで学生たちが取り組む活動に発展していった。

(4) 私が救いたい「名も知れぬ一人の子どもの命」

　児童虐待の実態を知るための一つの指標として，児童相談所が対応した相談件数を集計した「児童虐待相談対応件数」がある。

　2021年4月〜2022年3月の1年間に全国の児童相談所に寄せられた児童虐待相談対応件数は20万7659件（厚生労働省 2022b）を数え，過去最多となった（図3-1）。

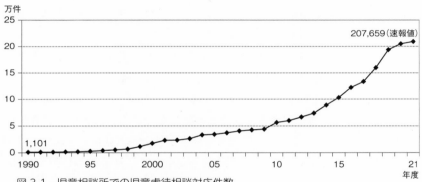

図 3-1　児童相談所での児童虐待相談対応件数
出所）厚生労働省 2022b，一部改変。
注1）2010 年度の件数は，東日本大震災の影響により，福島県を除いて集計した数値。
注2）2022 年度の件数は、速報値。

　1990（平成2）年に1101件だった相談件数は，2021（令和3）年にはおよそ188倍の20万7659件となり，統計開始以降30年以上の間，一貫して増加してきた。この傾向は現在も変わらない。

　その背景として，児童虐待そのものが増えているという見方がある一方で，多くの人が関心を持つようになったことにより，潜在的におきていた虐待が発見されるようになったり，相談しやすくなったりしたこともあるのではないかと私は考えている。

　児童虐待を知ってしまった以上，私は「なんとかせねば」という突き動かされる思いで活動を続けている。この思いを地道に社会に訴え，啓発活動を続けてきたことが，特に若い世代の関心を高め，児童虐待の早期発見・早期

相談につながっているのであれば，私の活動も少しは社会の役に立てたのではないかと思っている。

　しかし，自戒の念を込めて忘れてはならないのは，この20万7659という数字は，決して机上の数字ではなく，むしろ，その数以上の親と子が助けを求めているということだ。

　単純に365日で割ると1日あたり560件を超える。それだけの親が悩み，子どもがつらい状況におかれて，涙しているともいえるだろう。

　この相談件数が示す数字は，何らかのルートから「相談」や「通告」がなされ，児童相談所が対応した件数であり，表面化していない児童虐待も含めると氷山の一角である可能性もある。

　この瞬間も，助けを求めたいものの社会にSOSを発することができず苦しんでいる親と子がいるかもしれないし，予期せぬ妊娠に悩み，誰にも相談できずに抱え込んでしまっている親がいるかもしれない。

　日本子ども虐待防止学会の会長などを歴任した小児科医の小林美智子は「子どもが虐待で死ぬときは，子どもも親もが社会から見捨てられている。そこで子どもは頼る人もなく，過酷な生活に耐えて，力尽きて孤独に命を閉じる」と述べている（小林2005：5）。

　子育てに悩んでいても，相談できる相手がいれば虐待に至らずに済んだかもしれないし，子どものちょっとした変化や，親や子が発する小さなSOSのサインに，地域の大人が気づいていたら虐待を早期発見できたかもしれない。先に0歳0ヶ月の虐待死が最も多いと述べたが，妊娠中に手を差し伸べられていたら最悪の事態は防げたかもしれない。このように，親と子を社会が見守り続けることが，ひいては虐待を防ぐことにつながり，それが今まさに求められているのである。

　この本を読んでいる読者が学生ならば，あなたもいつか親になるときがくるだろう。そのときに，誰も見捨てたり，見捨てられたりしない社会であってほしい。虐待のない社会を目指していくには，親と子に対するあたたかいまなざしを社会に広めることが必要なのである。

　児童虐待問題を目にした瞬間から，私は人生が大きく変わった。そこから

生じた「なんとかせねば」という強い思い，活動のなかで出会ったNPO，いずれもすべて思いもしなかった出会いの連続だった。

これらの出会いは，本当の「自分との出会い」だったのかもしれない。

名も知れぬ親と子の心と命を守るという私の活動。児童虐待を「なんとかせねば」の活動は，これからも続く。

● 2 ── ゼミナール：ボランティアにまつわるモヤモヤ
私がボランティアであるということの違和感

(1) 「本業は？」という質問

第2節では，読者のみなさんに私のモヤモヤに付き合っていただきながらボランティアをもう一歩，深く考えていきたい。

私は「なんとかせねば」という思いから，児童虐待を防止するための活動は，自分がやるべき・やらねばならない活動として今日まで続けてきた。

本書は「ボランティア」をテーマにした本であるが，書き出しからずっと違和感があるのは，私の取り組んできた（取り組んでいる）活動が「ボランティアなのか」ということである。

ボランティアには「他者のために行動する」という欠かすことができない要素があることは，おそらく多くの人が納得していることであろう。

私は児童虐待防止の活動に取り組んでいる。そこには親と子という他者の存在があることはたしかに間違いのないことだ。

そもそも私は「児童虐待の問題解決をやってくれないか」などと誰かに頼まれたわけではなく，「ボランティアとして役に立ちたい！」と思ったわけでもない。前節で述べてきた通り，自分自身の児童虐待に対する問題意識と，そのことを「なんとかせねば」という思いに突き動かされ，行動しているに過ぎないのだ。

児童虐待防止の活動をしている際に，自ら「ボランティアです」と名乗ることはほぼ皆無である。その時々に応じて必要なときには，「〇〇委員」や「△△担当」など団体内での役割や，立場を伝える形式で名乗っている。

　そんなこともあってか，相手にNPOの専従職員と思わせてしまうことも多い（実際には休日などを使って活動しているのだが）。

　このように活動をしていると，よく「本業は何ですか」と聞かれる。このような質問は，私にとってはとても答えにくく，モヤモヤする難問である。

　一般的に本業とは「主な収入源となっている職業」のことを指すことが多いようだ。

　私の場合は，児童虐待防止の活動はまったく金銭的な収入にならない（金銭収入はないうえに，活動にあたっては諸々の出費があるため，金銭的な収支は当然マイナス（赤字）である）。

　そもそも収入を得るために活動をするのではなく，自分自身の「なんとかせねば」という強い思いだけで活動を続けてきたのだから，収支のことなど考えたことがない。

　とはいえ，本業ではないとするならば本業の対義語である「副業」かもしれないが，さらに違和感がある。

　副業といえば，収入を増やすことなどを目的に，主な収入源以外にも収入源をつくる働き方として近年注目されているスタイルだ。しかし，私が取り組む児童虐待防止の活動は，収入につながらなければ，つなげるつもりもないので，副業ともいえなさそうである。

　そこで改めて「本業」をいくつかの国語辞典で引いてみたところ，いずれも「本来の職業」や「主とする職業」としか書いていない。

　おそらくここでいう「本来」や「主」が何を指すのかは，人によって異なるため，各々に委ねられているのだろう。私にとって，「本来」や「主」を示すものとして，少なくとも収入の有無や多寡はその基準にはない。そこで，私は仮に「自分自身が取り組みたいと考えていること」として捉えることにした。

　そうすると，私の本業は紛れもなく「児童虐待をなくすための活動」である。そう考えると気持ちがどこかスッキリと落ち着く。

　なお，あらぬ誤解を招かぬように伝えておくが，大学教員の仕事も，もちろん本業である。学生のみなさんと一緒に学び，思考し，ときに実践にも出

かける。紛れもない本業である。

　本業を一つに絞る必要はないのかもしれない。

　決して「ボランティア」と名乗りたくないわけではない。本業が「児童虐待をなくすための活動」である私は，自分自身がボランティアだと考えたことがなかっただけだ。

　ボランティアは，何をもってボランティアというのだろうか。「本業」と「ボランティア」の違いは何だろうか。ボランティアはボランティアと必ずしも名乗らなければならないのだろうか。

(2) 私の折れそうな気持ちを支えてくれた NPO

　前節でも触れたが，学生だった当時の私は，社会の大人からの「出る杭は打たれる」といわんばかりの言動を目の当たりにし，幾度も心が折れそうになった。

　ボランティアを学び，これから取り組もうとしている読者のみなさんの周囲にそういった人がいないことを祈るばかりであるが，私の拙い経験からしても，（ごく一部かもしれないが，）そういう大人がいることも現実であり，ときにはそういった方々との厳しい場面に遭遇することがあるだろう。

　学生だった当時，社会や大人の反応にめげそうになっていた私だが，そのような状況にありながらも今も活動を続けることができているのは，学生の活動を応援してくれる人や，そういった人々が集って組織する NPO の存在だった。

　私が出会った NPO は「子ども虐待防止オレンジリボン運動」の総合窓口を担う団体だ。

　「子ども虐待防止オレンジリボン運動」とは，「子ども虐待のない社会の実現」を目指す市民運動の一つであり，市民による児童虐待防止啓発活動の代表的な取り組みである。

　オレンジリボンは，そのシンボルマークであり，オレンジ色は子どもたちの明るい未来を表している（図3-2）。

　NPO には「子ども虐待をなくしたい」という思いに共感する人々が，オレ

図 3-2
子ども虐待防止オレ
ンジリボン
出所）認定特定非営利活
　　動法人児童虐待防
　　止全国ネットワーク
　　HP。

ンジリボンのシンボルのもとに集って活動をしていた。

「子ども虐待防止オレンジリボン運動」に賛同する個人・団体を対象としたオレンジリボンサポーター制度には，全国 2 万5600人以上の個人サポーターが登録しており，賛同する企業・団体数も1100社を超え（2022年11月 8 日現在），個人・企業・団体が思いを一つに，活動の輪を広げている。

全国的に見ても児童虐待に取り組む学生がほとんどいなかった当時，思いを同じくする人々の集団であるNPO は私にとって大きな心の支えとなった。

これだけの人が，私とまったく同じ思いでいるのかどうかは分からない。しかし「子どもへの虐待をなくしたい」という願いを共通して持っていることに疑念の余地はないだろう。

読者のみなさんもこれから活動するなかで，現代社会で生じている様々な社会問題に出会い，臭いものに被せられた，閉ざされた蓋を，自ら開けようとすることがあるかもしれない。その際には私がそうであったように，悩むことも多くあるだろう。

そのようなとき，読者のみなさんの活動を理解してくれる人，応援してくれる人や団体はどこにいるのだろうか。

活動を通して「私」の思いを，どうやったら伝えられるのだろうか。誰に伝えるとよいのだろうか。

思いがけない出会いである「邂逅」ともいうべき出会いは，どこにあるのだろう。そのために，私たちはどのように日々を過ごせばよいのだろうか。

(3) 私があえて避けてきた話

最後に，私のモヤモヤとした気持ちをもとに素直に書きたい。本章の執筆についてお話をいただいたときから，モヤモヤとした気持ちが晴れずにいることがある。

それは児童虐待という問題を「なんとかせねば」という思いで常々活動し

ながらも，私自身がそれをストレートに伝えることをこれまで避けてきたということである。

　学生のときに，突き動かされる思いで活動を始め，今日に至るまで続けている。思い返せばいろいろなことがあった。しかし，それは誇ることでもなければ，わざわざアピールするようなことでもない。読者のみなさんが学生であれば「履歴書」や「自己 PR」がイメージしやすいだろうか。私の経験は，そのような自らを PR するところに書くようなことでも，話すようなことでもないと思っていた。

　私にとっては，児童虐待の問題を知ってしまった以上，その防止に取り組むのは至極当然で「あたりまえ」なことだと思ってきた。

　改めて，本章を書きながら自分自身にモヤモヤとしている。もしかしたら私自身が「あえて避けてきた」のかもしれないと思うようにもなってきた。ボランティアとはいったい何なのか，モヤモヤしてならない。

　読者のみなさんが，これからボランティアとして活動をするなかで何かモヤモヤすることがあるかもしれない。むしろボランティアはモヤモヤすることの連発なのだろう。

　思いのままに動いてきただけの私の活動を通して，みなさんにいったい何が伝えられるのだろうか。モヤモヤしながら本章を終えることとする。

●参考文献●

阿部志郎　2008『福祉の哲学』改訂版，誠信書房。

厚生労働省社会保障審議会児童部会児童虐待等要保護事例の検証に関する専門委員会　2022a「子ども虐待による死亡事例等の検証結果等について（第18次報告）」。

厚生労働省　2022b「令和3年度児童相談所での児童虐待相談対応件数（速報値）」https://www.mhlw.go.jp/content/000863297.pdf（2022年11月8日閲覧）。

小林美智子　2005「監訳者まえがき」ピーター・レイダー＆シルヴィア・ダンカン『子どもが虐待で死ぬとき』小林美智子・西澤哲監訳，明石書店。

中島岳志　2021『思いがけず利他』ミシマ社。

（ウェブサイト）

認定特定非営利活動法人児童虐待防止全国ネットワーク「子ども虐待防止オレンジリボン運動」https://www.orangeribbon.jp/（2022年11月8日閲覧）。

●ブックガイド●私が「出会う」までに出会ったおすすめの本

『福祉の哲学』改訂版，阿部志郎，誠信書房，2008 年
　　　本章でもたびたび登場する書籍。福祉とは何か，ボランティアとは何か，考え
　　れば考えるほどモヤモヤとするものである。本書は決して堅苦しい哲学の専門
　　書ではないが，ボランティアに取り組むなかで生ずる様々なモヤモヤに対して
　　「考え方」を教えてくれ，今もモヤモヤからの脱出を支えてくれる一冊である。

『親になるほど難しいことはない』椎名篤子，講談社，1993 年
　　　まだ児童虐待が広く知られていなかった頃に，児童虐待の問題を広く社会に伝
　　え，その後の社会的反響を引き起こすことになった一冊である。私は，本書を
　　通して「虐待死」の実態を目の当たりにし，虐待問題の深刻さや根深さを痛感し，
　　もっと学び，行動していこうと思うに至った。なお，本書を原作としたコミッ
　　ク本『凍りついた瞳』（集英社）は，コミックならではの表現がされており，あ
　　わせてぜひおすすめしたい。

『孤独なボウリング』ロバート・D・パットナム，柴内康文訳，柏書房，2006 年
　　　このタイトルからして最初は何の本だか分からないだろう（600 頁を超える分厚
　　さに驚くと思うが，少なくともボウリングの専門書ではない）。ボウリングは，
　　誰かと一緒にやるものとイメージされるが，本書のタイトルは対照的に「孤独」
　　なボウリングと名づけられている。社会関係・人間関係の希薄化の傾向を象徴
　　させたようなタイトルだが，ボランティアはどうだろう。タイトルが気になっ
　　たら読んでみる価値のある本である。

私のボランティアの色は虹色。ボランティアを必要としている人が輝くための補色となるように七変化できる色だから

第4章

キャリア形成
ボランティアって就活に役立つの？

中西唯公

　大学時代にボランティア活動に出会い，その後も病院，行政，地域，被災地など多様な場所や機会にボランティア活動に関わってきました。その立場も，「学生」「大学教員」「看護職」「一般住民」「一人の人」と，様々です。なぜ，私は「ボランティア」という形で，関わり続けるのでしょうか。

　現在，私は大学教員として看護職や教員の養成に関わっており，それらの免許・資格取得のための専門科目を教えたり，臨地実習指導をしたりしています。私の専門分野は看護学であり，なかでも学校保健，産業保健，地域保健を主とする公衆衛生看護分野です。すなわち，私はこれまでボランティアを学問として学び，研究したこともなければ，自分の専門性として表現することもないのです。

　しかし，大学で教職や看護職を目指す学生を養成する立場となると，「学生時代のボランティア経験」というエピソードは大学生の今，そして将来にとって非常に大きな影響を与えるものであると感じます。本章のテーマをいただきながらも，ボランティアを学問的背景に持たない私は未だうまく整理できず，モヤモヤのままですが，自分自身の経験を振り返り，大学時代のボランティア経験の意味について考えてみたいと思います。

●キーワード●大学，就職，進学，キャリア形成，学生ボランティア

● 1 ── 私とボランティアの物語
一枚のチラシから始まった私のボランティア人生

(1) まったく興味のなかったボランティア

　我が国でボランティアに関わっている人はどのくらいいるのだろうか。「平成28年社会生活基本調査──生活行動に関する結果」によると，ボランティ

ア活動の行動者率（10歳以上人口に占める行動者数の割合）は26.0％であり，行動者率を年齢階級別に見ると，大学生が該当する15〜19歳は22.6％，20〜24歳は19.2％である（総務省 2017）。私自身，ボランティアに関わる人生が長くなったが，大学4年生までボランティアにはまったく興味がなかったし，関係する情報を得ようともしなかった。

　紆余曲折の高校時代を過ごし，看護系大学に進学した。看護系出身というと，「大変な仕事なのに，人のために働くことができる人だからボランティアできるのね」と言われることも多い。なぜか，「看護＝意識の高い人＝ボランティア」と短絡的に連想される。残念ながら，私は，意識を高くして看護系に進学したわけではなく，高校時代に自分の進路を決めきれず，とりあえず「人」に興味があるというだけで選んだ，どちらかといえば挫折の結果なのである。もちろん，大部分の同級生は，しっかりとした将来なりたい看護職ビジョンを持ち看護系大学に入学していたのであるが……。

　看護系大学は看護師や保健師，助産師の国家試験受験資格を得ることが最終目標であり，そのためには長期間に及ぶ病院などでの臨床実習が欠かせない。しかし，大半の同級生が「看護師になりたい」という熱い思いを持つなかでこの進路でよかったのかとモヤモヤしていた私にとっては，看護学生としての臨床実習に追われる大学生活は悲惨であった。

(2) ボランティア活動との出会い

　臨床実習の大部分が終わった3年生の春休み，大学の掲示板に貼ってあったチラシに目がとまった。令和時代，大学における連絡はメールやLMS（学習管理システム：Learning Management System）が多くなっているが，私の大学時代は休講案内，新学期の連絡，呼び出し……は掲示板が主流だった。そんなカオスな状況の掲示板のなかでなぜにそのチラシに目がとまったのかは今でも不思議である。

　そのチラシは，私が所属していた大学に隣接する医学部附属病院の小児病棟で子どもと遊ぶ（プレイタイム）ボランティアの募集であった。これが，本書の編者である李氏が活動していた「よんちゃんず」である。

　前述したように，私にとって悲惨な臨床実習の思い出しかない附属病院に再度行くなんて想像もできなかった。もしかすると，臨床実習に追われ，自分と向き合い苦しかった大学3年間を過ごし，残り1年に「何か新しいことをやりたい」希望を叶えたかったのかもしれないし，「看護学生」としては嫌な思い出しかない病院で看護ではない・看護師でもない立場で子どもと関われることで，何かを払拭できると思ったのかもしれない。未だに動機はよく分からないが，少なくとも「ボランティアをやりたい」ではなく「その活動をやってみたい」だったのは確かである。

　そのチラシには連絡先が書いてあったが，いったいその人が医師なのか看護師なのか何者かも分からずに，アポイントを取るためのメールを送った。病院での臨床実習3ヶ月後に，苦しい思い出しかない附属病院の廊下を約束の場所に向かって歩いている自分がいた。

　「よんちゃんず」の代表者である李氏（イメージとは違う明るいお姉さんでした）に話を聞くと，将来子ども病院などで看護師として働きたい同級生や先輩が何人かすでに活動していた。活動の様子を知って安心したと同時に，「子どもたちにこんなことをしたい」「将来に生かしたい」という目的意識があるキラキラした人が集まっていて，自分とのモチベーションの違いに気づき，私は大丈夫なのかと，チラシを見てアポイントを取るまでのスピード感とは逆に，急に現実を知り，気後れして不安になったのを覚えている。

(3) 楽しいから続けてきた活動

　看護学生にとって最も忙しい時期であるはずの大学4年生から突如始めた「よんちゃんず」の活動は，卒業ギリギリまで続けた。午後から授業がある日は，午前中に病院に行って小児病棟でのプレイタイム，午後も午前も授業がある日は夜の活動（思春期の入院児向けに夜のプレイタイム）に参加していた。同級生が1日中，図書館で国家試験に向けて勉強をするなか，午前は病棟へプレイタイムに行き，午後は図書館で勉強し，再び夕方から病棟に向かう姿は異様だったことだろう。それくらい，「よんちゃんず」は私が大学生活で夢中になった活動だった。

　当時の自分もそうであるが，大学生は授業（実習・演習を含む），課題，部活動・サークル活動，アルバイト，就職活動，友達や趣味の時間……と忙しい。私も「よんちゃんず」として，ボランティアだけをやっていたわけではなく，他の大学生と同じように何足もの草鞋を履いた生活をしていた。
　そのなかでもボランティア活動を継続できた要因や背景は何なのだろうか。それを以下の四つの視点で考えてみたい。

楽しい（楽しめる）活動

　まず，一つ目は「楽しい活動」である。大学病院の小児病棟に入院する子どもの疾患は，白血病をはじめとする小児がんが多く，入院児は主に抗がん剤を用いる化学療法を受けながら，入院生活を送っている。抗がん剤による発熱，吐き気・嘔吐，倦怠感などの身体的苦痛や負担とともに，学校や家庭などの社会と遮断された入院生活はまた，精神的苦痛や負担ももたらす。
　それゆえに，小児病棟で入院している子どもには，遊びや学習の時間は，本来の自分を取り戻し，自由になれる時間であり，治療においても成長においても大変重要である。私も「よんちゃんず」の活動を通して，ボランティアが企画したプレイタイムの際に入院児が楽しそうにしている姿を何度も見た。そんなときはボランティアとしての私自身も楽しくなる。ボランティアとして何かをしてあげるのではなく，その場を提供し，その空間を共有することで，入院児と楽しい時間を過ごすことができる双方向性の「楽しみ」が存在する。
　また，前述したように，私は「看護学生」としては劣等生であり，「看護学生」として病院や病院スタッフには残念ながら肯定的な思い出はなかった。しかし，「看護学生」ではなく，ボランティアの一員として病院や病院スタッフ，入院児と関わることには，成績評価されるなどの利害関係がなく，ただ，楽しむということができた。
　米澤（2010）によるボランティア休止希望からボランティア活動の継続要因を明らかにした調査でも，「ボランティアを仲間と一緒に行える『楽しみ』」だと感じているほど，ボランティア休止希望が低くなることが明らかとなっ

ている。すなわち，一人ではなく，チームとして誰かと一緒に行い，誰かと一緒に「楽しみ」を共感できる要素が重要であると考える。それはまさに，「よんちゃんず」の一員として，みんなと活動できたからではないだろうか。

作り上げる活動

　二つ目は，「作り上げる活動」である。「よんちゃんず」の活動はまさに，創意工夫を施した，いいかえれば七転び八起きの活動であった。毎週水曜日に行うプレイタイムは，季節のイベントのほかに入院児のリクエストに応える企画を練っていた。

　前述したように，「よんちゃんず」が活動していた小児病棟は小児がんの子どもが多く，食事や活動範囲などの制限がある入院生活を長期間送っていた。長谷川ら（2009）による，入院している子どもが脅かされていることとその援助に関する文献検討によると，入院している子どもが脅かされていることは，「検査・治療・処置」における〈不安・恐怖〉〈取り組みの阻害〉，「入院生活」における〈活動制限〉〈生活の変化による苦痛〉〈分離不安〉，「疾病状況」における〈痛み〉〈ボディイメージの変化に対する不安・恐怖〉〈他者との関係への脅かし〉〈ターミナル期ゆえの心身の不調〉〈小児がんによる苦痛〉に分類されている。健常時にできていた好きなときに好きなことをする，好きなときに好きな物を食べるという当たり前のことが制限される生活は，大人にとってもそうだが，子どもにとっても非常にストレスとなる。

　しかし，長谷川ら（2009）によると，入院している子どもが脅かされていることに対して，子どもの思いや気持ちに寄り添うような関わりを行った場合，脅かされていることは解消し，よい反応を示すことが見出されている。「よんちゃんず」では，当事者である入院児の年齢や特性，ニーズに合わせて，小児病棟におけるプレイタイムの企画を検討していた。今思えば，それは病院内では想定外だった内容も多いが，様々な専攻や背景を持つ学生ボランティアが集まるなかで，「それって，病院では無理じゃない？」ではなく，「やってみるか」という発想の転換がされ，学生の専攻や得意な分野を生かして，企画・参加することができていた。

　小児病棟には0歳から18歳までの子どもが入院しているため，プレイタイムはどの年齢のニーズにターゲットを当てるかということも課題である。異年齢が参加することで得られる効果もあるが，低年齢の入院児に焦点を当てた企画では，中学生や高校生が参加しづらい状況もある。私は，学校保健に興味があり，学童期・思春期の子どもに興味があったこともあり，「夜のプレイタイム」と称し，中学生や高校生の入院児を対象とした活動に参加していた。また，入院児の付き添いである母親に着目をした母のためのプレイタイムなどでは，育児の経験があるボランティアが積極的に参加していた。ほかにも，お誕生日を祝う会では，参加できなくても自宅でカードを作成するなど，状況に応じてボランティアも自然に役割分担をしていた。

　ボランティアは，「自発性」「無償性」「利他性」の三つのキーワードで説明されることが多いが，「自発性」がまさにここに当てはまる。「よんちゃんず」というグループ活動でありながらも，ボランティア各々が自分の力を発揮できる内容や役割で参加できていたことが居心地のよさにつながり，活動継続になったのではないかと考える。

参加しやすい活動

　三つ目は，「参加しやすい活動」である。後述するが，私は2011年に発生した東日本大震災後，数年間，被災地に通い，ボランティアとして活動していた。しかし，活動開始するまでには発災後1年間の空白期間がある。なぜなら，活動をしたくても，現地にアクセスできなかったのである。ボランティアを開始・継続するには，負担感なく参加できる「参加しやすい活動」という要素が欠かせないと考える。

　前述したが，「よんちゃんず」が活動していた医学部附属病院は，大学のキャンパス内にあり，登校さえしていれば授業の合間に，ロッカーにあるボランティア用のエプロンを取って，小児病棟に移動するだけで参加できた。すなわち，私にとって「よんちゃんず」の活動は，特別なものではなく，学生生活の一部になっていたのである。また，様々な学部の学生ボランティアが参加していたことから，それぞれの学部の時間割が異なるため，いつでも誰か

が参加できるという調整のしやすさも大きな要因であると考える。

　ボランティアのキーワードのなかに「無償性」がある。久米（2021）にもあるように，「無償性」とは，見返りをいっさい求めないということではなく，「経済的な報酬（金銭）を目的にしない」ということである。大学生は高校時代までとは異なり，授業料，生活費，交際費など様々な面においてお金がかかり，大部分の大学生がアルバイトをしながら生計を立てていることは既知である。清宮・依田（2019）の研究においても「お金がない」ことを理由にスポーツボランティア活動に参加できていない学生の存在が示されている。ボランティアが「経済的な報酬を目的にしない」ことを理解してボランティアに参加するとしても，だからといって大学生が，逆に自身に経済的な負担のかかるボランティアでも積極的に参加するというわけではないだろう。

　東京オリンピック2020においてボランティアの「無償性」が話題となったことも記憶に新しく，「有償ボランティア」という言葉もよく耳にするが，賃金が発生するかしないかではなく，大学生にとって「参加しやすい環境・状況」であるかどうかが継続の要因であるといえる。

「よんちゃん」という存在

　最後に，「よんちゃん」という存在である。小児病棟で行う「よんちゃんず」のボランティア活動は，基本的には予定された日に計画した内容を行うものである。いきなりボランティアが入院児のベッドサイドに行って勝手に活動するわけではない。ボランティアは日常的に小児病棟や入院児に関わるわけではなく，あらかじめ企画した特定の時間を入院児と一緒に過ごすのである。

　しかし，入院児は毎日病棟で生活をしているため，どんな企画が望まれているか，そのニーズを把握するにはベッドサイドで入院児から，廊下で入院児に付き添う母親から，スタッフステーションで医師や看護師から……情報収集し，連絡調整，周知をする必要がある。それを行っていたのが，常に病棟にいた「よんちゃん」であった。いわば，「よんちゃんず」の代表であるとともに，「ボランティアコーディネーター」の役割を担っていたといえるのではないだろうか。

　坂上と小松（2017）によると，ボランティアコーディネーターが実績を通して周囲から一目おかれ，多様なニーズの調整ができるようになり，自信がついてくる時期である〈役割自覚発展期〉では「アンテナを張って現場を歩く」ようになり，その結果「信頼のパスポート取得」に至っていると述べている。「よんちゃん」が，入院児や付き添いの母親，スタッフのニーズを把握するだけでなく，ニーズに応じた企画をし，ボランティア活動を展開することで，当事者からの信頼を得ることができ，小児病棟において「よんちゃんず」が活動しやすい環境を作り上げていったのではないだろうか。

　ところで，阪神・淡路大震災の起こった1995年が「ボランティア元年」といわれているように，今日，ボランティアという言葉を耳にする機会は日常的であり，市民権を得たともいえる。と同時に，災害ボランティアセンターをはじめとして，社会福祉協議会，大学のボランティアセンターなどでは「ボランティアコーディネーター」が配置されることも多くなってきた。ボランティアコーディネーターの求められる役割やその立ち位置，待遇などの課題は山積であるが，ここではそれらについての言及は避けておく。

　いうまでもないが，ボランティアは自己の満足や欲求を満たすためのものではなく「利他性」，すなわち，相手（ボランティア支援を受ける当事者）の求めるニーズに応えることが重要である。そのため，ボランティアコーディネーターの活動としてイメージしやすいのは，災害後などに山のように寄せられるニーズを整理し，山のように押しかけてくるボランティアとニーズとをマッチングさせる役割であろう。もちろん，それらは重要であるが，果たして，ボランティアコーディネーターの役割は，ボランティアを求める当事者とボランティアをしたい希望者とのニーズのマッチングを事務的に円滑に行うことだけなのだろうか。

　奈良（2012）によると，社会のニーズ（課題）に対し，ボランティアしたい人の意思と能力や条件が合致するところに望ましいボランティア活動が可能になる。コーディネーターはニーズ，ボランティア，社会的環境など総合的に考慮して，両者を対等につなげていくことになる。そして，重要なのは「課題を持つ当事者だけの問題にせず，いかに人々のボランタリーな共感を

引き出せるか」（奈良 2012：118）だと述べている。入院児や付き添いの母親，小児病棟のスタッフの気持ちを傾聴し，共感的理解をし，ボランティアの思いや能力，条件とマッチングする。ニーズや思いの傾聴は簡単であるが，人は「その結果どうなったのか」といったフィードバックを求める。ボランティア学生は，自分たちの思いが活動という形になる経験を通じて意欲を高め，活動を継続させることができていたのではないかと考える。

　では，ボランティアコーディネーターがいればよいのかと問われたら「そうです」ともいえない。もちろんその人の人柄に依るところも大きく，学術的ではないかもしれないが，やはり「よんちゃん」だったからという要素は大きい。

　まず「よんちゃん」は，ボランティア学生と年齢が近く，彼らにとってお姉さん的な存在であり，「身近な社会人モデル」であった。手が届かないほど素敵な芸能人ではないが，何だかが理想として目指したくなるそんな存在であり，一緒に活動したいという思いがあった。

　そして，「よんちゃん」は，入院児に絵本を読み聞かせ，ときに入院児とコンビを組んで漫才をし，お誕生日にはキーボードを演奏する……という非常に多彩なマルチプレイヤーであった。しかし完璧ではない。完璧でないというのも大きな要素である。「よんちゃん」が完璧であったのであれば，学生ボランティアは単なるお手伝いになってしまう。いろんな隙と余地を残した「よんちゃん」であるからこそ，学生ボランティアが自分の得意分野を生かして「よんちゃんず」として活動する「自発性」を発揮できたからこそ，継続できたと考える。

(4) 新たなボランティア活動へ

　残念ながら，大学4年生で始めた「よんちゃんず」の活動は，大学卒業とともに終わりを迎えた。「よんちゃんず」卒業のときにもらった入院児からの卒業証書は今でも大事な宝物である。

　その後，私は進学のため新たな土地で生活を始めたが，「よんちゃんず」でボランティア活動したことをきっかけに，「何かをしたい！　何かを得た

い」と思ったときに「ボランティア」という手段を考えるようになっていた。そうやって視点を広げてみると実は身の回りにはボランティアのチャンスがたくさんあることに気がついた。新しい環境で生活するには不安がつきものであるが，おそらくそれは「自分の居場所と役割」を感じられないからではないだろうか。その後，何度か都道府県を越えた転居を繰り返しているが，どの地においても「ボランティア」を探している自分がいる。私にとって「ボランティア」という枠組みは安心できる場所であり，自分の専門性や趣味，特技を生かせる場所，すなわち「自分らしさを発揮し，自分の居場所を確認することができるツール」なのではないだろうか。

阪神・淡路大震災の起こった1995年がボランティア元年と述べたが，今や災害発生時のボランティア活動はニュースでも取り上げられるほど，日常となっている。私も，東日本大震災後に，数十回現地に通い，ボランティアとして活動をした経験がある。未曾有の大震災が発生し，その被害が毎日報道されるたび，被害の少なかった地域で暮らす私は，自分が安心・安全な場所にいることの満足ではなく，何もできないもどかしさを感じることが多くなった。そして，広域支援として看護師や保健師の仲間が現地に派遣されるのを知り，大学教員としての業務を日々こなしながらも看護職として何もできない自分にモヤモヤしていた。

独身であり，自由に動けた大学時代とは異なり，家庭を持ち，社会人として働きながら，ボランティア活動をすることの難しさも目の当たりにした。前述した「平成28年社会生活基本調査」における，ボランティア活動の行動者率26.0％，なかでも25〜29歳の15.3％という結果には頷ける。

何とかして，現地につながる方法を探したいと模索していたところ，発災後に設置される災害ボランティア支援センターが開催していたミーティングで，すでに発災後に現地で継続的に活動されていた運送会社の社長さん（「あすなろ応援便」）に出会った。振り返ってみれば，私はそれまで「看護」の専門性を生かし，病院や行政で子どもたちと関わるボランティアをしてきた。看護と運送会社……どう考えても接点はない……しかし，何としても現地の活動につながる入り口を見つけたかった。大学教員としての仕事を終えた週

末の夕方に運送会社に集合して，社長さんの運転で東北地方に行く日々が始まった。

　社長さんが毎月，東北に足を運んでいることを知った全国の方々から，様々な物資が運送会社に届いていた。それらの内容を確認し，現地のニーズに応じて整理・洗浄・梱包し，現地に運び，仮設住宅などで物資配布会を行っていた。実際に届いた物資の量に驚きながらも，準備を手伝い，実際に運び，現地で喜んで受け取ってくれる人々の姿を見ると，送ってくれた人々の思いを現地の人々へつなぐことができたことに私も嬉しくなった。やはりここでも，「よんちゃんず」の活動で得た，相手の楽しそうにしている姿を見て，ボランティア自身も楽しくなるという経験がつながった。このようにボランティアの継続要因として「楽しい（楽しめる）活動」が挙げられる。

　そして，現地で物資配布会を手伝ってくれる人や物資を受け取りに来た人と話をすると，現地では物資が不足しているだけでなく，中長期的に避難生活を続けることによる様々な課題があることに気づく。慢性疾患，ストレス，経済問題，死別や離別による孤独などからくる健康問題，子どもたちの遊びの場所や機会が確保できないことによる肥満や精神的課題……。これって，私が関われることがあるのではないか。こうして，物資配布会の片隅で健康相談や子どもたちの遊び場の提供，最終的にはお祭りなどのイベントを行ってきた。物資配布から始まった被災地での活動は，その時々の現地のニーズに合わせて発展していった。

　このときボランティアコーディネーター的な役割を果たしていたいわば「よんちゃん」は，運送会社の社長さんである。ボランティアだけでなく，本業でも現地に足を運び，現地のニーズを掴んでくる。そのニーズに応えたいメンバーが集まって，現地に向かう……。運送会社の社員，大工，電気屋，和菓子職人，健康運動指導士，看護師，保育士，教員，学生……。様々な背景を持つ老若男女が集まる劇団のような「あすなろ応援便」であった。ここにはやはり，前述した「作り上げる活動」があり，ボランティア各々が自分の力を発揮できる内容や役割で参加できていた。

　そして，「参加しやすい活動」でもあった。東日本大震災後のボランティ

アのネックは，現地まで行くのに時間がかかることであった。様々な団体が
ボランティアツアーを企画していても，平日に勤務している者は休みを取る
ことができず参加できなかった。「あすなろ応援便」は，社会人ボランティ
アがメインであり，平日の活動はなく，金曜日夜に出発する弾丸ツアーで活
動をしていた。まさに，働いている者にとっては，日々の仕事に支障をきた
すことなく参加できるボランティア活動だったのである。

　東日本大震災後10年以上が経過し，被災地のニーズも変化してきた。これ
まで現地で被災された方のニーズに応えるボランティア団体「あすなろ応援
便」であったが，ボランティアメンバーの間に，震災の実際や復興の現状を
学びたいというニーズが高まってきた。それに応えて，現地の方がボランティ
アで語り部として教えてくれる機会も多くなった。ボランティアというのは，
支援をする側とされる側の関係が固定ではなく，その時々のニーズに合わせ
て主語が入れ替わるという面白い性質を持っていることを実感した。

　以上，私がこれまでに関わってきたボランティア活動のうち，主となる二
つの活動について，その継続要因に着目しながら振り返ってきた。就職や転
居により自分の生活が変化すると，それまで活動していたボランティアグ
ループから離れることもあった。もちろん，社会状況の変化により，ボラン
ティア活動自体が内容を変更したり終了したりすることもあった。現在は，
小・中・高校生を対象とした学習支援や居場所づくり，子ども食堂の運営に
ボランティアとして関わっている。

● 2 ── ゼミナール：ボランティアにまつわるモヤモヤ

大学生がボランティア活動を経験する意味

(1)　「する」から「支える」になって考えること

　第1節では，私が大学時代に経験した「よんちゃんず」のボランティア活
動をきっかけに，今日に至るまでなぜ私はボランティア活動をしてきたのか
振り返ってきた。もちろん，ボランティア活動は仕事上の業務ではないが，
仕事をきっかけに出会い，関わっているものも多くある。すなわち，自分の

専門性や特技などを生かせる場所やきっかけとしてボランティア活動が存在する。

　ところで，ここまで述べてきたのは自分が「する」ボランティア活動であったが，大学教員として，ボランティア活動をする学生を「支える」ことも多くなってきた。そこで，以下では，自分が大学時代にボランティア活動で経験した学びを伝え，読者にボランティア活動に参加することを勧めたい。

　大学は，専門的な学修をする高等教育機関であるが，高等学校までとは異なり，ある程度の自立・自由を得て，成長する時期だと考える。それゆえに，ボランティアはもちろんであるが，サークル・部活動，自治組織活動，アルバイトなど様々なことを体験し，人とのつながりを深め，知識だけでなく幅広い考え方や価値観などに接して視野を広げてほしい。では，その手段はボランティアでなければならないのか，という議論になる。おそらく，大部分の大学生はアルバイトの経験があるだろう。もちろん，私も大学時代はアルバイトを経験し，そこで出会った友達とは旅行にも行ったし，今も交流が続いており，まさに人とのつながりを深める機会になっている。

(2) アルバイトとボランティアの違いって何だろうか

　ここでは，第1節で取り上げた「無償性」で考えてみたい。久米（2021）がボランティアは「経済的な報酬（金銭）を目的にしない」と述べているように，アルバイトとボランティアの違いは，金銭が発生するかどうかである。もちろん，ボランティア活動をする際にも，交通費や昼食代などが謝礼として支給されることもあるが，これは活動が円滑にできるための必要経費であり，厳密には報酬ではないと考える。第1節で述べたことでもあるが，経済的余裕のない大学生にとっては，交通費や昼食代が支給されることにより金銭面のハードルが低くなり，ボランティア活動に参加しやすいという要素もあるのではないか。

　一方，私が近年関わっている小・中・高校生を対象とした学習支援のボランティア学生に聞くと，「アルバイトとの違いは，シフトがなく気軽に参加できるのがボランティア」という答えが返ってくることもある。もしかする

と，金銭的なハードルよりも「参加しやすさ・気軽さ」が大学生のボランティア参加においてはキーとなるのかもしれないことに気づく。確かに，経済的な報酬（金銭）が必要であり，賃金を得たいのであれば，ボランティアではなくアルバイトを探すことは容易に想像がつく。

(3) ボランティアは「利他性」であるべき？

そして，なぜ，学習支援ボランティアに興味を持ったのかを聞くと，もちろん「子どもの貧困問題に興味があるから」「子どもが好きだから」「コミュニケーションが得意だから」という答えが返ってくるが，「コミュニケーションが苦手なので克服したいから」「子どもが苦手なので関わる機会がほしかったから」という意外な答えもある。ボランティアする者の「自分にとってのメリット（利己性）」が活動動機となっているが，これはボランティアの原則である「利他性」に反することであろうか。

ここで考えたいのは，ではこのような場合ボランティアされる側にとって利益はないのであろうか，ということだ。小・中・高校生の学習支援を行うボランティア活動によって，対象となる子どもたちは学習の機会を得，勉強でつまずいているところを克服し，ときには思春期特有の悩みを大学生に相談し……と明らかに利益を得ている。ボランティア学生の「利己性」の実現とともに，対象のニーズに応える「利他性」も実現できており，両者に利益が生じている。自分のボランティア経験を振り返ってみると同じことがいえる。「よんちゃんず」の活動では，看護学生としては得られなかった克服したい思いがおそらく背景にはあった。それが，ボランティア活動を通して克服することができた。一方，入院児はボランティアが企画した遊びを通じて，ストレスを軽減することができた。東日本大震災後の被災地でのボランティアにおいてもそうである。現地では，物資不足や大人の健康不安，子どもの遊びの機会の欠如……といった課題があり，支援のニーズがあった。私は，看護職として何もできていない状況にモヤモヤし，ようやく現地入りし，そのなかで，自分ができることを軸にしたボランティア活動を行った。やはりここにも，ボランティアする側とされる側，両者の「利益」が発生している。

(4) ボランティアの「自発性」って何だろうか

　大学入学試験，教員採用試験，就職活動……様々な人生の転機で面接試験を受けるだろうが，そうした場面で「ボランティア活動の経験」を聞かれることも多い。私自身も面接官として質問し，「高等学校の部活で清掃ボランティアをしました」「○○の授業で地域の高齢者施設でボランティアをしました」などの答えを聞くこともある。しかし，部活動や授業の一環で参加したボランティア活動は，自分が参加したいと思って参加したのだろうか。「自発性」の観点からボランティアといえるのだろうかという疑問が湧いてくる。

　「自発性」とは，誰かに強制されるのではなく，自分がやりたいと思い，進んで活動をすることであろう。しかし，授業や部活動でのボランティアの場合，自分がやりたいと思ったからではなく，誰かに企画され，強制的に動員されて参加することも多いのではないだろうか。ただ，ボランティア活動をするなかで，自分の能力や専門性を発揮したり，それがきっかけとなって別のボランティア活動に興味を示したり，継続につながることも多いのではないか。ある意味，スタートは「準備された」ボランティア活動であっても，そのなかで自分自身が「自発的に」活動できるのであるかが問われるのではないか。

(5) 大学時代にボランティア活動を経験する意味

　さて，本章のテーマは「キャリア形成——ボランティアって就活に役立つの？」である。ここまでに述べてきたように，ボランティアは「利他性」が求められ，支援を必要とする側にとっての利益が最も重要視されるべきである。そのため，大学生の就活やキャリア形成のためだけにボランティア活動を行うことには，賛同できない。しかし，ボランティアする側の「自分のため（利己性）」，される側の「自分のため（利他性）」がうまく合えばボランティア活動は成立するのではないか。

　私にとってボランティアとは，仕事や学業ではない場所でも無条件に始められ，無限大に自分の専門性や能力，個性を発揮できる，自分の人生を構成

する大事な要素であると考える。ボランティア活動は，決して「就職に有利だから」「キャリアになるから」という目的で参加するのではなく，自分が興味ある活動を楽しんでやってみるという気持ちでよいと思う。

　「子どもが好きだから」「国際交流に興味があるから」というような自分が興味ある領域や内容のボランティア活動に参加することにより，楽しんで継続でき，自分の人生を豊かにすることができる。そして，自発性を発揮しながらボランティア活動に取り組むことで，自分の能力や専門性を高めていき，結果的にキャリア形成につながることもあるであろう。また，ボランティア活動を通じて，多様な人と出会うことによって世界が広がり，自分が将来の職業として興味を持つ領域を見つけ，キャリア形成につながる機会になることもあるのではないだろうか。

●参考文献●

清宮孝文・依田充代　2019「大学生のスポーツボランティアへの参加・不参加動機
　　　　──体育系大学生に着目して」『運動とスポーツの科学』25（1）：21-28。
久米隼　2021『これだけは理解しておきたいボランティアの基礎』日本橋出版。
坂上和子・小松美智子　2017「小児がん拠点病院に指定されたこども病院のボラン
　　　　ティアコーディネーターの役割の検討──療養環境を整えるためにその役割を
　　　　自覚していくプロセス」『武蔵野大学人間科学研究所年報』6：61-74。
総務省　2017「平成28年社会生活基本調査──生活行動に関する結果」。
奈良雅美　2012「共感をつなぐ──ボランティアコーディネーターの立場から」『シ
　　　　リーズ多言語・多文化協働実践研究』15：116-128。
長谷川孝音他　2009「入院している子どもが脅かされている事とその援助に関する
　　　　文献検討」『日本小児看護学会誌』18（2）：29-35。
米澤美保子　2010「ボランティア活動の継続要因」『関西福祉科学大学紀要』14：31-41。

●ブックガイド●

『小児がん病棟と学生ボランティア──関わり合いの人間科学』
　　　李永淑，晃光書房，2015年
　　　本書の編者である李永淑氏の著書であり，私が活動していた「よんちゃんず」
　　　の活動をボランティア論の視点から考察している。本章でも一部については記
　　　述しているが，活動の経緯も含めていねいに記録されているため，ぜひ読んで
　　　いただきたい。

『これだけは理解しておきたいボランティアの基礎』久米隼，日本橋出版，2021 年
　　　本章の筆者でもある私の著書である。ボランティアの基本から，活動を始める
　　　手順やトラブル対応まで，ていねいに分かりやすく記述している。ボランティ
　　　アを始めようと思ったときに，ぜひ手に取ってほしい一冊である。

『なぜ人と人とは支え合うのか──「障害」から考える』
　　　渡辺一史，ちくまフリー新書，2020 年
　　　障害者の生きる社会について問題提起された著作であるが，そのなかでのボラ
　　　ンティアの関わり方は，これまでのボランティア活動のイメージを越えたもの
　　　であり，「人と人とが支え合う」リアリティについて改めて考えさせられる一冊
　　　である。

第Ⅱ部

「他者」から考える
ボランティア

私のボランティアの色は構造色。それぞれに個性をもった「わたし」と「あなた」の関係（構造）次第で，いろんな発色をするから

第5章

文　学
自己表現を支えるボランティア

荒井裕樹

　本章では,「自己表現とボランティアの関係性」について——あるいは「ボランティアとの関係性から生まれる自己表現」について——考えてみましょう。「自己表現」とは,「自分で自分（の気持ち）を表現する」ことです。こう書くと至極単純で簡単なもののようにも思えるのですが, 実はこれが意外に厄介なのです。

　「自己表現」は, その人がおかれた立場・状況・境遇などから影響を受ける繊細で複雑な行為です。社会的な問題とも決して無関係ではありません。実際, この社会で「マイノリティ」と呼ばれる人たちの「自己表現」には, ある特有の困難がつきまといます。

　本章では, この問題を考えるために,「ボランティア」を人と人との関係の在り方を表わす言葉として捉えなおすことからはじめてみましょう。そもそも,「自分の気持ちを表現する」という単純な行為にボランティアは必要なのでしょうか。そのときに必要とされるボランティアとは, どのような存在なのでしょうか。ボランティアがいることで, はじめて可能になる自己表現があるとしたら, それはどういった性質のものなのでしょうか。こうした問題について, みなさんと一緒に考えてみたいと思います。

●キーワード●　自己表現, 文学・アート, 障害者運動, 家族関係, プライバシー

● 1 —— 私とボランティアの物語
ボランティアする文学者

(1)　「関係性」としてのボランティア？

　大学院の頃, 私は「国文学」の研究室に所属していた。厳めしい漆塗りの看板に象徴されるごとく, 手堅い文献調査を重んじる研究室だったが, 残念

94

なことに，私は図書館で静かに本を読むのが絶望的なまでに性に合わなかった。かといって，意を決して進学した研究室から逃げるわけにもいかない。困った私は「国文学研究にフィールドワークを採り入れるという挑戦的な試み！」と銘打って，大学の外をあちこち歩き回っていた。実際，図書館で資料を読むよりも人の話を聞きに行く方が好きだったから，ぎりぎり「嘘ではない」つもりだった。

　もともと，「自己表現できる人と，できない人がいるのはなぜか」という問題に関心があった。自己表現のしやすさ・しにくさは，その人がおかれた社会的・文化的な立場に影響を受ける。ならば，自分を表現しにくい立場におかれた人たちは，どのように自分を表現するのか。そう考え，研究テーマを「マイノリティの自己表現活動」に設定した。

　研究を進めるに際して，本当にいろいろな人たちとお会いし，関わりを持ってきた。特にハンセン病療養所の入所者の方々，障害者運動家・花田春兆氏（後述），東京都八王子市の精神科病院・平川病院〈造形教室〉のみなさんとのお付き合いは，その後の人生を変える経験になった。

　医療や福祉という専門性の高い業界に，まったくの門外漢である文学研究者が入り込んでみると，それなりに面白い発見があった。「関係性をめぐる想像力の狭さ」もその一つだ。

　例えば，世間の人は「車椅子に座る人」と「その側に立つ人」の組み合わせを見ると，ごく自然に「身内（親子）」もしくは「介助サービス利用者とヘルパー」（つまり「立つ人＝福祉職」）と受け止める。実際，私も親しくなった障害者と出かけた際，そうした受け止め方をされた経験がある。

　ほんらい，人と人との関係は多様なはずで，「車椅子の人」＋「立つ人」の組み合わせでも，「恋人」「夫婦」「友人」「上司と部下」「師匠と弟子」など，いろいろな可能性が考えられる。にもかかわらず，片方が車椅子の利用者だと，両者の関係をめぐる想像力は一気に狭くなる。

　私が研究を通じて親しくなった人たちとの関係も，時間とともに説明が難しい間柄になっていった。「研究対象」という学術的な言葉で括るには仲良くなりすぎていたけれど，人生の大先輩が多かったから「友人」と呼称する

のは畏れ多い。でも，「知人」では素っ気なさ過ぎる気もする。

　かといって，私は先方にとって，法的な権利を分かち合えるような「身内」でもないし，財産や健康に益する有効な助言を行える「専門家」（例えば医療者や福祉職など）でもない。「ヘルパー」や「従業員」として雇用・契約関係があったわけでもない。日々の暮らしや仕事に関する作業を手伝うこともあったけれど，手伝う内容に事前の取り決めがあるわけでもなく，何となく，その時々に手伝えることを手伝うような関係であった。いってみれば「関わること自体を目的とした関わり」が多かったように思う。

　こうした関係は，先方の入居施設を訪ねた際や，外出に同行した際，第三者から「ご関係は？」などと尋ねられると，とても説明に困った。いろいろ工夫して説明を試みていたのだが，一番手っ取り早く納得してもらえるのが「ボランティア」だった（食事のお世話になったり，研究資料の提供を受けたりしたから，「無償」というわけではなかったのだが）。

　普段，「ボランティア」という言葉は，主に「人」や「精神性」を示す言葉として使われている。国語辞書には「自主的に社会事業などに参加し，無償の奉仕活動をする人」（『大辞泉』）と記載されているし，「これ，お願いしていい？　ボランティアだけど……」などという場合には，「謝金を期待しない善意」を意味している。

　しかし，私は本章において，「ボランティア」という言葉に「それ以外の関係性」という意味も含まれている（含まれつつある）のではないか，と指摘してみたい。そうしたボランティアの存在が，障害者の自己表現活動のなかで必要とされてきたように思うのである。

　簡単にいえば，「もともと無関係な者同士が何らかの関わり合いを持つようになる，ということが，障害者（やマイノリティ）の自己表現にどう影響するのか」という問題について考えてみたい。以下，順を追って説明を試みるが，そのためには障害者運動の歴史から語り始める必要がある。

(2)　「語る・交わり」と「綴る・交わり」

　障害者による自助活動（セルフヘルプ）の国際比較研究に，興味深い指摘

がある。欧米のセルフヘルプが「語る・まじわり」であったのに対し，日本のそれは「綴る・まじわり」であったというのである（岡 1992）。

「語る・まじわり」とは，当事者たちが顔を合わせて語り合うことを重視した営みである。例えば1970年代のアメリカでは，障害者が親元や施設ではなく街中で生活しようとする「自立生活運動」が盛り上がった（同様の運動は同時期の日本でも盛り上がった）。こうした活動では，ディスカッションやピア・カウンセリング（peer counseling）という営みが大切にされてきた。

一方，「綴る・まじわり」とは，文章（書き言葉）を通じて互いの心情を打ち明け合ったり，仲間意識を高め合ったりするような営みである。例えば日本の障害者運動では，長らく会報や機関誌が大事にされてきた。ある団体が結成されると，最初に取り掛かる仕事が会報の発行ということも多かった。

私なりに（やや乱暴に）整理すると，ピア・カウンセリングでは，ある人物が直面している問題への解決策を模索することが重視されるのに対し，会報や機関誌では，個々人が心情を吐露し合い，内面的な交流を図ることが尊重される，といえるだろうか。

実際，日本の障害者団体は膨大な量の会報や機関誌を発行してきた。そうした会報・機関誌類には文芸欄が設けられているものもあり，詩・俳句・エッセイなどが掲載されていることも少なくない。内面的な交流が重視される「綴る・まじわり」においては，個人が「内面」を表現する手法として，特に「文学」が重宝されてきたのである。

自分の感情を表現するという極めて私的な営みも，その人物が生きる文化や社会の影響を受ける。日本社会では，個人的な感情は「明確に主張するもの」というより，「仄めかして察してもらうもの」と考えられることが多い（そうする方が「望ましい」とされることが多い）。結果的に，俳句や詩などの短詩系文学が重宝されてきたといえる。

また，身体機能に障害がある人にとっては「文字を書く」という行為自体が困難な場合も多い。少ない文字数で作品を完結できる短詩系文学は，その意味でも好都合であった（俳句は定型が17音だから，文字数に換算すると，だいたい10数文字を筆記すればよいことになる）。障害者運動のなかで，こうした

文芸作品が一定の機能を担ってきたというのは，世界的に見ても，おそらく日本特有の現象ではないかと思う。

　日本の障害者運動史のなかで，特に重要な役割を果たした文芸同人誌を一つ紹介し，文学の役割を解説しておこう。

　1947年，「東京市立光明学校」（日本で初めて設立された公立の肢体不自由児学校，現在の東京都立光明学園）の卒業生らによって，文芸同人誌『しののめ』が創刊された。「創刊」とはいっても，敗戦直後の当時，紙はたいへん貴重であり，また庶民には印刷機も使えないため，手書

写真 5-1　手書き時代の
　　　　　『しののめ』
　　　（24号，1954年4月）

きの原稿を手作業で綴じ込み，郵送で回覧する形式だった（写真5-1）。

　『しののめ』の創刊メンバーはみな，東京近郊に在住する光明学校の同窓生であったが，その後，同誌の活動は少しずつ知名度を高め，同人層も全国へと広がっていった。雑誌の体裁も謄写版印刷→タイプ印刷→活字印刷へと発展し，最盛期には約500部が発行された。2012年に終刊号（112号「特集：終刊号なんて認めない」）を出すまで刊行が続いたので，文芸同人誌としては長寿である。

　『しののめ』同人の多くは在宅の身体障害者であり，親元で家族（主に母親）からの介護に頼って生活していた。現在のような福祉制度などなかった時代には，障害者が家の外に出るのは想像以上に困難なことだった。街も交通機関もバリアーだらけだったし，「障害者が人目につく場所に出る」ことを嫌がる人も少なくなかったからである。場合によっては，親族の冠婚葬祭にさえ出してもらえないといったこともあった。

　障害者が外出することさえ困難だったということは，障害者が自分以外の障害者と出会ったり，悩みを語り合ったりする機会も稀であったということである。そうした時代，『しののめ』の同人たちは，日々の苦労や悩みを俳句や詩に託しては，同人たちと心情を分かち合い，励まし合ったのである（荒

井 2011)。

(3)　「文学」と「運動」の関係性

　『しののめ』に掲載された文芸作品には，親元で生活する障害者たちの悩みがテーマとなったものが多い。悩みの内容は実に様々で，親への気兼ねや不和，家庭内での居場所のなさ，経済的な苦労，外出のたびに街の人から向けられる好奇の目，学校に行けないことへの寂しさ，職場でのいじめ，恋愛・結婚への憧れなど多岐にわたる。

　特に1950〜60年代の誌面には興味深いものが多い。折しも日本は高度経済成長期。オリンピック東京大会や東海道新幹線開通といった「国家の発展」を示す華々しい事業が相次ぎ，多くの国民が経済的豊かさを享受し始めた一方，障害者たちは豊かさから取り残され，苦しい日々を送っていた。

　当時の『しののめ』に掲載された文章には，そうした障害者たちの憤懣や嘆きがにじんだものも多い。ときには「重度障害者に『安楽死』は認められるべきか」といった深刻なテーマが議論され，こんなに苦しい思いを強いられるくらいであればいっそのこと安楽死させてほしいといった主旨の悲壮な叫びが綴られていたりする（荒井 2011）。

　この『しののめ』には，きょうだいのような団体がある。1957年に同人有志が暖簾分けする形で結成した「青い芝の会」である。

　『しののめ』のような場で障害者たちが集まり，各々の苦労について語り合って（綴り合って）いれば，自然と似たような問題が見えてくる。福祉の制度も社会の空気も障害者に対して不寛容だった当時，制度や社会に対して共通した悩みを持つ人たちが出てくるのは自然ななりゆきであった。

　文芸作品は，しばしば書き手の心情がモチーフになる。『しののめ』にも，障害に起因する悩みや苦労が綴られた作品が数多く掲載されている。同人たちは互いに文章を書き，読むことを通じて，自分と同じような悩みを抱えた人たちが自分以外にもいることを知る。

　もしかしたら，いま自分が直面している悩みは自分に原因があるのではなく，制度や社会に問題があり，同じように困っている仲間たちがいるのかも

しれない。だとしたら，同じ利害関係を持つ人たちで集まって，社会に働きかけていくことも大事だろう。このような発想から誕生したのが「青い芝の会」だった。

同会は脳性マヒという障害を持つ人たちが集まり，脳性マヒ者が直面する様々な問題について，社会への啓発や行政への陳情などを行なう団体として成長していった。『しののめ』という「綴る・まじわり」の場で共有された悩みごとを，「青い芝の会」が実際の運動として取り上げ，深め，発信していく。両者はいわば「理念」と「実践」の関係にあった。

この「青い芝の会」は当初，脳性マヒ者同士の親睦を深めるための穏健な団体だったが，1970年代になると障害者差別糾弾を掲げる急進的な団体へと変容し，社会に大きな衝撃を与えることになる。一つだけ例を挙げておこう。

1977〜78年，神奈川県川崎市および横浜市内で，車椅子利用者のバス乗車が拒否される事案が立て続けに発生し，「青い芝の会」とバス会社との間で深刻な対立が生じた。同会は，バス会社，自治体，運輸省（当時）と交渉を重ねたが，事態が進展しないことに憤り，大勢の車椅子利用者が集まって一斉にバスに乗車し，運行を止めてしまうという抗議行動を起すに至った。一般に「川崎バス闘争」と呼ばれる抗議行動である（荒井 2020）。

(4) 障害児にとって親は敵なのか

話を戻そう。『しののめ』には，親からの介護に頼って生活せざるをえない障害者たちの悩みや葛藤が掲載されている。ときには露骨な親批判も見られる。

私たちは，「障害者（児）を介護する親」というと，「麗しい親子愛」のようなものを幻視してしまう。しかし，たとえ親子であっても24時間365日，生活をともにしていれば，感情的なこじれも生じてしまう。

特に重度障害者ともなれば，日常動作のほとんどで親の手を借りることになる。重い責任を伴う介護は，決して「安易」な仕事ではない。支える側も，支えられる側も，燃え尽きず，息苦しくならない関係を続けるためには，専門職の力を借りた方がよいことも多い。

　しかし，障害者福祉に関する制度など皆無だった時代には，介護のすべて
を母親が引き受けることが珍しくなかった。「母親ならできるはず」「やって
当然」「その方が子どもにとっても幸せ」といったプレッシャーも強かった(こ
の種の風潮は今も根強く残存している)。
　こうした状況下では，親子の関係が閉塞的で息苦しいものになってしまう
ことがある。ときには「愛」という美しい言葉には収らない感情が芽生えて
しまうこともあっただろう。例えば，次のような詩がある。

　　「わたしの朝は母を呼ぶことで明け／わたしの夜は母を呼ぶことで更けてゆく
　　／あまりにも長く　あまりにも多くくり返されてきた／これは愛ではない
　　血の営みだ」(しののめ編集部 1972：30)。

　「これは愛ではない　血の営みだ」という重苦しい言葉には，親子という
関係が含む負の側面がにじんでいる。
　障害者(児)の親には，我が子が障害を持ってしまったことに過剰な責任
感を抱えてしまう人も少なくない。我が子の人生には親が責任を持ち，生涯
にわたって面倒を見ねばならないと思い込んでしまうのである。実際，障害
を持つ子どもが心配でならないというのも人情だろうし，我が子の人生にあ
れこれと口を出したくなってしまうこともあるだろう。
　しかし，そうした親の思い入れが，介護される側の子どもにとっては重苦
しいものになってしまうことがある。「障害者は親によって護られるべきで
ある」という価値観は，ときに「障害者も自らの意思を持つ個人である」と
いう事実を覆い隠してしまう。『しののめ』という雑誌が貴重なのは，こう
した問題について，障害者の側からの意見が掲載されている点にある。同誌
には，次のような記述がしばしば登場する。

　　「障害児(者)とはいえ一個の人格もある，れっきとした人間であるのだ。そ
　　れを親の附随物か何かの様に考えているその心に激しい憤りを感じるのだ」
　　(阪東 1967：32)。

(5) 「母親の検閲」とは何か

　ここで素朴な疑問が湧く。こうした親批判の文章は，どのように書かれ，どうやって投稿されたのだろう。当時の在宅障害者たちがおかれていた状況を考えると，これはなかなか難しい問題である。

　『しののめ』同人ではないが，頸椎損傷の障害があった作家・中島虎彦は，障害者が執筆活動を行なう際，しばしば「母親の検閲」が立ちはだかると書いている。

> 「さても，障害者の文学が自立するための壁となっているものの一つは『母親』である，といえば意外だろうか。もっと正確にいえば「母親の検閲」である。障害者（児）たちは自力で書きあげられない場合が多いから，どうしても介助の母親が代わりに清書したり，封入したり，郵送したりする。そこで障害者の創作の最初の読者は母親ということになり，母親の意に染まぬものは暗に淘汰されるはめとなる。障害者のほうも意識するしないにかかわらず，母親を喜ばせる作品を書く傾向となるだろうことは，容易に想像される」（中島 1997：58）。

　意外かもしれないが，日本の障害者運動には「親を敵認定した」という特徴がある。特に1970～80年代の障害者運動では，「母親」に批判の矛先が向けられた。当時，運動家たちに絶大な影響力を持った本は，その名も『母よ！殺すな』（横塚 1975＝1981）であった。

　障害者が親を批判したという事実は，多くの人に衝撃を与えた。障害者を守る親の「愛」は崇高で神聖なものであり，親こそ障害者にとって最大の味方だと考えられてきたからだ。

　もちろん，私たちは短絡的に「障害者の母」を批判するのではなく，「母親が批判されてしまうのはなぜか」について考えなければならない。障害者が「自分らしく生きたい」と願った際，母親が障壁のようになってしまう現象が起こりうるとして，大切なのは，その背景に存在する社会構造上の問題

を捉えることだ。

日本社会では，ケア労働の負担は圧倒的に女性が担っており，そのジェンダーギャップの著しい偏りはいまだ解消されていない。1970年代当時にも，こうした社会構造上の問題が見えていなかったわけではない。

ただ，当時の障害者運動家たちは，とにかく自分の一番近くにいて，自分の意思に口を挟む人に対して，自分の意思をぶつけることだけで精一杯だった（正確にいうと，当時の障害者にとっては，自分の意思を持ったり表明したりすること自体が「社会との闘い」だった。それくらい「障害者の意思」は存在しないものとされていた）。結果的に，「母親」が批判の矢面に立たされることになったのである。

『しののめ』同人のなかには，生活動作のほとんどで介護が必要な人もいた。仮にそうした人が親への不満を書こうとした場合，やはり親に執筆を手伝ってもらったのだろうか。

もちろん，こうした事情は人それぞれだろうから，親の目を盗んで執筆・郵送できた人もいただろうし，ペンネームを用いたり，フィクションをまじえていたりすれば見逃してくれる場合もあったかもしれない（こうした点に融通が利くのが文学の利点でもある）。

しかし，長らく『しののめ』編集長を務めた花田春兆氏の回想によれば，同人のなかには「親の目を盗んで『しののめ』と接触していた人も結構いた」こと，さらには，我が子が「妙な智恵を付けられる」ことを面白く思わず，『しののめ』との接触を禁じてしまい，「親につぶされた同人もいた」ことを証言している（荒井 2011：78）。やはり，親批判は決して自由にできたわけではなかったようだ。

こうしたときに必要とされたのが，「ボランティア」という存在だったのではないか，と思われる。

私は大学院生時代，『しののめ』の活動に参加し，主に花田氏の仕事を手伝いながら，同人たちから話を聞かせてもらってきた。そこから見えてきたのは，どうやら『しののめ』同人たちのなかには，家族やヘルパー（専門の福祉職）以外にも，外出や執筆などを手伝ってくれたり，何となく日々の悩

みを語り合ったりできるような人物とのつながりを持っていた人がいたという点である。

ただし、そうしたボランティアの存在は、わざわざ資料に残されたりはしないので、いつ頃、どういった人と、どんなかたちで出会い、具体的にどのような関わりを持っていたのかを事後的に証明するのが難しい。ただ、同人たちが昔の思い出を語る、その語り口の端々に、それらしき人の名前が出てきたり、何らかの周年行事が催された際、いわゆる「懐かしい顔」として登場したりすることがある（かくいう私も、花田氏の仕事を「何となく手伝う人」を続けていたので、そうしたボランティアの一人だった）。こうした関係性があるからこそ可能となった自己表現もあったのだろう。

●2── ゼミナール：ボランティアにまつわるモヤモヤ
ボランティアと「心」の領域

(1) 自由な自己表現は可能なのか

第1節では、「自己表現」と「ボランティア」の関係をめぐる歴史的な背景について解説した。ここからは両者の関係について、私自身が現在進行形で悩み続けている問題について記してみたい。

近年、「障害」と「アート」が交差する領域への関心が高まっている。そうした領域を表わす呼び名も「障害者アート」「エイブル・アート」「アウトサイダー・アート」「アール・ブリュット」など多岐にわたる。

私も「障害者の自己表現」を研究している都合上、こうした活動に関わる機会が少なくない。活動自体はやりがいの多いものなのだが、そこでしばしば耳にする言葉に違和感を覚えることがある。それが「障害者のアートは既成概念にとらわれない自由な自己表現が魅力だ」といった類いの表現だ。

そもそも、「障害者の方が、障害者ではない人に比べて、自由に自己表現しやすい」などということがあるのだろうか。

もちろん、ある種の表現のしやすさ・しにくさは、障害の有無にかかわらず個人差がある。いわゆる「歯に衣着せぬ物言い」に抵抗感のない人もいれ

ば，そうでない人もいる。複雑な人間関係や立場に縛られて物が言いにくい人もいれば，自分の都合だけで自由に物が言える人もいる。

　しかしながら，概して「立場の弱い人」の方が「表現」へのハードルが高いという傾向は確かに存在する。障害者に限ってみても，そうした「表現しにくさ」への悩みを抱えた人に出会うことは少なくない。上記『しののめ』の事例で見たように，障害者が親を批判したり，親への不満をこぼしたりするのは決して容易でなかった。

　いま，この文章を読んでいる人のなかにも，「親の世話になってる障害者は，親に文句を言う権利なんてないだろ」と感じている人もいるだろう。そうした意見を持つ人が多数派になり，その場の雰囲気が「文句言うな！」となっていけば，親から辛い思いをさせられている障害者は，その悩みや苦しみを表現しにくくなる。

　また，上記『しののめ』に見たようなことは昔のことで，現在ではもうそんなことはないのではないかと思う人もいるだろう。しかし，2000年代以降，私が見聞しただけでも，障害者の自己表現に対して有形無形の圧力やブレーキがかけられる事例はいくつもあった。

　例えば，執筆を趣味とする障害者が親からインターネットへの接続を禁じられていた（ネット利用を避けるようにされていた）こともあった。趣味で文章を書くことはよいけれど，ネットを介して親が把握できない交友関係を作られてしまうのは困るという理由からだった（親が子のネット利用を規制するといっても，その「子」は当時60代だった）。

　他にも，精神科医療施設への入院・通院歴のある男性が，「女の子の絵を描くこと」を自主規制していたこともあった。もともとアニメやゲームが好きな人で，ずっと「ゲームに出てくる女の子のキャラクター」を描きたいという気持ちを持ってはいたが，精神科への入院・通院歴のある自分がそうした絵を描いたら，周囲から警戒されたり，犯罪を危惧されたりするのではないか，と思っていたというのだ。

　こうした人たちは，周囲の目線や身近な人間関係によって，表現への規制を受けてしまう。そうした際，親や身内のような直接的な関係者ではない，

「それ以外の関係性」としてのボランティアが，種々の作業を手伝ってくれると助かるということがある。つまり，「親や身内のような直接的な関係者」に対してだからこそ表現できないことがあり，むしろ，ある程度距離のある人に対してだからこそ可能な表現もある。

(2) 「ボランティア」は心の傷に触れてもよいのか

さて，ここでまた疑問が生じる。親や身内のような近しい人だからこそ表現できない問題は，相当程度，当人のプライバシーに関わるものである可能性が高い。場合によっては，心の傷に関するものであることも考えうる。

だとしたら，ボランティアは身内にさえ（身内にだからこそ）言えないような情報について触れてしまう可能性がある。法律やケアに関する専門的知識・技量を有しているとは限らない人物が，そうした情報に触れてしまってもよいのだろうか。

実際，私個人の経験を振り返ってみても，こうした場面と遭遇する機会は少なくなかった。それは何か「相談」や「インタビュー」といった明確な語りの形式を取らないかたちで，ふとした日常の延長線上に現われることが多かった（例えば，お茶の時間のおしゃべりの場で，ふと二人きりになった自販機前のベンチで，「そろそろ最後の一杯かな……」と思った居酒屋の席上で，などなど）。

打ち明けられる話のなかには，とても深刻で，私にはアドバイスらしいアドバイスもできず，ただ耳を傾け，相づちを打つことしかできなかったものもあった。そうした場合，ボランティアは何をすべきなのだろう。あるいは，何をすべきでないのだろう。

関連する事例を一つ紹介し，私自身も解決のつかない問いを投げかけて，本章を閉じよう。

2011年3月の東日本大震災後，東北の被災地では，「子どもと絵を描く」ことを目的とした活動が（個人・団体を問わず）広く行われていた。先の見えない避難所生活でストレスを抱える子どもも多く，こうした活動へのニーズは少なくなかったと聞く。子どもたちが描いた作品は，チャリティ企画として，その一部が絵画集に収められて発売されたり，都市部での展示会が開

催されたりした。

　私自身は被災地に赴く機会はなかったが，被災地に送る画材を集めたり，活動に参加した人たちの話を聞かせてもらったり，東京都内での作品展示を手伝ったりした。そこで，ふと耳にしたエピソードが強く心に残った。避難所の子どもたちと絵を描く活動をしていると，こちらから求めたわけではないにもかかわらず，自身が経験した苛酷な場面を絵に描いたり，不意に語りはじめたりする子どもがいたというのだ。

　こうしたケースがたびたび報告されたためか，絵画での表現行為は，場合によってはPTSD（心的外傷後ストレス障害）の悪化につながる懸念があるとして，精神科医療の専門家たちからガイドラインが示されたりもした。精神科医の一人は「安心感のない場で心の傷を無防備に出すことは野外で外科手術をするようなもの。描いた絵の展示も控えるべきだ」と，強く注意喚起している（朝日新聞 2011：38）。

　確かに，専門家不在の場でセンシティブな表現行為がむき出しのまま行われてしまうことは危険だろう。しかし，あえて逆の可能性を考えてみることもできるのではないか。子どもたちが行った表現行為のなかには，「親」や「専門家」が相手ではなかったからこそできたものも存在したのではないか，という可能性である。

　当時，避難所の子どもたちは，毎日のように親や周囲の大人たちの深刻な様子を目の当たりにしていた。だとしたら，子どもは子どもなりに大人たちを心配させないよう，辛い表情を見せることなく，静かにがんばっていた可能性もある。

　多くの子どもたちが，身近な大人たちには表現できない感情を抱えていただろう。しかし，だからといって，すべての子どもが，そうした思いを医療者に相談し，専門的なケアを受けたいと考えていたとも限らないだろう。

　災害時に限らず，平時においても，専門家による「心のケア」は常に準備されている必要がある。しかし，ただ単に自分の胸に塞がっているものを一度吐き出したいというニーズを抱えた人にとっては，医療者による「ケア」が過剰な意味づけのように受け取られてしまうこともある。「精神科医療の

専門家に相談する」という行為自体が，周囲の心配や気苦労を引き起こすきっかけになってしまうのではないかと先読み（深読み）し，二の足を踏んでしまうこともある。

　結果的に，そうした行き場のない感情が，地縁も血縁もなく当地を訪れたボランティアを相手に，絵を描くという作業を通じて，ふと，こぼれ落ちることがあったのはないか。

　ある人物と一過的に関わるだけのボランティアは（あるいはボランティアという一過的な関わり合いは），関わる相手の「心の傷」など，プライバシーの深い部分に触れるべきではない。そうした意見は，ある面で確かに成り立つ。しかし，また一方で，そうしたボランティアがいるからこそ，抱えていた重苦しさを吐き出せるという人もいる。

　触れてよいのか。触れるべきでないのか。触れてしまった際，どのように振る舞えばよいのか。もし，あなたがこうした場面に直面したとしたら，あなたは，何を感じ，何を考え，どう行動するのだろうか。

　この問いに「模範解答」はないし，「これさえしておけば間違いない対処法」のようなものがあるわけでもない。ただ，人と人とが関わるという行為を続ける限り，こうした悩ましい事態を避けて通ることはできない。でも，それでも人と関わろうとして一歩踏み出すのが「ボランティア」なのだと，私は思う。

●参考文献●

朝日新聞　2011「アートセラピー『注意を』　被災の子への活動　学会が指針」『朝日新聞』2011年6月10日。

荒井裕樹　2011『障害と文学——「しのゝめ」から「青い芝の会」へ』現代書館。

荒井裕樹　2020『障害者差別を問いなおす』ちくま新書。

岡知史　1992「日本のセルフヘルプグループの基本的要素『まじわり』『ひとりだち』『ときはなち』」『社会福祉学』33（2）：118-136。

しのゝめ編集部　1972『脳性マヒの本』しのゝめ出版部。

中島虎彦　1997『障害者の文学』明石書店。

阪東英政　1967「雑感」『しのゝめ』61：32-33。

横塚晃一　1975＝1981『母よ！　殺すな』すずさわ書店（復刻版2007，生活書院）。

●ブックガイド●

『いくつになったら歩けるの』人間の記録160，花田春兆，日本図書センター，2004 年
　　本章で紹介した花田春兆氏の自伝。戦前〜戦後の動乱を生きた障害者の人生が
　　飄々とした文体で綴られている。有名無名を問わず，たくさんの人物が出てく
　　るのに注目してほしい。そうした「ボランティア」たちが障害者の表現活動を
　　支えた。

『障害者殺しの思想』増補新装版，横田弘，現代書館，2015 年
　　1970 〜 80 年代，障害者差別と真っ正面からぶつかっていった運動家の著書。世
　　間の「障害者イメージ」をぶち壊す本。横田が起草した障害者運動のテーゼに
　　は「我らは，愛と正義を否定する」という一節がある。その意味を一度，考え
　　てみてほしい。

『障害者差別を問いなおす』荒井裕樹，ちくま新書，2020 年
　　そもそも「障害者差別」とは何なのか。障害者たちは，どのような行為・価値
　　観を「差別」と認識してきたのか。障害者運動の歴史から，こうした問題につ
　　いて解説した一冊。「差別はいけない」という理由を言葉で説明できるかどうか，
　　ぜひ一度，悩んでみてほしい。

私のボランティアの色は玉虫色。眺める角度や光の当て方によって，色が変わるから。いったい何色なんだろうと，私を惹きつける色

第6章

在日コリアン

ボランティアをする／しないの境界線

加藤恵美

　現在の日本には，文化的に多様な人々が暮らしています。いわゆる「日本人」とは文化的に異なる人々も，日本社会のメンバーです。そのような日本社会のメンバーのなかに，日本政府が植民地支配をしていた過去に朝鮮半島から日本に移動してきた人々がいます。彼らは「在日コリアン」と呼ばれています。この章では，在日コリアンを日本社会における「他者」として取り上げて，彼ら自身の学校（朝鮮学校）に関わる親たちのボランティア活動と，「日本人」の親である私の日本の公立学校におけるPTA経験とを対比させながら，「ボランティアをする／しない」の境界線を考察していきます。ボランティアは定義上，「自発性」という要素が「する／しない」を決めるように思われますが，実際にはそうであるとは言い切れません。この章では，語義矛盾のように見える，ボランティアの「強制性」の方に注目して，「ボランティアをする／しない」の境界線のひかれ方を考えていきます。そして最後に，日本社会の少数派（マイノリティ）である「他者」にボランティアを強いているのは，多数派（マジョリティ）である「日本人」ではないのか，と問いかけます。

●キーワード●在日コリアン，マイノリティ，ボランティアの強制性

● 1 —— 私とボランティアの物語

私の「ボランティア」経験

(1) 日本社会における「他者」

　日本経済新聞の記事（2021年11月20日）は「日本に住む外国人43％増，最多の274万人」と題して，2020年に実施された国勢調査の結果を伝えた。国勢調査とは，日本社会で生活を送っている人々の特徴を知るための調査であ

り，この調査を通じて，日本の人口の国籍別の構成も明らかにされる。2020年の国勢調査によると，日本で暮らす外国人の数は274万人余りで，総人口の2.2％を占める。国籍別に見ると，上位三国は，中国（66万人），「韓国・朝鮮」（37万人），ベトナム（32万人）である。日本で暮らす外国人の数は，記事の見出しにあるように，急増している。それは，日本国籍を持つ人の人口が減少傾向にあることとは対称的である。

　ところで，日本で暮らす外国人を分類する「韓国・朝鮮」というカテゴリーを，不自然だと思った読者がいるだろう。本章が注目するのは，この「韓国・朝鮮」人を一部として含む，「在日コリアン」である。彼らは，日本が朝鮮半島を植民地支配していた時代に日本に移住した人々とその子孫であり，日本に永住している。また，彼らは国籍において多様である。①韓国籍を持つ人，②どこの国籍も持たないが植民地朝鮮の出身者であることを表す「朝鮮籍」の人，そして③数世代にわたり日本で暮らすなかで日本国籍を持つに至った人などから成る。このうちの①と②の集団が，先にふれた国勢調査の「韓国・朝鮮」人に含まれる。そして③の日本国籍者も含めると，在日コリアンは100万人以上を数えるといわれている（徐 2012：7）。本章では，朝鮮半島にルーツを持ちながら日本で暮らす「他者」である在日コリアンに焦点を当てて，「ボランティア」を考察する。

(2) 私にとっての「ボランティア」

　私はボランティア活動に積極的に参加してきた方ではない。こうした私の態度は，私が人生において最初に参加したボランティア活動において，自分が期待したような「手応え」を得られなかった，という原体験に形作られているように思う。その活動とは，1995年1月に起こった阪神・淡路大震災でのボランティア活動であった。「ボランティア元年」ともいわれるこの年に，東京で大学生をしていた私は，期末テストを終えるやいなや，寝袋を抱えて長距離バスに乗り現地に駆けつけ，自分の微力を振り絞り，寒中のボランティア活動に参加した。具体的には，瓦礫の処理が続いていた神戸市長田区で，地域住民に防塵マスクを配って歩いた，と記憶している。しかし，その活動

によって得たものは，「手応え」というよりも，「ボランティアって何だろう」という，とても大きい素朴な疑問であった。

　いま改めて振り返ると，その後の私が研究者としてささやかながら続けてきたことは，ボランティア活動（より広く市民活動や市民運動）を観察し，「ボランティア」について考える，ということであった。つまり，逆説的にではあるが，実際にボランティア活動に参加することで気づいた「ボランティア」の捉えどころのなさ，あるいは評価の難しさこそが，私を捉えて離さない「ボランティア」の魅力になったのである。そのような意味で，阪神・淡路大震災の被災地でのボランティア活動にとにかく参加してみようと行動した過去の若い私を，自分のことながら「よくやった！」と褒めたい。この章では，私が大学生であった頃の体験に発した「ボランティアって何だろう」という問題意識を引き継ぎつつ，ボランティア活動には積極的ではなかった私でさえ参加したことのあるボランティア活動——学校教育に関わるボランティア活動——に焦点を合わせながら，「ボランティア」の多面性を探っていきたい。

(3) 私のボランティア活動

　私は我が子が小学生であったとき，PTA（Parent-Teacher Association）の活動に参加した。PTA活動が本当にボランティア活動であるのかどうかについては続く第2節で検討するが，ともあれ当時の私は，PTA活動を，我が子が通う小学校の運営の側面支援を目的としたボランティア活動であると理解して参加していた。

　我が子が小学生であった6年間に私が行った活動は，主に次のような活動であった。子どもたちの通学時に信号のない横断歩道で黄色の旗を振って安全に渡らせること。朝の7時半頃から1時間くらい，子どもたちに「おはよう」と挨拶をしながら近所の横断歩道に立った。子が同じクラスに属する親たちが，どこの横断歩道に，いつ，どのような順番で立つのかの計画を立て，表を作成したこともあった。夏休みには，夕刻から夜の時間帯に徒歩や自転車で，他の親たちと一緒に近所の公園などをパトロールして，暗がりで遊んでいる子どもたちを見かけたら，彼らに帰宅を促した。朝の6時過ぎから，

ラジオ体操の会場の設営も行った。その他にも，朝の「読書の時間」に子ど
もたちが手に取る「学級文庫」を選定する活動など，いろいろな活動に参加
した。いずれの活動も，年に数回くらいの頻度であったように記憶している。
また私は，PTA に参加することによって生まれる，近所に住む，子を持つ
親たちとのたわいのないおしゃべりの時間を楽しんだ。要するに，私にとっ
ての PTA 活動は，家事と仕事と無理なく両立できる，我が子が通う学校の
側面支援活動であり，また気分転換であった。

⑷ 「他者」としての在日コリアン

　私は在日コリアンと日本人のよりよい関係の構築を目的とした市民活動／
市民運動に関心を持って研究をしてきた。本章の目的をもう一度，いいかえ
ながら示すと，一方でそうした研究活動をしながら，他方で上述のような
PTA 活動に参加していた私が抱いた，在日コリアンの学校教育に関わるボ
ランティア活動についての「モヤモヤ」を，読者とともに検討することであ
る。しかしこの本題に入る前に，「他者」としての在日コリアンに関するも
う少し詳しい知識を，読者と共有しておきたい。

　私が大学の授業などで在日コリアンのことを話題にすると，「彼らと出会っ
たことが一度もない」という声をよく聞く。そう私に言った人は，本当に在
日コリアンに出会ったことがないのかもしれない。その一方でその人は，在
日コリアンである人に出会っているのに，その人を在日コリアンだと認識す
ることができなかった，という可能性もある。

　私がそう考える理由は二つある。第一に，ほとんどの在日コリアンが日本
語ネイティブであることが典型的に示すように，彼らは広く日本の生活文化
を用いて日常を生きているからである。彼らは，数世代にわたり日本で暮ら
してきた移民であり，朝鮮半島が日本の植民地支配から解放されて80年近く
が経過しようとしている今では，日本で生まれ育った人がほとんどである。
そのような彼らは日本社会に適応しているので，一見，いわゆる日本人と区
別がつかない。第二に，多くの在日コリアンは，自らのルーツを示す名前を
使わず，「日本風」の名前を用いて生きているからである。どれだけ日本の

生活文化を用いて生きようとも，自らのルーツを名前に表して生きることは理論的には可能である。しかし，そうしない在日コリアンは多い。

　在日コリアン青年連合（KEY）という組織のウェブサイトには，在日コリアンに関する有意義な情報が多く掲載されている。在日コリアンの「日本名」の使用状況についての情報は，その一つである。そのサイトによると，大阪府が2002年に行った調査において，「いつも民族名を名乗っている」と「民族名が多い」と答えた人（それぞれ7.9％と7.5％）がおよそ15.4％だったのに対し，「日本名が多いが，ときに民族名を名乗ることがある」と「ほとんど日本名を名乗っている」と答えた人（同25％と56.2％）は81.2％を占めた。つまり在日コリアン10人のうちの8人が，日常生活においてほぼ「日本名」を用いている。だから，私たちがたとえ在日コリアンに出会ったとしても，その彼／彼女のルーツが朝鮮半島にあると認識できないことは多い。

　なぜこれほど多くの在日コリアンが，自らのルーツを表明しないで生きるのであろうか。それは，自らのルーツを表明することが差別を受けるリスクを高めるからであり，さらに近年では，犯罪の被害にあうリスクをさえ高めるからであると考えられる。

　日本による朝鮮半島の植民地支配の歴史とその清算は，韓国そして北朝鮮との間の外交問題である。そして近年その問題をめぐって，国際関係における対立が深刻化していることは周知の通りである。日本の植民地支配の歴史と切り離し難い存在である在日コリアンは，こうした状況を背景に，日本社会のなかで，韓国あるいは北朝鮮の対日外交姿勢に不満を抱く攻撃的な日本人の暴力を受けるようになった（樋口 2014）。

　在日コリアンが受けるこうした暴力は，ヘイト・クライム（憎悪犯罪）と呼ばれている。このヘイト・クライムのターゲットになるのは，在日コリアンを象徴する場所，より具体的にいえば，在日コリアンであることを表明して生きる人々が集まる場所である。例えば，2009年12月の京都の朝鮮学校（後述）に対する襲撃事件（中村 2014），2015年11月の神奈川の在日コリアン集住地区へのヘイト・スピーチ集団の侵入（神奈川新聞「時代の正体」取材班 2016）と2020年1月のその地区の公民館に対する脅迫事件（東京新聞2020年

10月24日など），2021年8月の京都の在日コリアン集住地域における放火事件（朝日新聞2021年12月6日など）などのヘイト・クライムには注目が集まり，報道もなされてきた。しかしこれらは，遍在するヘイト・クライムの氷山の一角に過ぎない。要するに日本社会は，在日コリアンがルーツを表明して生きることが難しい社会である。日本社会で「他者」は，日本人と同じ人間として大切にされてはいない。

(5)　「他者」のボランティア活動

　日本には，在日コリアンである子どもたちの一部が学ぶ朝鮮学校という学校がある。朝鮮学校は，日本政府から国庫補助を受けずに運営されている私立学校であり，日本の6-3-3-4制と同等の総合的な教育課程に基づいて，2012年現在，全国の27都道府県において，小学校54校，中学校33校，高校10校，大学1校の計98校として運営されている（朴 2012：33-34）。産経新聞の記事（2019年12月30日）によると，小中高レベルの朝鮮学校では，5000人余りの子どもが学んでいる。この数は，国勢調査（2015年実施）の結果を頼りに概算すると，当該年齢（5歳から19歳）の在日コリアン（「韓国・朝鮮」人である8万4000人）のおよそ6％にあたる。

　この朝鮮学校は，先にふれたヘイト・スピーチ／クライムのターゲットになっている。それは，この朝鮮学校が，少なくとも次の二つの特徴を持つことによる。第一に，朝鮮学校の教授言語がコリア語であることである。朝鮮学校で学ぶ子どもは，コリア語能力を高める機会を得て，コリアンらしく育つ。朝鮮学校は，そのような成長の過程にある子どもと，子どもをそのように育てたい教員と親が集まる場所である。第二に，朝鮮学校が「朝鮮民主主義人民共和国（北朝鮮）の海外公民団体」と自らを位置づける民族団体（在日本朝鮮人総聯合会）の関連機関として運営されていることである。この第二の特徴について念のため補足しておくと，実際の朝鮮学校の関係者は，北朝鮮政府に対して多様な考えを持っている。読者はこれが事実であることを，日本政府に批判的な日本人の子どもも日本の公立学校で教育を受けているという事実から容易に類推できるであろう。ともあれ，どのような考えを持つ

在日コリアンに対してでも，民族差別的な暴力が正当化されることは決してない。あたりまえのことだが，言い添えておく。

　さて「ボランティア」についてである。私は，ある地方の小さな朝鮮学校で調査を行う機会を得たことがある。その調査を通じて私は，私と同じように学齢期の子を育てる在日コリアンの親たちに出会った。彼らと私との会話は互いに共通のネイティブ言語である日本語で行われたので，彼らと私とは違うのだということを忘れそうになるときがあった。しかし彼らは在日コリアンであり朝鮮学校に子を通わせる親であるという点で，日本人であり日本の公立学校に子を通わせる親である私とは違った。彼らと私の間の違いのうちで私が最も印象に残っていることの一つが，子が通う学校の側面支援に関わる彼らの活動，すなわち日本の公立学校でいうところのPTA活動であった。

　母親たちは「オモニ（母の意）の会」に参加していた。私は，その朝鮮学校で開催されたイベントに数回参加したが，母親たちは手の込んだとてもおいしい手料理を振る舞い，ゲストをもてなしていた。ある母親からは，朝鮮学校で学ぶ子どもたちに時々給食を作るのだという話も聞いた。さらに彼女らはそうした日常的な活動と並行して，朝鮮学校の処遇改善のために行政への働きかけを行っていた。先に述べたように国庫補助を受けない私立学校として運営されている朝鮮学校には，公的な処遇について改善の余地がある。そうした現状を変えようと声を上げることにも，彼女らは積極的であった。

　父親たちの多くは，商工人として，朝鮮学校運営のための寄付を募る活動を行っていた。繰り返しになるが，朝鮮学校は国庫補助を受けない私立学校として運営されていることから，授業料収入に加えて寄付収入がなければ，日常的な運営が成り立たない。老朽化した学校施設の改修など，特別に大きな支出が要されるときにはなおさらである。父親たちは，そうした状況を背景に，ゴルフコンペなど大小様々なイベントを開催し，あるいは日常的なビジネスと並行させるような形で，朝鮮学校の教育を支えるためのファンドレイジングに注力していた。

　それ以外にも，朝鮮学校に子を通わせる親たちは，子を地域の日本人と交わらせるために地域のスポーツチームに参加させることに意欲的であった

り，一部の都道府県にしかない朝鮮学校に子を通わせるために家族で引っ越したり単身赴任をしたり，朝鮮学校に支払う高い授業料を賄うために転職をしたりと，子が学校教育を受けるために，よりよい学校教育を受けるために，様々な活動に取り組んでいた。このように，私と彼らは，子が通う学校の側面支援活動に「ボランティア」として参加するという点においては同じでも，その活動にかける時間と労力には大きな違いがあった。そして，私と彼らの間にある違いはどのように生まれるのだろうと，私は「モヤモヤ」した。

　人はなぜ，どのようなボランティア活動に参加するのか，しないのか。続く第2節では，「ボランティア」の歴史と理論を参考にしながら，「ボランティアをする／しない」の境界線が，同じ人間の間に，いったいどのように形作られるのかを考察していきたい。

● 2── ゼミナール：ボランティアにまつわるモヤモヤ

「ボランティア」って何だろう

(1) ボランティアという語の多様な含み

　私はこれまでボランティアという語を定義しないまま用いてきた。読者は読みにくかったかもしれない。これまでの議論で，私がボランティアという語をカッコで括って用いたときには，この語が多様な含みを持つ概念であることを，読者に特に強く示唆しておきたかったときである。その一方で，そうでない（地の文に埋め込まれている）ときには，ボランティアの定義は読者の側に委ね読み進めてもらおうとしてそうした。いずれの場合についても，私がボランティアを多様な含みを持つ語として用いたという点においては同じである。

　池田浩士（2019）によると，よく知られた日本語事典である『広辞苑』が最初にボランティアを定義したのは，1969年の第2版でのことである。そこでボランティアは「義勇兵。自ら進んで事業に参加する人」と定義された。その後から現在までの間に，ボランティアの定義は版を重ねるごとに少しずつ変化してきた。例えば，1974年（第2版8刷）の定義においては，「事業」

が「社会事業」へと変更され，1983年（第3版）では「義勇兵」の意がいったん消え，1998年（第5版）では「無償であること」の意が追加された。そして現在（2018年第7版）の定義は「（義勇兵の意）志願者。奉仕家。自ら社会事業などに無償で参加する人，また，その無償の社会活動」となっている（池田 2019：12-15；359-361）。これらの定義とその変化を見るだけでも，ボランティアという語には多様な含みがあることが分かる。

　その一方で，「ボランティア的なもの」は日本にもっと古くからあった。そして，それは常に論争を引き起こしてきた。19世紀末に始まった「慈善」事業以降，現在までの「ボランティア的なもの」についての「語り」に注目し検討した仁平典宏（2011）によると，その「語り」の基本的な形式は，次のような逆説を含むものであった。すなわち，自分のためではなく相手のための活動であるはずの「ボランティア的なもの」（「慈善」や「奉仕」や「ボランティア」）は，意図せざる結果や逆機能を持ちうる，つまり相手やより広く社会にとってマイナスの帰結をもたらしうる，という形式である。現象としてのボランティア（的）活動の意味は，このような基本的な形式を持つ「語り」と，その時々の具体的な諸状況とが交錯するなかで探求されてきた。上述の『広辞苑』の定義は，こうした探求に呼応する面を持っているといえる。

　仁平によると，ボランティア（的）活動が「ボランティア」と本格的に名指されるようになったのは，1960年代のことである。そこでは「昔の奉仕／今のボランティア」という形で，「ボランティア」の意味が確定されようとした。戦後の（「今の」）「ボランティア的なもの」についての「語り」の根本には，戦前・戦中の「奉仕」が，国家が戦争を遂行するために人々の生命を動員するのを可能にする言説として機能したことへの反省があった。そのことから，活動が「国家から自立しているか」，そして「国家が行うべき社会保障を代替していないか」という二つが，ボランティア（的）活動の要件とされてきた。

　ところが，1970年代以降に登場した「自己実現」や「自己成長」のためのボランティア，そして1980年代に広がりを見せた「楽しい」ボランティアという「語り」は，それまでのボランティア（的）活動についての「語り」の

基本的な形式を後景化させることになった。なぜなら，新しい「語り」は，「自分のためではなく相手のための活動」というそれまでの「ボランティア的なもの」の「語り」の出発点を切り崩したからである。新しい「語り」は，現在を生きる私たちにとって馴染みのあるボランティアの意味を確かに構成している。しかし，国家の社会保障制度が縮小し，格差が広がるネオリベラリズム的状況のなかでは，戦前・戦中の反省を踏まえた，戦後における「ボランティア的なるもの」に関する「語り」の基本的な形式を思い起こし，ボランティア活動の意味を検討し直すことが重要であるように思われる。

(2)　「強制的なボランティア」としてのPTA

　私がボランティア活動だと信じていたPTAは，国家による「労務動員（＝奉仕）」を媒介する組織であるという指摘がある。岩竹美加子（2017）は，戦後に作られたPTAという組織が，実際には過去の戦争の遂行を支えた組織を継承したものであることを論証した上で，次のように述べた。

> 「行政はネガティブな子ども像をもとに青少年の健全育成を図るという名目を掲げ，PTAを煩雑な地域組織に関連づけて，様々な活動に動員する。（中略）PTAは『自主的な任意組織』とされているが，任意加入であることも会員には十分に知らされてはいない。当然知っているべきことを知らせず，権利の主張をさせないという構造であり，会員は巨大な組織の末端で，瑣末かつ煩雑な活動に従事させられるのである」（岩竹 2017：227）。

　私は，前述の通り，我が子が通う小学校の運営の側面支援という目的で，PTA活動に参加していた。しかし私は，そうした支援をしたいという理由で自発的にPTA活動に参加したのではなかった。我が子が小学校に入学すると同時に，すでにPTAに参加することになっていたのである（PTAに加入する手続きをしたのかどうかも思い出せない）。PTA活動に「無償で参加する人」であったという点で私はボランティアであったが，「自ら進んで参加する人」ではなかったという点でボランティアではなかった。ボランティア

活動に積極的ではない私でさえ，PTA活動に参加したのは，PTAがそのようにしてボランティアを強制する組織であったからだった。

　2000年代に入ると「楽しい」PTAを模索する「改革」の動きが活発になり，その事例を紹介する書籍の出版が活発になった。岩竹によれば，これらの「改革」に共通するのは，「PTAには様々な問題があることを踏まえた上で，工夫し，役割分担によって会員の負担を軽減してやっていこうというポジティブなスタンス」（岩竹 2017：169-170）である。私がPTAに参加したのは，2010年代のことだった。上述のように私がPTA活動を楽しめたのは，我が子が通う小学校でも行われていたこうした「改革」の成果だったのかもしれない。しかし，こうした動きに対しても岩竹は厳しい。「PTAを維持しようとする力の真の意図は何なのかを問うことはなく，表層の活動を積極的に，あるいは楽にやっていこうという態度」に貫かれた「改革」は「PTAの延命を助けるが解決にならない」からである（岩竹 2017：171）。戦争に対する反省から国家の「労務動員」が問題だと見るなら，それを「楽しむ」私の態度は確かにナイーブだった。

　その後のPTA「改革」のベクトルは，変化しつつある。その一例として大塚玲子（2021）『さよなら，理不尽PTA！──強制をやめる！　PTA改革の手引き』は，PTAの「改革」を「理不尽」との闘いとして位置づけている。大塚によれば，PTAの「理不尽」は二つある。一つは，書籍のタイトルに示唆されているように，PTAへの加入は任意であるのに，事実上強制されているという「理不尽」である。この「理不尽」との闘いである「改革」は，入会／退会の自由を保証する制度を整え，PTAを自発的に参加する親たちの組織という本来の姿に変えていくことである。もう一つは，PTAの活動が，岩竹のことばを借りれば「瑣末で煩雑な活動」であるという「理不尽」である。この「理不尽」に対しては，会員が本当に必要だと信じる活動を効果／効率的に遂行できるようにスリム化していくことが「改革」の肝になる。前例踏襲を断ち切るこうした「改革」が日本のあちこちで行われるようになれば，日本の公立学校に子を通わせる親たちは，国家の動員から解放されていくかもしれない。

(3) ボランティアを強制する構造

　「他者」に話を戻そう。朝鮮学校に子を通わせる親たちによる，子が受ける教育の側面支援の活動は，日本の公立学校の PTA 活動と似たような問題を含んでいると推察できる。つまり，彼らもボランティアを強制されているはずである。しかし，彼らにボランティアを強制する構造は，日本の公立学校に子を通わせる私を取り巻く構造とまったく同じであるとはいえない。だから彼らと私の PTA 活動は，質量ともに違うのではないだろうか。私が最後に読者に問いかけたいこと，そして私と一緒に考えてもらいたいことは，日本社会におけるマイノリティである在日コリアンにボランティアを強制しているのは，マジョリティである日本人であり，そのマジョリティを構成する私自身でもあるのではないか，ということである。

　日本国憲法（1946年公布，1947年施行）の第26条によれば，「国民」は「教育を受ける権利」を有し，「普通教育」（＝「義務教育」）を無償で受けられる。学校教育法（1947年公布・施行）の第 4 条（当時）は，これを繰り返している。しかし実際には，戦後においても普通教育が無償でなく，PTA が事実上の「学校後援会」として働いて，会費や寄付などで教員の給与などを補った時代がしばらく続いた。岩竹によれば，「学校後援会」ではない PTA のあり方が本格的に模索され始めたのは，1967年に出された「公費で負担すべき経費の私費負担解消について」という通達以降のことであったという（岩竹 2017：143-149）。2010年代に経験した私の PTA の活動が，先に述べたような学校教育の周辺的な活動ですんだ背景にあるのは，日本政府によるこうした社会保障制度の完全化に向けた努力であった。

　私の PTA 活動とは対照的に，朝鮮学校に子を通わせる在日コリアンの親たちの活動は，朝鮮学校の存続をかけた，当該学校教育の中心的な活動であり続けてきた。朝鮮学校の教育の目的は，教育基本法第 1 条（旧法は1947年公布・施行）が定める日本で無償化されている普通教育の目的，すなわち「（日本）国民の育成」ではないのであるから，彼らのそうした負担は当然だと考える読者もいるだろう。しかし，日本政府が批准している国際条約には，民

族的マイノリティの文化実践を権利として認めるという規定がある。例えば，児童（子ども）の権利に関する条約（1990年に発効，日本国内では1994年に効力発生）の第30条がそれにあたる。実際に，1990年代に本格的に進んだ地方自治体レベルでの朝鮮学校運営の一部公費負担の根拠になったのは，この条約をはじめとする国際条約であった。つまり，朝鮮学校を支援するかしないかを決めるのは政府であり，日本社会のあり方を決める力を持っているマジョリティであるところの日本人である。

　地方自治体は，2010年頃から，朝鮮学校の運営支援から撤退し始めた（朝日新聞2017年8月16日）。その間日本政府は，「国民の育成」のための教育については，いわゆる「高校無償化」と「幼児教育の無償化」制度の導入を通じて，親の負担を減らす方向で拡充してきた。朝鮮学校は，それらの新しい制度の適用も受けることができていない。そうした現状を背景に，現在の在日コリアンの子どもたちは，家庭が豊かであって，親が朝鮮学校のために多大な時間と労力を割くことができなければ，朝鮮学校で学ぶことはできなくなりつつある。彼らはヘイト・スピーチ／クライムのターゲットにもなりがちであることを思えば，朝鮮学校で学ぶこと，学ばせることの精神的負担も相当に大きいに違いない。彼らも人間である。だから，こうして多面的にのしかかる負担にいつまでも耐え続けられるとは考えにくい。

　「マイノリティ」の在日コリアンは，自らの言語と文化を学び教えるために「ボランティア」を強いられている。これに対して，「マジョリティ」の私は，たいした「ボランティア」をしなくてもそうした権利を当然のこととして享受できている。このように，「ボランティアをする／しない」の境界線は，個人の「自発性」によってではなく，「マイノリティ」と「マジョリティ」の間にある権力関係によって形作られている。加えて私は，マジョリティの一員として，彼らに「ボランティア」を強いる構造に加担している。その事実から，私は目を背けるわけにはいかない。

　読者のなかには，私と同じように，ボランティア活動を行うことに消極的な人がいるだろう。しかし，「ボランティア」とは何かを考えることは，誰にでもできる。「ボランティア」を考えれば，例えば今回私がそうしたように，

社会のメンバーの文化的多様化が進む日本が，誰もがよりよく生きられる多文化共生社会へと変わるために，どのようなハードルを越えなければならないのかを明らかにすることができる。

●参考文献●

池田浩士　2019『ボランティアとファシズム——自発性と社会貢献の近現代史』人文書院。

岩竹美加子　2017『PTA という国家装置』青弓社。

大塚玲子　2021『さよなら，理不尽 PTA！——強制をやめる！　PTA 改革の手引き』辰巳出版。

神奈川新聞「時代の正体」取材班　2016『ヘイトデモをとめた街』現代思潮新社。

徐京植　2012『在日朝鮮人ってどんなひと？』平凡社。

中村一成　2014『ルポ 京都朝鮮学校襲撃事件——〈ヘイトクライム〉に抗して』岩波書店。

仁平典宏　2011『ボランティアの誕生と終焉——贈与の〈パラドックス〉の知識社会学』名古屋大学出版会。

朴三石　2012『知っていますか，朝鮮学校』岩波書店。

樋口直人　2014『日本型排外主義——在特会・外国人参政権・東アジア地政学』名古屋大学出版会。

（ウェブサイト）

在日コリアン青年連合（KEY），https://www.key-j.net/（2022 年 2 月 13 日閲覧）。

●ブックガイド●

『知っていますか，朝鮮学校』朴三石，岩波書店，2012 年
　　本章でも参照したが，詳しくは触れなかった。朝鮮学校の歴史，朝鮮学校で行われている教育の内容，朝鮮学校で学ぶ児童・生徒の姿に関する基本的な知識については，この本で補うことができる。

『在日外国人　第 3 版——法の壁，心の溝』田中宏，岩波書店，2013 年
　　在日外国人と日本人がともによりよく生きるという課題は，日本社会にとっての「新しい」課題ではない。この本は，多文化共生を日本の戦争と植民地支配の歴史に始まる，古くからある課題として理解を深めるのを助ける。

『ボランティアの誕生と終焉——贈与の〈パラドックス〉の知識社会学』
　　仁平典宏，名古屋大学出版会，2011 年

　本章でも引用した本書は，日本において「ボランティア」がどのように論じられてきたのかを理解するのを助ける。内容は高度であるが，自分のボランティア活動の意味を深く探りたいという読者に，この本を薦めたい。

私のボランティアの色は夜明
け前の青みがかった空の色。
他者との未知なる出会いを前
に畏れと希望を感じる

第7章

演じる

分かった「つもり」のボランティア？

石野由香里

「相手の立場に立って考えよう」

学校教育から始まり，社会に出てからの「クライアントの目線で」という合言葉に至るまで，当たり前のように耳にする語り口です。

でも，私の開発した「他者をなぞるように演じる」方法を用いたワークショップを受講した人は，「今までいかに自分が相手の立場に立っている『つもり』になっていただけだったか，分かりました」と言います。

相手の立場に「立つ」というのはアクション（＝動詞）です。つまり「頭で考えて立ったつもりになる」のとは違います。そこで，相手を自分が演じることにより，文字通りアクションとして「立つ」方法を提案するのです。

では，「立ったつもりになる」のと「立つ」ことの違いはどこにあるのでしょうか。みなさんは「相手のためによかれと思ってやったはずのことが……」と，自分の思うような結末にならなかった経験はありませんか。第2節では，「せっかく相手のためにボランティアしたのに拒否された（泣）！」とショックでたまらなかった，ある学生の体験談を見ていきます。でも，その前に，なぜボランティア実践の場面に演劇的手法を使うことを思い立ったか……，私自身の物語に遡って見ていきましょう。

●キーワード●他者理解，演劇的手法，障碍者支援，人類学

● 1 —— 私とボランティアの物語

ボランティアされる側の気持ちなんて分かるの？

(1) 「盲目の少女」を演じる——相手の眼で世界を見ることはできない

「相手の眼でものを見ることは難しい」ということを身体ごと思い知ったのは高校生のときだったと思う。演劇部に所属していた私は，「盲目の少女」

の役を演じることになっていた。「なっちゃん」という名前のその少女は，幼いころ両親に捨てられ施設で育った。彼女が成長し20代半ばになったころ，初めて彼女の実父がその施設を訪ねてきて，再会することになる。そして，その場面で謝罪する父親に彼女は「今の自分の状況を生み出したのは父親の愛だと思っている」と言う。

　——もし離れ離れにならなかったら，自分は父に甘え，一生この目の病気を憎んで生きたかもしれない。別れの瞬間に私の時間は刻み始めた。これは，娘の時間を止めてしまわなかった父の愛だと思っている——と。

　私はどうしてもこの場面の台詞が言えなかった。どんなに「彼女の身になって」考えても，分からなかった。

　役作りのためにできることをした。高校の校舎内を目をつぶって歩き回ったり（危ないので同級生に見守ってもらいながら），自分の部屋のなかで目隠しして過ごしてみたり，稽古の最中は舞台上でも目を閉じて演技をして客席に転げ落ちそうになったり……。高校生なりに体当たりで向き合っていたのだ。しかし，本番の直前になっても，この場面だけが，最後の最後まで残されてしまった。

　私は演出の先輩にそのことを告げた。「いくら彼女が類まれな優しい心の持ち主でも，今までの彼女の人生，その苦労とつらさを思うと，どうしてもここでこんなふうに許せるなんて思えないんです」。すると，その先輩は一言，「それは，石野さんが許せないんでしょう」と言った。

　私は愕然として思い知った。いくら「相手の身になって」考えても，それは相手の眼から見る世界ではない。相手の気持ちを推し測っても，それは相手の思いではない。私は私の世界からしか，ものを見ることはできない。そして，私が私の世界から相手を眺めている以上，どんなに相手の想いを推し測っても，永遠に届かない。

　両者の間には明らかな断絶があるように思われた。そして，この大問題は後に私が出会った人類学という学問のなかで「異文化に住む人々を理解すること」の困難さに引き継がれた。

(2) 共感を超えて——人類学を学び，異文化の人々の世界へ

　人を理解することは日常生活においても難しい。さらに，今まで生きてきた生活環境，身をおいている状況，価値観などの違いが大きいと感じれば感じるほどに，その難しさも増すように思われる。それは，「この人は自分とこんなところが似ているから分かるわ」といった共感にもとづく理解が困難になるためだ。

　「あなたの気持ちが分かるわ」と共感することは人を理解する出発点として大切である。では，簡単に「気持ちが分かるわ」と共感や同調をしにくいような，自分の理解の範疇を超えているような人に出会ったとき，どのように分かればいいのか。こうしたときは，似たもの同士が手を取り合うようなつながり方ではなく，異なるもの同士がその相違を認めた上で関係を結ぶ方法を見つけなければならない。そうすることで理解の放棄や，理解の放棄に因る誤解，そこから生まれる差別や偏見を乗り越える可能性が生まれるのではないだろうか。

　大学生のとき，私の所属する学部には「人類学者」である教員がいた。その教員を通して知った人類学者の仕事に私は惹かれた。それは，彼らが自分たちの日常生活では出会わないような人々の世界（異文化）に自ら飛び込んで行って，理解しようと努めているように見えたからだった。これは，日常生活で人と関わるときの動機——例えば誰かと出会い共感する部分がある，あるいは好きだ，だから付き合いましょう，そのために分かり合いましょう——から出発していないということである。つまり，異文化に生きる相手と自分の間には大きな隔たりがあり「分からない」から，分からなさ過ぎて自分の持っている常識や前提を覆す努力をしないと近づけないからこそ，この学問のアプローチに意義があるように思えた。

　このとき，人類学者の多くは，何年も異文化に住み込みながら，自分の身体を通して，つまり生身の自分を生身の相手の「生」にぶつけることによって理解しようとしている点も特徴的だと思った。知識を得，それをもとに頭で考えてアイデアを絞り出すタイプの学問とは異なるアプローチのように思

えた。異文化に住み込み，現地の人と生活をともにしながら，自分の身体を
通して「感じる」ことを重要視しているようであった。

　のちのち気づいたことには……，あれ？　これって演技と似てない？　と
いうことだった。

　私が高校時代になっちゃんを演じたときも，頭で考えるのではなく，まさ
に身体ごと飛び込んで，なっちゃんと同じ生活を体験しようと努め，感じる
ことを無意識に大切にしていた。こんなふうに，若いころに直感的に惹かれ
るものは，後々，全部つながっていたりするものだ。みなさんもぜひ，直感
を信じ，突き動かされるものがあれば飛び込んで挑戦してみてほしい。

(3) クック諸島にて——他者との間の圧倒的な隔たりを前に

　そんなふうにして大学 3 年生のときに人類学のゼミに入った私は，東京の
下町，谷中地区で神輿を担いだりしながらフィールドワークを楽しんでいた。
4 年生になると河川敷に何度も通い，ホームレスのおじさんの人生を聞き
取っていた。また，アルコール依存症の家族が集うセルフヘルプグループ「断
酒会」にも足しげく通った。触れ合う機会のない人々からは誤解を受けるこ
とが多い彼らと，誤解する人々との間に懸け橋を築くにはどうしたらいいか，
彼らの生活世界に身を浸しながら見つめたいと思った。その内容を『幸せの
土壌』と題した卒業論文にまとめた。

　その勢いで大学院の修士課程に進学した私は，いよいよ異文化だ！　海外
でのフィールドワークだ！　と張り切って，日本人の研究者があまり調査を
行っていないクック諸島をフィールドに選んだ。もともと海と島の世界に惹
かれていて，大学生のときには沖永良部島で 1 ヶ月間菊農家に住み込み，ボ
ランティアもしていた。島世界に惹かれる私は，無意識に「幻想」を抱いて
いたように思う。

　私がクック諸島のフィールドワークで家族のように住まわせてもらってい
た家は，いくつか問題を抱えていた。その家庭は特別ではなかった。移民と
して青年・中年層が次々に島を出，家族形態が壊れており，アルコール問題
は島に蔓延していた。私のホストファーザーもその問題を抱えていた。

　同じ家に住む，実際は彼の孫にあたる少女は養女として，つまり娘としてともに暮らしていた。彼女の両親は彼女以外の兄弟姉妹を連れてニュージーランドに移住していた。ともに暮らすうちに，自然と彼らが抱える問題の片鱗が顔を出し始めた。私は養女であるその少女と，彼の実娘とが泣いている現場に出くわし，話を聞いたり相談されたりという日々を過ごしていた。

　彼女たちと一人の人間として接する私の目の前にあったのは，「グローバリゼーションに浸食され，荒廃したクック諸島の文化・社会状況」といった「頭でっかち」な社会課題ではなく，「何度も『自殺してやる』と縄を養父に突きつけた」と言いながら私を（わずかに救いを求めるように）見上げる少女の眼差しであった。そのときには，異文化という壁が立ちはだかるというより，目の前にいる一人の他者と私との間の現実が存在していただけであった。それは，なっちゃんのときに感じた断絶と同様のものだった。

　私は彼女の眼差しを前に，ただ立ちすくむことしかできなかった。私は彼女の抱えるものを目の前にして「どうにかしたい」と思った。しかし，私にどうにかできる問題でないことも明らかであった。私は彼女たちの話を聞き，ともに暮らし，同じときを過ごし，彼女たちに真摯に心を傾けたが，私が認めたのはせいぜい「ただ立ちすくむ私」から「隣に佇む私」への変化だけであった。隣にいることはできても，それ以上はなす術がなかった。

　ただ，今振り返って思うのだ。それは，きっと異文化で起きたことだからではない。クック諸島で立ち会おうが，日本で住む家の隣近所で立ち会おうが変わらない。それは，いわば「異文化の壁」を飛び越えて人間の存在に触れる，そんな瞬間であった。それは，異文化でなくても「他者の壁」は等しく厚く存在することを感じるときでもある。

　そう，あなたの隣人との間かもしれない。あるいは，家族との間でも同じかもしれない。

(4) 相手の立場に立ちづらいボランティア現場

　大学院を出た私は，これまで学んだフィールドワークの方法論や経験を地域づくりの現場で活かしたいと思い，地域振興のイベントのプランナーや民

族芸能・芸術のプロデュースに関する仕事をした。そして，一般企業で働くことは向いていないと感じ，フリーランスで仕事を続けることを目指して，NPOのマネジメントとまちづくりについて学ぶために大学院の博士課程に進学した。しかし，仕事と学業の両立を楽しんでいるつもりが身体は悲鳴を上げていたらしく，倒れてしまった。20代の終わりごろの働き盛りで楽しい時期だったが，思い切って数年休み，自分の心身を見つめ立て直したり，家族と過ごしたりする時間にあてた。このときに休養をとってライフスタイルをリセットしたことは，今，育児や仕事の時間を豊かに過ごすためのベースになっていると感じる。

　その後，法政大学に新設されるボランティアセンターのコーディネーターを募集しているのを偶然見つけ，応募し，職を得ることができた。そこで，学生たちと手探りで，学生主体の活動，多くのプロジェクトを生み出していった。楽しく充実した日々だった。

　その一方で，ボランティアの現場は依頼者（ボランティアをお願いする人）と支援者（ボランティアをする人）の間の誤解や無理解，温度差から生じるすれ違いに溢れていた（だからこそ魅力的でもあるのだが……）。

　依頼者の期待と，その期待に応えられない学生，という図式が立ち上がりがちであるのに対し，「いやいや，まずはその『期待』について，解きほぐしてみませんか」と依頼主と対話することが初めに必要性を感じた仕事だった。率直にいって，学生に対する過度な期待がすれ違いの根底にあるように見えた。依頼主は困っているからこそボランティアを要請しているわけで，その求めが切実なのは当然である。そのような依頼者に対して，「ボランティアをする学生の立場に立って考えてください」とお願いするのは酷だと思われるかもしれない。しかし，人と人との関係なのだから一方的では破たんしてしまう。

　もちろん，他方で学生たちに「依頼主の視点」に立って考えられるような機会を設けるようにも努めた。ボランティアを探しにくる学生たちは，「役に立ちたい！」という志を持ってやってくるのである。いや正直にいうと，単に面白そうだからとか，いろいろな経験を積みたいからとか，自分探しの

旅だとか，そのようなケースが過半数である。どちらにしても，何かしら「こういうことに困っているに違いない」という先入観を持ったまま現場に出て躓きを感じる学生や，何をやったらいいか，相手の求めていることが分からないままボランティアを続けている学生が多いように思う。

　学生に限らず多くのボランティア現場も似たような様相ではないだろうか。支援を必要としているその人と同じ境遇に立った経験のない者にとって，相手がどのような気持ちでいるのか，何を求めているのか，理解するのが難しいのは当然である。問題は，相手の立場に立つ方法を私たちがあまり知らないということなのではないだろうか。

　もちろん対話は有効である。しかし，ときには声の大きい人の意見に流れていきがちであったり，言語化できないものは伝えにくかったりという課題も感じていた。ボランティアの現場では大きな断絶があるのを前提として，この断絶を乗り越えるための何かよい方法を探してはどうだろうか。そこで私が思いついたのは，相手の立場に実際に「立ってみる」という演劇的手法である。このような演劇的手法はボランティアの現場ではほとんど用いられていない。ならば自分で作ってしまおうと思った。

●2── ゼミナール：ボランティアにまつわるモヤモヤ
演じることで相手に「なって」しまえるの？

(1) 演劇を使って社会貢献を考え直す授業？

　これまでお話しした通り，私は高校時代に演じた「なっちゃん」を原体験として，頭ではなく身体で感じる，気づくことの力強さを実感していた。役の人物を演じる，すなわち別の人物に「なる」ことを目指さざるをえない演技経験をしていなければ，情報を集めて頭で考えるだけで，ある程度その人の気持ちを分かった「つもり」になっていたのではないか。ということは，少なくとも演じることによって，いかに相手の立場に立つことが難しいかを実感することはできそうだ。つまり，自分は分かった「つもり」になっていただけだ，ということに気づくことができるかもしれない。

　これまで，例えば道徳の時間に「いじめられる側の立場に立ってみましょう」などの目的でロールプレイをした経験を持つ人はいるだろう。ロールプレイは福祉実習の授業などにも用いられている。しかし，その現場の話を聞く限り，何となく分かった「つもり」になっただけで終わってしまったり，おおいに感情移入をしたものの自己満足に過ぎなかったり，あるいは恥ずかしくて笑ってしまい，形式的に課題をこなすだけで終わってしまうなど，課題が多いようであった。

　一方，プロの役者はシリアスに役作りに取り組む。別の人物に「なる」ことが仕事なのだから当然だ。これまで，役の人物に本気でなりきるプロの仕事と，教育現場などで相手の立場に立つために用いるロールプレイの実践は別物として捉えられていたように思う。そこで，役者の実践を参考にしながら方法を作り，試してみたいと思った。私は高校卒業後も演劇を続けていたので役者のメソッドは習得していたし，プロの役者の友人も多くいた。そのような環境を活かして作ったのが，「他者をなぞるように演じる」という方法論である。

　この方法論の特徴は，画家がデッサンをするように微細に演じる対象を観察し，ともかく見たままにコピーするかのように再現することにある。ロールプレイでは，何となく記憶のなかの人物をたよりに頭のなかで空想して演じることも多い。そうすると，どうしても自分の頭のなかにある思い込みに傾いていきがちである。それに対し，微細に観察し，再現するサイクルを繰り返すことで，その思い込みが何度もリセットされる効果を期待した。

(2)　「ひっかかり」をおぼえる出来事を演じる

　この方法を，私は早稲田大学の授業に取り入れることにした。授業のタイトルは「社会貢献のためのクリエイティブな発想と実践」である。我ながらキャッチーな（で，長い）タイトルである。「ちょっと面白そう」と食指の動く学生たちを誘い込みたかったのだ。

　2014年に開講したこの授業では，履修生たちが各々興味のあるテーマを持ち寄り，話し合いながら幾つかのテーマに絞っていった。2014年度履修生56

名は高齢者，地域活性，障碍者，不登校，国際協力，ソーシャルビジネスの六つのテーマを自分たちで設定した。そしてグループに分かれ，それぞれのテーマに沿って授業時間外にフィールドワークやボランティア活動を行った。

履修生には，「現場のなかで『何か心にひっかかりをおぼえたこと』を，自分の意見や価値判断を入れずにニュートラルに写し取って再現すること。そのためにできるだけ詳細に出来事そのままをフィールドノートに書き込んでいくこと」とだけガイドした。

授業中はフィールドワークで見た現実の場面，すなわち各自の「ひっかかりを覚えた場面」を持ち寄り，どのシーンを再現するのかを決め，演じながら配役を決めていった。ともかく，見た通りに忠実に再現することを求めた。そのときに私の提示したキーワードは「代弁者」である。これは，他者を演じることを通してその人物を誰かの前に現前させることは，その人物を代弁してしまう可能性があるという重みを感じて，現実をよく見るように努めてほしいという意図に基づいている。現実にいる人々を参照して再現する際には非常に重要な心構えである。

授業の終盤には，各グループ10〜15分程度の作品を観客参加型の演劇的手法を用いて上演し，観客も参加しながら意見を取り交わす。この発表に向けて毎週，グループごとに現場に行き，そこで体験したことを授業に持ち寄って演じて……を繰り返しながらブラッシュアップしていく。

(3) 聴覚障碍のある学生を演じる──支援を断られた経験をもとに

履修生の一人に奈菜という学生がいた。当時2年生だった。

奈菜は，大学内の障碍学生支援室からの紹介で聴覚障碍のある学生の支援を，授業開始直後に初めて体験した。ボランティア初日，自分の担当する障碍のある学生Mが授業中に前に出て発表する際に，支援者として隣に座っている自分も一緒に前に出てサポートをしようとした。それは支援者として当然だと思っていた。しかし，Mから「大丈夫だから」と制された。その結果，先生とMとのコミュニケーションも，発表もスムーズに進まなかったように奈菜には見えた。「やはり自分がサポートに入った方がよかったのではない

か」「なぜ，拒否されたのか」と，心にひっかかったという。その体験をシーンとして選び，グループのメンバーとともに再現することにした。毎週の授業で格闘しながら準備をし，いよいよ観客参加型演劇の発表会を迎えた。奈菜はMを演じた。

　発表会では，前述の，奈菜がMから支援を断られる場面を再現して見せた後，「このとき，どう支援すべきだったのか」と観客である他のグループの学生に問いかけ，アイデアを思いついた人は飛び入りで劇に参加するよう促した。このとき，学生の一人が「私，先生役をやってみます」と名乗り出た。

　その学生は先生役として，支援者の学生（奈菜役を演じる学生）に対して「一緒に前に出てサポートして」と促した。その瞬間に奈菜と奈菜役の学生は躊躇し，シーンは中断された。

　M役を演じていた奈菜は「今みたいに先生に促されたら，自然な感じだし拒否できないように思う」と言った。それに対して，一緒に演じていたグループのメンバーやその他の学生たちは，「今の提案はどうだったか」という議論を始めた。

　「先生から促されたら支援するのが自然な流れになってよいのではないか」「他の学生にとってもMに障碍があることが理解されるし」などの意見が出た。それに対しグループのメンバーの一人が，「実際に障碍学生支援室にヒアリングに行ったところ，最近は聴覚障碍があることを知られたくない学生の意向を尊重して，遠隔操作で誰がサポートされているのか分からないように授業を受けられるシステムがあるそうです。それについてはどう思いますか」という問いを投げかけた。それに対して，学生の一人は，「本人が『障碍があることを積極的には皆に知られたくない』と思っているのだとすると尊重すべきなのではないか」という意見を述べた。

　このように，授業中には演じ手だけではなく観客である学生も様々な立場を想像しながら，みな真剣に議論をした。活発な議論が展開され，有意味な時間だったように思えた……のだが。

(4) 相手の立場に立った「つもり」だった

　この発表の次の週，授業の最終回に私は奈菜に個人的に感想を聞いた。奈菜は「なぞるように演じる」体験についてこのように語った。

　　　最初は，その人のことを調べられるだけ調べれば，その人のことが分かるだろう，あとは「このときはこうした」とか例をいっぱい調べて情報量を持ってくれば「分かる」と思っていた。でも違った。

　　　私，戯曲を読んで登場人物の気持ちを考えるみたいな授業を受けているけど，それと実際に演じるこの授業とは全然違った。研究者視点で調べて「この人物はこうで」という理解の仕方もあるけど，やってみなきゃ分からないことがある。

　　　例えば「こういう条件で，こういう状況だったら，こうなりそう」と思っても，実際やってみたらこうじゃなかったってことがあった。そこには情報じゃなくて感情が入ってくるからまったく別の方向へ行くということに気づいた。（ボランティアの）仕事だったから，その当時は聴覚障碍者の気持ちには立ててなかったことに気づいた。

　　　実際に演じてみて，私の行動って（相手から見たら）嫌だっただろうなと思った。慌てて来たから（支援をしようと追いかけていったから），目立つようになってしまっただろうし。初めて支援しに来たのに，無神経だったなと反省した。　　　　　　　　　　　　　　　　　　　　　　　（2014年7月25日）

　さらに，発表会から約1ヶ月後，改めて奈菜にインタビューをした。奈菜は前述の発表会での出来事について以下のように答えた。

　　　当事者として……演じてるんだけど，「こういうことって当事者の外で決められていくんだ」と思いました。あのとき，みんなが（Mにとって）よい道を探してくれたんだけど，（Mを演じている）私にとっては疎外感だった。

　　　（「どんな疎外感だったの？」との筆者の質問に対し）もし本人（M）がい

たとしても，きっと同じことを感じたんじゃないかな。女の子（学生役）が
段取りを整えてくれたのも，私（M役）のことを考えて，何が一番いいのか
考えてくれたけど……自分が健常者だと意識してて，私（M役）が「障碍者」っ
ていうような枠に当て込んで考えるのが，嫌だったのかな……。健常者って
安全地帯にいるというか。こっち側にいる健常者が，私（M役）のことを「あ
あしたらいい」「こうしたらいい」って，安全な方から言ってる（と感じた）。

　（本人が「障碍があることを積極的には皆に知られたくない」と思っている
のだとすると，その気持ちを尊重すべきではないかという意見が挙がったこ
とについて）隠さなきゃいけないと思うことも，そうさせている社会って変
だと思った。隠すのが日常化する社会って怖いなって思った。（中略）（以前，
支援室に遠隔操作の依頼が来たことについて）支援者は，一番前に座るから
目立つ。目立つから，遠隔操作ってそれがなくて（被支援者にとって）いい
ことだと思っていた。……（しかし，支援する側に立ってみると）断られ
たとき，「私が行った方が（サポートできるから）いいじゃん」って，やっぱ
り上から目線で見てたのかなって思いました。

　（「でも，障碍者支援，自分なりには，相手の気持ちを考えてやってたこと
なのよね？」との筆者の問いに対して）そうですね。でも，（Mを演じること
で）それとは違う感覚になりました。（中略）あのとき（Mを演じたとき），とっ
さに「みんな耳が悪ければいいのに」って思った。（中略）私，今回の発表の
後に，「Mさんの気持ちを思ってなかったな」って改めて思った。もし，私が
目が悪いとして，目が悪い人多いと気にしないじゃないですか。目が悪いよ
うに耳が悪い人多ければ，もっと（Mさんが）気にせずに済むのになと思った。

（2014年8月12日）

　以上のように答えた後，奈菜はMに支援を断られた経験から，「何だか怖
くなっちゃって」ボランティアを中断していたと話した。しかし，この授業
を経て聴覚障碍学生の支援を再開したという。そして授業終了後，「社会的
課題を抱えた現場で『演じる』ことを通して他者の立場に立ち，対話の場を
開く」ことを目的にした課外プロジェクトを，筆者と他の履修生とともに立

ち上げ，継続的に活動することになった。

(5) 相手のためになる支援とは？

　奈菜は授業開始前まで，自分のことを，人あたりがよく，誰とでも上手く
やれ，浅くなく人と付き合えると思っていた。いじめられた経験も，本当の
意味での敗北の経験もなかった。ボランティア精神もある程度あり，小学生
の頃は「大きくなったらアフリカの困っている子どもたちを助けよう」と思っ
たこともある。自分の資質から考えても，人に貢献するのは向いていると思っ
ていた。一方で，双子の姉妹という，自分によく似た存在が近くにいたので，
「自分と人って何が違うんだろう」ということをよく考えていた。

　障碍者というテーマは，もともと特に興味を持っていたわけではなく，な
りゆきで選んだ。Mの支援は，同じグループのメンバーの紹介で始めた。支
援初日にこの出来事が起こり，その後はMではなく他の人の支援を続けた。
Mの支援は臨時で入った単発の支援だったので，「逃げた」意識もなかった。
そのときは「もしよかったら定時でも入ってくれたらありがたい」と担当者
から言われたが，気が進まなかった。

　しかし授業を経て，自分がMのことを分かっていなかったことを痛感した。
それは大きな衝撃だった。その後，自分に一番近い存在である双子の姉のこ
とも，本当に分かっているのかどうか自信がなくなった。姉とは中学1年生
くらいまで，毎日1回は喧嘩していた。そのときは，自分は正しいから姉が
折れるのは当然だと思っていた。自分から謝ったのは明らかに自分に落ち度
があるときで，数えるくらいだった。本当に「自分が正しい」と思い，「ど
うして姉はこんな態度をとるんだろう」と思っていた。

　でも，初めて「姉から見たら私って何だったんだろう」と思い，家族に対
する態度も，授業をきっかけに変わった。

　あの授業での体験から10ヶ月後，改めて奈菜はこう語る。

　　　私，障碍のある人と会うときに，自分がすでに「かわいそうだ」という目で
　　　見ていたことに気づいた。それで，自分が保育園のとき，知的障碍がある子

と仲がよかったことを思い出したんです。そのときは，その子のことを特別
な眼で見てなかった。いつから自分はそういうふうに思うようになったんだ
ろう。何がそうさせたんだろうって。Mさんに対しても，自分が相手に対し
て「分かりやすく口を大きく開けて発音してあげよう」とかしていることで，
何か優越感のようなものがあったかもしれなくて，だから支援を断られて嫌
だったんだろうって思った。　　　　　　　　　　　　　（2015年 6 月 4 日）

　この自覚を境に，奈菜は自分がそれまで人を「枠組み」で捉えていたこと
に気づいた。あのときも相手を「耳の不自由な学生」として，自分は「ボラ
ンティアをする学生」として捉えていたのだと。つまり，単発の支援だった
ので「今日はよろしくお願いします」という会話くらいで済ませ，Mの名前
も知らないまま，Mを「個人」として捉える大切さに気づかないままボラン
ティアをしていた。そして，自分は「いい人」としてボランティアをしてい
たと気づいた。
　課外プロジェクトを立ち上げ，この演劇的手法を用いて活動を始めた奈菜
は，東京郊外の高齢化団地でのボランティアも始めた。その活動のなかで，
戦争を知っている高齢者と知らない高齢者がいるという当たり前の事実に驚
いた。そのとき，まだ無意識に「おばあちゃん」と一括りにして見ていた自
分にも気づいた。そこで聞いたAさんの話が衝撃的だったこともあり，Aさ
んという「個人」と関わってみようと思った。おそらく，授業後もMのこと
を考えることは多かったのにもかかわらず，実際に再びMと関わる機会は逸
したままだったことが影響していると思った。だからこそ，「ある80代のお
ばあちゃん」ではなく，「昭和○○年に○○で生まれた86歳のAさん」とい
う「個人」として知りたいと思った。
　このようにして始まった奈菜の探求は，やがて新しい演劇的手法「聞きな
ぞり」を生み出した。その手法とは，話し手の語り（高齢者のライフストーリー）
をそのまま再現するというもの。Aさんらの人生をひたすら聴き続ける。聴
くだけではなく，しぐさ，表情もすべて写し取る。「その人そのもの」のよ
うに見えるまでに，人生をなぞり，なぞり続ける。

　これは何なのか。

　「傾聴ボランティア」とは異なる。観たことのない現象を前に，観客は動揺を隠せない。「あれは，Ａさんだったのか，奈菜だったのか」「なぜ，あそこまで誰かになりきることができるのか」「瞬きの仕方や首の傾け方までＡさんそのもので，ぞくっとした」。彼女がＡさんに「なって」いる姿を見た観客は変わっていく。「自分はこれまで本当に目の前の相手の話を聴いていたのだろうか」「ありのままを受け止めるのではなく，相手を自分の分かる範囲で解釈していただけではないか」。誰かの話を「聴く」という行為を根底から見直される。他者を受け止めるとはどういうことかを捉え直すようになる。

　もちろん，私もこのような実践を見たのは初めてだった。初めてのものを言葉にすることは難しいけれど，人間に誰かのことを演じる力が備わっている理由を，演じることの根源を見た気がした。

　あれは何だったんだろう。

　奈菜が聞きなぞりを始めてから７年を経た今も，思う。子育て中の奈菜は今，聞きなぞりを中断しているため，ここ数年見ていない。そのせいか，あの不思議な再現を観た体験を，まるで陽炎のように感じる。

　奈菜自身の個性や解釈を極限まで排除するように努め，ただ「なぞる」という行為に徹するとき，Ａさんの「生」がくっきりと浮かび上がってくるように感じられる。聞きなぞりが再現される時空では，奈菜の肉体はＡさんの人生が再現されるための入れ物としてだけ存在するようだ。しかし，肉体は生々しいものだから，そこには確実に奈菜の生も存在する。その生がＡさんの生と重なるとき。通常はありえないような，二つの生が一つの身体のなかに重なる時空。

　奈菜が自分の目的もエゴも脱ぎ捨てて，自分の身体だけをそっとそこに置いたとき。誰かのために。そっと席を譲るように。

　このとき，相手の立場に立つことも超えているように思うのだ。

　誰かのために何かをする，という出来事の以前に，他者の生を丸ごと受け止め，自他の生が重なり合う時空と体験が，あってもいいと思うのだ。

●ブックガイド●

『被抑圧者の演劇』

アウグスト・ボアール，里見実・佐伯隆幸・三橋修訳，晶文社，1984 年
演劇を用いて社会を改革するための手法を開発し，自ら社会実験を重ねた巨匠。
社会的に抑圧されている人々，そのことに気づいていない人々が，言語化は難しくても身体をもって考えを見つめ表現する方法を生み出した。

『創造人類学入門——《知》の折返し地点』岩田慶治，小学館，1982 年
岩田氏の著書を図書館で偶然手に取り，涙を流しながら立ち尽くした。この本では創造のための思考法の要点として「変身」すること＝相手の立場に立つことを挙げている。解釈と理解の立場を超えて，創造という領域に踏み込むことが必要だと説く。

『他者の発見——演劇教育から人類学，ボランティアと地域活性論への架け橋』
石野由香里，早稲田大学出版部，2021 年
この章で紹介した演劇的手法の理論と，その理論を実践した学生たちによる色とりどりの活動についてのエスノグラフィ。気になる奈菜のその後について，彼女の変化の連鎖も描いている。

私のボランティアの色は白色です。関係性の中で，魅力的な展開になることも，絶望に追いやられることも可能な，柔軟で染まりやすいイメージです

第8章

関係性

他者の他者性に気づく

竹端寛

　私にとって，ボランティアをテーマに文章を書くのは，気が重いことです。それは，過去の自分の傷や痛み，やりきれなさ，と再び直面するような部分があるからです。私は大学生の頃から，震災ボランティアや選挙ボランティアなどに携わりました。豊かな経験が私を成長に導いた一方で，数々の失敗体験やモヤモヤを重ねてきました。ゆえに，本や新聞記事で見かけるような，ボランティアにまつわるキラキラした成功体験や「美談」を，この章で書くことはできませんでした。

　ただ，ボランティアを関係性という視点で捉え直すと，傷や痛みの先には，新たな可能性が広がっているのかも，しれません。「他者や誰かのために」という前に，そこに関わる自分自身がオモロサを感じて取り組んでいるか。他者を導く前に，自分自身を導く（リード・ザ・セルフ）ことに，ボランティアの醍醐味があるし，そこから他者との関係性も変容しているのではないか。

　本章ではそんなことを考えてみたいと思います。

●キーワード●モヤモヤ，傷つきやすさ，オモロサ，関係性，リード・ザ・セルフ

● 1 —— 私とボランティアの物語

苦々しさからオモロサへ

⑴ ボランティア隊で燃えつきる

　1995年1月，阪神・淡路大震災が起きた。当時，京都の実家から大阪の大学に通う19歳の私は，関わりのあったボーイスカウトの救援隊の一員として，被災後の初の週末，西宮に向かう。実家から車で1時間ちょっとの距離なのに，家は崩れ落ち，ガスの臭いがそこはかとなく残っていて，爆撃か何かを

受けたような被害の大きさに胸が潰れそうになったことを，ありありと覚えている。

　被災していなかった中学校の校庭にテントを張って数日間滞在し，西宮港までフェリーで運ばれてきた救援物資をトレーラーから降ろして，教室に運び込むなどのボランティア活動を行っていた。自分ができることを黙々とこなしながら，教室内に逃げてこられた沢山の被災者のことを思うと，本当に大変な災害だと感じていた。

　そして，再開された大学に戻り，同級生と話をしていると，みんな被災地のことは気になるけど，ボランティアをするにはどこに行けばいいのかが分からない，と言う。仲間うちで被災地でボランティアをしていたのは私一人だった，ということも分かってくる。一方，報道を見ていると，京都大学とか神戸大学とかでは学生ボランティアグループが生まれていて，あちこちで活躍している。何かしたいと思う仲間がいるのに，きっかけがないことにモヤモヤしていた。西宮市に開設されたばかりのボランティアセンターのことを私が友人に伝えると，早速出かけてボランティアしてきて，「教えてくれて，ありがとう」と言われることもあった。

　そんな折，たまたまラジオで「学習ボランティア募集」という話題が耳に入った。大手の個別学習塾が，被災地の学校で無料学習塾を開こうと計画している。ひいては大学生のボランティアを募集している，というのだ。

　「これだ！」と思った。体力に自信はなくても，これまでやったことのある勉強なら教えられる。そう思って，仲間に話しかけると，「それ，いいね」となった。私は早速仲間とチラシを作って，「大阪大学人間科学部 1 年ボランティア隊」を組織し，1 年生向けの必修授業で時間をもらって，ボランティア募集を呼びかける。150 人の前で話したことなどなかったので，めちゃくちゃ緊張しながら，震える手で内容を伝えた。すると，学部 1 年生のうちの 3 分の 1 にあたる，50 人くらいの同級生がエントリーしてくれた。よっしゃ，と思って，その学習塾に連絡をすると，なんとすでに募集は締め切って，これ以上拡大するつもりはない，という。

　困った。50 人以上の志願者がいるのに，現場とつなげられない。その一方

で，その学習塾の支援拠点は西宮に限定されていた。それであれば，当時JRの神戸方面ゆきの終点になっていた芦屋まで出かけて，芦屋から神戸にかけて，避難所になっている小中学校を訪ね歩いてみよう，ということになった。そうやってニーズを掘り起こし，どの現場にもニーズがないなら，解散したらよい。でも，自分たちでニーズを確かめることなく，始める前に活動を頓挫させたら，仲間の善意に応えられず，申し訳ない。

そうやって，色々な学校を歩くと，4ヶ所ほどの現場で実際に学習ボランティアをしてほしい，というニーズを掴んだ。小学生の子どもと遊んでほしい，受験間際の中学3年の勉強を見てほしい……。ニーズは各箇所でバラバラだった。そこで，4ヶ所の学習ボランティア事業をスタートさせて，私は誰がいつどこに行くのか，のボランティアマネジメントを仲間たちとすることになった。それから2ヶ月間は必死になって，京都の実家と大阪の大学，そして神戸の被災地を移動しながら，全体統括をしていた。19歳の青年には荷が重すぎて，一杯いっぱいだったが，被災地の学校が再開される前の，3月末まで，必死になって運営業務を担った。

3月末にすべてのボランティア拠点を閉じた後，現場の方々から，「引き続き関わり続けてほしい」とか「交流会に参加しませんか」などと声をかけてもらったが，とてもそんな余裕がなくて，すべてをお断りしてしまった。

一言でいうと「燃えつきた」。

(2) 選挙ボランティアで感じた違和感

そうして，燃えつきて放心状態のようになっていた大学2年生の夏，恩師の高校の先生から電話がかかってくる。「先輩の山井さんの引っ越しを手伝ってほしい」と。山井和則さんといえば，高齢者福祉に関するルポ（『体験ルポ 世界の高齢者福祉』岩波新書）を出しておられて，私も恩師からその本をもらっていた。そんな憧れの先輩の手伝いができるなら，と引っ越し作業に出かけると，先輩は「選挙に出るために引っ越すんだ」と言う。「どういうことですか」と伺うと，「福祉について色々調べて本に書いても，社会は変わらない。政治家になって，霞ヶ関の論理を変えないと，日本の福祉は良く

ならない」と熱く語られる。その言葉が，放心状態だった私の心に注ぎこまれ，こちらの胸まで熱くなってきた。

　「ぼく，手伝います！」

　その時点で，私は先輩・山井和則さんの選挙における「学生ボランティア第一号」になった。ほどなく，私の友人とか，彼が講師をしていた複数の大学の同世代の若者が沢山選挙事務所に関わるようになり，一つのサークル活動のようなものができていった。そして，たまたま「第一号」だったばっかりに，またもやその学生ボランティア隊のリーダーのような立ち位置で，関わるようになる。

　選挙でみなさんが思い浮かべることって，何だろう。駅前などで拡声器を使って演説している候補者。街中で見かける候補者のポスター写真。選挙期間中の候補者名を連呼する車……。この三つはぼんやり浮かぶのではないか，と思う。そして，そのすべてに，学生として関わった。一軒一軒のお宅に候補者の講演会を知らせるチラシを配り，ポスターを貼らせてください，とお願いしてまわる。候補者が得意な高齢者福祉に関する講演会やミニ集会が開かれる際は，会場の準備や駐車場係をする。朝の通勤時間帯の駅前での街頭演説の際に，チラシを配布する。そういったチラシを事務所で印刷し，紙折り機で折った後に必要部数に仕分け，袋詰めや郵送する作業もする……。ありとあらゆる作業をボランティア仲間の学生たちや支持者のおばさま方と取り組んでいった。こんな候補者に国政の場で活躍してほしい。そんな思いで，喜んでボランティア活動を続けていた。

　その風向きが変わったのは，いよいよ選挙戦が間近になったときのことである。当時，無所属だった候補者は，選挙戦直前にある政党に入党した。その直後に，選挙事務所には労働組合の専従スタッフたちが大挙して押しかけ，選挙運動のスタイルがらりと変わり始めた。数々の選挙戦で候補者を勝たせてきた労働組合のおじさんたちにとって，手弁当のボランティアや経験の浅い選挙事務所スタッフには任せてられない，と主導権が入れ替わったのである。私たちは候補者が勝つためには仕方ないこと，とそれを受け入れた。

　だが，選挙戦が始まって，それまでとの違いが鮮明になってきた。労働組合には「動員力」という組織力がある。◯月◯日の◯時に駅前広場に◯名集めろ，というと，その人数がいとも簡単に集まった。私たちがチラシを配って，あちこちに声をかけて，やっと集められるかどうかの人数を，いとも簡単に集めていた。その動員力はすごいのだけれど，そこに来ている人の目が違った。つまんなそうに・所在なさげに話を聞いている人が，少なくなかった。一方，私たちが手弁当で集めた人々は，候補者の話に熱心に耳を傾け，心の底から頷いたり，笑ったりしていた。でも，動員で集められた人々には，その熱意がなかった（ように見えた）し，何より演説が終わるとあっという間にみんな帰って行った。

　私は，労働組合のおじさんに指示され，選挙カーの運転もしたし，駅前に停めた街宣車の上で演説もした。選挙戦の終盤には，労組のおじさんから「泣け」と言われたので，演説をしながら泣いてみせることもした。すべては，山井さんが選挙に勝ってほしい。その一心だった。だが，彼は私が関わった96年の選挙戦では，惜しくも次点で敗れた（その後2000年に当選し，以後20年以上衆議院議員をされている）。

　私はそのときに感じたモヤモヤが心から離れず，卒業論文のテーマとして「ボランティアと政治」を選び，選挙事務所のスタッフや学生ボランティア，労働組合の幹部にインタビューして，自分が経験した2年間のことを自分なりにまとめた。だが，ボランティアへの不全感は強まるばかりだった。

(3) ひき裂かれた自己

　あのとき候補者が選挙に当選していたら，私は元々憧れていた新聞記者を目指すか，あるいは選挙事務所のスタッフをした上で，地方政治家になっていたかもしれない。でも，候補者の落選の挫折感は根強く残っていた。「よいことを主張しても，選挙に通らないのは，なぜなのだろう」と思ったとき，自分があまりに学業を置き去りにして，選挙ボランティアにのめり込んでいたことにようやく気づいた。「ちゃんと勉強してなかった」。そう思って，ちょうど大学院に新設された，日本で唯一の「ボランティア」を看板に掲げた「ボ

ランティア人間科学講座」の一期生として，大学院に潜り込んだ。

　大学院では，福祉ジャーナリストの大熊一夫氏に弟子入りして，精神病院でのフィールドワークを始める。また所属講座は，福祉と災害支援，国際協力の三つの領域の教員と学生が集まっていた。そこで私自身も災害支援や国際協力に関する最新の議論を聞きかじりながら学んでいた。

　院生時代に最も苦い思い出の一つが，またもやボランティア絡みだ。修士２年生の1999年夏，トルコで大地震が起こった。その数ヶ月後に，1995年の大震災の被災地神戸での支援経験のある人々のなかから，神戸の経験をトルコに届けようと救援チームが立ち上がった。所属していた講座からも１人派遣されることになり，一期生の私に白羽の矢が当たってしまった。そのチームの面々は支援現場に継続的に携わっている被災者支援のプロの方々ばかりで，私は学生ボランティアの経験しかない「ひよっこ」である。現地に行っても役立てるはずがなく，できるのは記録班として毎日の活動をニューズレターとしてまとめ，電話回線でネットにつなげて日本に原稿を送る作業くらい。「貴重な義援金の一部を使わせて頂いているのに，全然役立てていない自分がいる」と思うと消え入りそうになり，トルコ料理は美味しかったはずなのに，ストレスで何度か吐いていた。「いったい自分は何をしているんだろう……」。またもや，ボランティアでモヤモヤしてしまう。

　それから10年以上経った2011年春の東日本大震災の折に，再び「ボランティアのモヤモヤ」と直面する。当時，山梨の大学で「ボランティア論」を教えていた私は，「被災地に行くべきだ」と思っていた。でも，３月11日からずっとテレビとツイッターに釘付けになり，福島原発が爆発する映像を見てしまって，怖くなってしまった。また，当時，障害者福祉の制度を変える国の審議会の委員をしていて，そのとりまとめの裏方役もやっていた。その上に震災ボランティアにものめり込んでしまうと，被災地・霞ヶ関・山梨と移動を続けることになるし，自分の身が持たないのではないか，と恐れた。95年以来何度か感じてきたボランティアへの不全感やモヤモヤ，燃えつきのような経験が一挙に再燃したのだ。「行くべきだ（should, must）」と「行きたくない（would like to）」のズレが最大化して，気が狂いそうになった。そのと

きに，「積ん読」していた精神科医 R. D. レインの『ひき裂かれた自己』（みすず書房）をたまたま読んでしまって，そこに書かれている精神病の発症体験が，まさに自分がいま・ここで経験しつつある「ひき裂かれ」体験と極めて似ている，と知って，怖くなってしまった。

　結局，私は被災地ボランティアには行けなかった。だが，「なぜ他の人は行っているのに，自分は行かないのか」と自分を責め続けたし，そのことでずっと後悔し続けた。SNS やメーリングリストなどでスーパーマンのように被災地支援でキラキラ輝いている知り合いの投稿を読んで，気が滅入っていた。「自分はいったい何をしているのだ」と。阪神・淡路大震災，選挙ボランティア，トルコ大震災，そして東日本大震災と，ボランティア活動では充実感どころか，負い目や後悔ばかりしているのである。いったい何なのだ，ダメじゃん，と。

(4) オモロサという発見

　そんなボランティアへのマイナスのイメージが変わり始めたのは，岡山で2015年から始めた「『無理しない』地域づくりの学校」という連続講座だった。これは，岡山県社会福祉協議会が主催して，福祉現場の支援者が，気になる地域課題を見つけ，どう解決していくかを考える 6 回の連続講座であり，私が「校長」役を務め，全国各地で地域の担い手養成を手がけてきた尾野寛明さんを「教頭」にお迎えし，2 人体制で進めた「学校」においてである。

　私は一応「仕事」として関わったのだけれど，その講座のなかで，「誰かの役に立ちたい，地域の課題に取り組みたい，でも自分なんかが何かできるのだろうか」とモヤモヤする受講生のみなさんの魅力を引き出すファシリテーターを担った。そのなかで，「もっと自分を出してもよい」とか，「もっと自分がオモロイと感じることをやってみようよ」と受講生に呼びかけている私に気づく。そう，実はそれって，私自身がボランティアでの試行錯誤や燃えつき，挫折体験をしたときに，かけてほしかった言葉なのである。「真面目も休み休みに」「楽しんでも OK」「自分は何が得意（強み）で，どんなことが好きか，に気づくことが，他者への支援の原点になる」とか，「校長」

役として受講生のみなさんにアドバイスしていたけど，それはまさに自分という「反面教師」から湧き出てきた声だったのだ。

　そして，講座の期間中に，受講生のみなさんが見事に「発芽」していく姿を見て，目を見張るものがあった。みんな，きっかけや場があれば，変わることができる。「どうせ」「仕方ない」と思って，自分の可能性に蓋をしていた人も，仲間やファシリテーターから応援されると，「ちょっとやってみてもいいかな」と気分が変わる。そして，小さな試行錯誤をするなかで，小さな成功体験が自信につながる。そうやって，少しずつできることを増やしていくうちに，より大きな地域課題にも結びつき，それと向き合うなかで，活動はより大きくなる。私自身も震災ボランティアや選挙ボランティアで，そういう試行錯誤のチャンスに恵まれて，成長し，経験値を積んできた。そんな経験値を積むチャンスを，他のみなさんにもお裾分けしたい。

　そういう気持ちで，このプロジェクトが終了した2021年まで，岡山に 7 年間，通い続け，種をまき続けた。すると，今では OB・OG ネットワークができて，それぞれの方が地元で同じような人材養成塾を始めたり，子ども食堂や支援者の出会いの場を作ったりしている。実際に困った現場で何かを支える・変える・補うボランティアだけが，ボランティアではない。色々な現場で活躍する，現場のボランティアリーダーを養成するのも，私にできる大切なボランティアへの関わりかもしれない。そんな風に，今では思い始めている。

● 2── ゼミナール：ボランティアにまつわるモヤモヤ
関係性を変える

(1) リード・ザ・セルフから始める

　前半は，私自身がボランティアに関わりながら感じた苦しさや不全感，燃え尽き，そしてそれを超えるオモロサ，という「経験」を言語化してみた。後半は，その経験から見えてきた「関係性の課題」についてのモヤモヤを解きほぐしてみたい。

　ボランティアといえば，「自分以外の他者のために，対価をもらわず，自分の時間を用いて，何かをすること」という共通イメージがあるだろう。そこでは「他者のため」という目的意識が強く前に出る。もちろん，これはその通りである。でも，「他者のため」に動くときの，自分自身の内面性や動機，感情，想いといったものが，ないがしろにされやすい。実際，私自身がボランティア活動をするなかでうまくいかなくなったとき，「他者や世間に求められること」と「自分にできること」「自分がしたいこと」のズレが最大化して，前者を必死になってこなそうとして，後者をなおざりにしたときに，自分自身がひき裂かれそうになった。

　そこで大切になるのは，社会や他者と関わる前に，自分自身との関わりを見つめ直すことである。それは，リード・ザ・セルフという言葉に象徴されていると思う。

　　「リーダーシップの旅は，『リード・ザ・セルフ（自らをリードする）』を起点
　　とし，『リード・ザ・ピープル（人々をリードする）』，さらには『リード・ザ・
　　ソサエティ（社会をリードする）』へと段階を踏んで変化していく。この流れ
　　をリーダーの成長プロセス，言い換えれば，リーダーが『結果として（すごい）
　　リーダーになる』プロセスと見なせば，リーダーシップをさらに動態的にと
　　らえることが可能になるだろう」（野田・金井 2007：kindle 版）。

　私はこの本に出会って，文字通り「目から鱗」だった。それまでは，ボランティアといえば「人々や社会」を導くものだと思い込んでいた。私自身もそのために必死になっていた。でも，その前に，まず「自らをリード」することができているだろうか。そう矢印を自分の外側から内側にむけて問われてみると，できていないこと，思い至ることがいっぱいあった。

　困っている人，大変な困難に出会っている現場，あるいは気になる社会課題に対して，「放っておけない」と心が動いたのは，私自身の「自分事」である。ただ，その自らの気持ちが動いたから活動を始めたのに，いつしか「自分事」は後回しになっていく。ボランティア現場での人間関係や役割分担な

ど様々な関係性が深まるなかで，配慮すべき関係性が多くなり，それに巻き込まれていく。すると，自分事で始めた活動のはずなのに，気がつけば他者や組織の想いの方が優先され，自分の気持ちや感情を押し殺す場面も出てくる。特に「自分以外の〇〇のために」と自己を抑圧しやすい現場に関わると，そのような想いになりやすい。

　でも，そういう現場だからこそ，「自らをリードする」ためにも，自分の気持ちを抑圧しない方がよい。今の私なら，そう断言できる。他者に想いをはせる現場だからこそ，自分自身の内なる喜びやしんどさ，楽しさや面倒くささ，といった感情に蓋をせずに，その感情を大切に扱い，そんな感情を抱く自分をも認めることが第一歩となる。そのうえで，その感情を含めた自分をうまく導きながら，他者や世間から求められていることと調和させること。それが，自分を導く，という意味でのリード・ザ・セルフだと思う。他者と関わる場面で最初に求められるのは，この部分である。

(2) 他者の他者性と己の唯一無二性

　そのうえで大切なのは，自分が関わる他者の他者性を尊重することであり，結果的に己の唯一無二性にも自覚的になることだ。それには，他者との絶えざる対話が不可欠な根底となる。他者の他者性を意識できるかどうか，で，関係性のなかでの心配事は，最大化・最小化の，どちらの方向にも変化しうる。それは，オープンダイアローグという考え方から，私が学んだことである。

> 「他者がつねに理解を超えた存在であることを忘れてしまうと，かけがえのない他者性に対する関心が薄れ，対話的な余白が狭まってしまいます」（セイックラ&アーンキル 2019：73）。

　「言わなくても分かる」「私の思いを汲んでほしい」……。日本文化に染まっていると，そのような感情を「当たり前」として受け止めやすい。でも，そもそも他人は自分と違う他者である。伝えても理解できる範囲は限定的であり，伝えなければさっぱり分かってもらえない。少し前にはやった「忖度」

は，だいたいにおいてズレてしまう。

　実は，他者は「つねに理解を超えた存在」である。そのことを忘れ，「分かってくれるはずだ」と思い込むと，説明されない限り理解できないので，想いはすれ違う。すると相手に「分からずや」と罵詈雑言を言いたくなる。でも，それは「かけがえのない他者性に対する関心が薄れ」ることであり，他者の声に耳を傾けないが故に，結果的に「対話的な余白が狭まって」しまうのである。そして，関係性のなかでの心配事は最大化していく。

　このことを，ボランティア現場で考えてみよう。ボランティアというのは，する・されるの相互行為から成り立っている。その際，する側とされる側の想いや気持ち，価値観などは，他者なのだからそもそもズレていて当たり前である。一致しているはずがない。だが「よいことをしたい」とか「こうすべきだ」という善意や should/must の考えには，ある一定の価値観が潜んでいる。そして，される側がその行為を受け取る際にも，「こういう風にしてもらえると嬉しい」「あんな風にはされたくない」という価値観が潜んでいる。

　だがお互いが，その価値前提に無自覚なまま，自分自身の価値観を「当たり前の前提」としていると，自分の価値観と相手の価値観のズレに，実際に行為が行われてみるまで，あるいはその後ですら，気づかない。でも，ズレているのだから，当然食い違いやすれ違いが生じる。そして，そういう対立が明らかになってしまうと，する側は「される側はせっかくの行為を喜んでくれないだけでなく，不満や不平があるようで，ワガママだ」と思うし，される側は「押しつけがましい行為はこりごりだ」と，お互いが相手をなじって，腹を立てる。すると，ズレが最大化して，相互行為が単なる悪循環に陥ってしまう。

　このズレを減らすために必要なのは，「他者の他者性」に気づくための対話である。ボランティアをする側・される側が，単に行為をする・される，だけでなく，自分がどんな思いや価値観に基づいてその行為をしているのか，あるいはその行為を受け取っているのか。そういう想いや価値観，お互いの関係性の有り様を，率直に話し合うことが，どこかのタイミングで必要にな

る。もちろん，緊急時や支援行為の最中に，そのような対話は難しいだろう。でも，どこかで腹を割ってしっかり自分の価値観を相手に伝えて，他者の価値観をじっくり聞くことによって，自分と他者にどのようなズレがあるのか，が明確になる。それを知ることによって，他者がどのように自分と違うか，という「他者の他者性」を知ることになる。そして，それは自分が他者の価値観や想いとどう違っているのか，という「己の唯一無二性」にも気づくきっかけともなる。そういう気づきが重なるなかで，関係性のなかでの心配事は，少しずつ減っていく。

　ボランティアという相互行為を通じて，そういう他者の他者性や己の唯一無二性に気づくことができれば，する・されるの関係は，閉塞感や燃え尽き，不全感の関係性を超えて，開かれたものになり，関係性のなかでの心配事が減ると同時に，信頼関係が豊かになっていく。そして，私自身が20代～30代にかけて経験したのは，そのような対話の不足や不在に基づく孤立感であり，閉塞感であった。

(3) 真面目も休み休みに

　さらに踏み込んでいうと，対話の不足・不在や孤立感の裏側には，「現代の真面目病」が潜んでいるようである。先述の「『無理しない』地域づくりの学校」で一緒に関わってきた尾野寛明さんは，こんな風にいっている。

　　「制度の漏れを更に制度で応急処置して，それでも想定外の問題が出てくる。そもそも枠組み自体を考え直さないと，って心のどこかで分かってはいる。けれど真面目だから批判を浴びてまでそんな手のかかることに手を出して評判を落としたくない。真面目に応急処置を続けて，結局みんな疲弊している。そんな状況ありませんか」（尾野・中村・大美 2021：196）。

　ボランティアが求められる現場というのは，「制度の漏れ」が生じている現場である。あるいは「制度」自体がない・ふさわしくない現場である。そのような場面で，求められる「応急処置」をしていても，「想定外の問題」

は沢山出てくる。その際，応急処置こそ自分たちの役目だと，取れるはずのない責任を背負い込んで，抱え込んでも，うまくいかない。でも，多くのボランティア現場で，「真面目に応急処置を続けて，結局みんな疲弊している」というのを，自分でも体験してきたし，あちこちの現場で，そういう疲弊状況に遭遇してきた。これは，どう考えてもおかしい。では，どうすればよいのだろうか。これも，尾野さんはこんな風に教えてくれている。

> 「こうした『真面目病』の呪いを解き放つのが，ゆるさなんです。具体的には『100人の普通の人』のゆるいつながりだと思っています。カリスマでも主役でも何でもなかった人たちなのですが，身の丈で・ほっとけない精神で，面白おかしく身の回りの課題に挑んでしまう。一人ひとりは本当にちっぽけな存在だったものが，100人くらいが束になると真面目な人達には思いつきもしなかったやり方で複雑な地域課題を解決してしまう。そんな人たちが次々と出てきているんです」（尾野・中村・大美 2021：197）。

　一人で抱え込むから燃え尽きる。これが，ボランティアリーダーだった私自身が罹患していた「真面目病」の呪いである。あのときの私に足りなかったのは「ゆるさ」だった。一人で抱え込まずに，どんなことでも仲間にもっと頼ればよかった。私自身，カリスマになろうと背伸びして，なれるはずもなく，疲弊していった。それは，選挙ボランティアでも，トルコの被災地支援でも，3.11の後のひき裂かれた自己でも，同じだった。そもそも初期前提に無理がある「真面目病」ゆえに，自分が苦しくなったのだ。繰り返すと，「ゆるさ」が足りなかったのである。真面目も休み休みに，である。
　では，どうすればよかったのか。それは自分と同じような凡庸な仲間100人とつながろうと，真剣に動くべきだったのだと今なら分かる。私一人では「本当にちっぽけな存在」だ。でも「100人くらいが束になると真面目な人達には思いつきもしなかったやり方で複雑な地域課題を解決」することが可能である。
　真面目に抱え込んだり，ええカッコしたりせずに，できないことはできな

いと素直に認めて，できる他者にお願いする。それこそが，本当の責任感の
果たし方であり，ゆるさが生み出す余白である。そして，ゆるく色々な人と
つながり，助けてくださいとお願いするからこそ，自分一人では想定できな
かった事態にも対処できる。それは，自分自身が無理せずに持続可能な他者
との関わりを継続するうえで必要不可欠だし，それこそが文字通り，リード・
ザ・セルフである。

　そのうえで，色々な他者と対話しながら，自分の弱さやしんどさ，できる
ことやできないこと，他者にお願いしたいことなどをさらけ出すなかで，「他
者の他者性」に気づくことができるし，己の「唯一無二性」にも気づくきっ
かけになる。それが，真面目も休み休みにしたうえで，無理せず，自分のペー
スで他者とゆるくつながり，持続可能な形での関係性を豊かにする契機とな
る。そこから社会によい変化を生み出していく動きがうまれる。つまり，気
づけば自分だけなく，人々や社会をリードすることにもつながっていく。

　ボランティアでモヤモヤし始めて四半世紀たって，やっと答えらしきもの
にたどり着けたのかも，しれない。

　今回，過去の自分の傷や痛み，やりきれなさ，古傷を覆うかさぶたについ
ても描写したが，私自身がそれでも前を向いて進めるのは，今では「対話」
を通じて「他者の他者性」に気づくことの重要性を，骨身に染みて感じてい
るからである。それは己の唯一無二性に気づくことだし，それを通じて「リー
ド・ザ・セルフ（自らをリードする）」が生まれてくる。そして，自分を導く
ことができて初めて，他者との関わりや社会へのコミット（「リード・ザ・ピー
プル（人々をリードする）」や「リード・ザ・ソサエティ（社会をリードする）」）
が可能になるはずだ。しかも，それらを「真面目も休み休みに」「ゆるく」
考え続けるからこそ，何とか面白さを見つけ出しているのかもしれない。

　この章では，私自身のモヤモヤやそれの乗り越え方を言語化してみた。あ
なた自身は，「いま・ここ」で，どんな関係性に，どのようにモヤモヤして
いるだろう。そして，あなたにとっての「リード・ザ・セルフ（自らをリー
ドする）」って，何だろう。

●参考文献●

尾野寛明・中村香菜子・大美光代　2021『わたしをつくるまちづくり——地域をマジメに遊ぶ実践者たち』コールサック社。

セイックラ，ヤーコ＆トム・アーンキル　2019『開かれた対話と未来——今この瞬間に他者を思いやる』医学書院。

野田智義・金井壽宏　2007『リーダーシップの旅——見えないものを見る』光文社新書。

●ブックガイド●自分の殻を破るために

『「わかりあえない」を越える——目の前のつながりから，共に未来をつくるコミュニケーション・NVC』マーシャル・ローゼンバーグ，海士の風，2021 年

　　NVC とは非暴力的コミュニケーション（Non-Violent Communication）のことである。本章では対話の重要性を説いてきたが，しばしば他者とのやりとりはすれ違い，非難や批判の応酬になり，ときには暴力的なものになってしまう。だが，ローゼンバーク氏によれば，それは避けられないことではない。相手から思いも寄らない反応を受け取ったときに，即座に批判や反論をせずに，自分や相手の心の内を観察して，そこにうごめく感情を掴み，それを相手に伝えてみる。そのうえで，自分のなかで満たされていないニーズとは何かを探し当てて，相手にも強要せずにそれをお願い（リクエスト）してみる。それだけで，相手との関係性が劇的に変わる。人間関係で躓き，対人関係で苦労している人なら，この本にヒントが沢山載っている。

『チッソは私であった——水俣病の思想』緒方正人，河出文庫，2020 年

　　緒方正人さんは水俣の漁師であり，自分自身も水俣病の被害者であるだけでなく，身内も水俣病で亡くした。そして，水俣病裁判の最前線で闘い，加害企業であるチッソを恨み続けてきた。だが，あるとき彼は気づいてしまう。チッソが公害を出し続けているのは，「便利な世の中」をみんな求め，その結果について責任を取らなかったからである。自分自身も，石油製品で作られたボートに乗って，テレビを見て，車に乗っている。そもそも，自分が現代文明の上で暮らしていて，その現代文明の歪みの象徴であるチッソを糾弾することが本当にできるのか。自分は被害者であるのは間違いない。だが実は自分自身もまた，チッソと同じような現代文明による汚染に加担していなかったか，と。この問いは自分と他者の不可分の関係性を捉え直すうえで，強烈な問いであり，彼自身がひき裂かれた自己で文字通り「狂った」。でも，そのうえに考えられた論考は，被害と加害，ボランティアする・される，を超えた関係性を捉え直すうえでも，大きなヒントを与えてくれている。

『枠組み外しの旅——「個性化」が変える福祉社会』竹端寛，青灯社，2012 年
　　本章では入口だけしか書けなかった，私自身の「己の唯一無二性」に気づくた
　めの内面の旅の記録であり，リード・ザ・セルフのプロセスを「個性化」に託
　して描いた作品。また，それは自分で思い込んだ「枠組み」というリミッター
　を外して・超えていく旅でもある。自分の殻を破る方法を，この本を書きながら，
　ずっと考え続けて，言語化し続けてきた。もしよかったら，こちらもご覧くだ
　さい。

第III部

「正しさ」から考える
ボランティア

私のボランティアの色はシャボン玉の色。ボランティアは見る角度によってまったく違って見えるから

第9章

紛　争
「正しさ」を疑う

小山淑子

　私は「ボランティア」についてまったくの門外漢です。学生のときに少しだけ大学病院の小児病棟でボランティアしてみたくらいで，しかも医師の横柄な態度に頭にきて，すぐ辞めてしまいました。「ボランティア」という名の下に，労働として認めて対価を払った方がいい場合でも無償で済ませるのはどうかと思っていたりもします。そんなわけなので，この原稿を依頼されても，自分にはボランティアを語る資格はないように思いました。「ボランティア」には「正しい」ボランティアがあるような気がしていて，自分はその「正しさ」を持ち合わせてはいない気がしたのです。でも，待てよ。なんで私は，ボランティアを語るには「資格が必要」だと思っているのだろうか。「正しい」ボランティアって，あるんだろうか。そもそも，「ボランティア」とは何なのか。疑問が次々湧いてきました。私は，大学を卒業してから一時期，国連機関に勤めて紛争地で仕事をしていたことがあったため，「ボランティア」という言葉でまず自分の頭のなかに浮かんでくるのは，軍や武装勢力に志願して自ら参加するという意味のボランティア（volunteer）です。なので，「ボランティア」とは何かについて，まずはそこを起点にして考えてみることにしました。

●キーワード●紛争地，志願兵，国連ボランティア，自発性，有償ボランティア

● 1 —— 私とボランティアの物語
紛争地で出会った「ボランティア」たち

(1) 「ボランティア」の語源

　ボランティアという言葉は，もともとは英語の volunteer からきており，これをカタカナ読みにしてできたという（李 2015：10）。そこで英語辞書で volunteer という言葉をひくと，

1 自発的にサービスを引き受ける，または引き受ける意思を表明する人。

  a 自発的に兵役に就く者。

  b 法的な関心や利害関係を持たないのに，サービスを提供したり，取引に参加したりする者。

2 有価な対価を与えずに財産の譲渡や移転を受ける者。

とある（Merriam-Webster）。まず，「自発的にサービスを引き受ける，または引き受ける意思を表明する人」として，兵役についての意味が登場する。実際，英語ではボランティア（volunteer）という言葉はしばしば軍事的な文脈で登場する。ボランティアの語源はラテン語の voluntarius で，volunt は意欲を，arius は傾向を意味し，言葉そのものに無償性や社会性は含まず，自発性のみを意味するという（李 2015：10）。しかし日本では，一般的にボランティアの三つの条件として「自発性」の他に，「無償性」と「公益性」が挙げられるという（入江 1999）。そして，英語のボランティアという言葉が持つ兵役という意味は，日本語でボランティアの定義を説明する際には，抜け落ちていることがほとんどのようだ。

　私は以前，仕事で小型武器の回収についての調査や元兵士の動員解除や社会復帰の支援をしていた。その仕事で訪れた各地の紛争地で，様々な「ボランティア」に出会った。そうして出会った「ボランティア」たちを取り巻く境遇は，日本語の「ボランティア」という言葉でイメージするものとは異なる様相を呈していることが多かった。だからここでは，日本で一般的に使われるボランティアという言葉の意味をいったん脇におき，私自身の経験から，「ボランティア」とは何なのかについて，考えてみたいと思う。

(2) 砲弾を処理する女性たち

　ある年の春，私は小型武器の回収状況を調査するため，東ヨーロッパのアルバニア各地を現地の NGO 職員の方々と一緒に回っていた。当時のアルバニアでは，ネズミ講に端を発した経済破綻が社会的混乱をきたし，政府も機能不全に陥っていた。軍の武器保管施設にも守衛はおらず，誰でも外から敷

地内に入れる状態だったため，自動小銃などが盗まれて闇市場に売りさばかれたりしていた。ある日，そうした現場の一つである武器保管施設を訪れたときに目にして驚いた。施設の中庭に，大砲の砲弾の山ができていたのだ。さらに驚いたのは，山になっている砲弾のなかから，防御服もつけず素手で火薬を抜き取る女性たちの姿だった。

　聞くと，彼女たちは施設の近所に住む一般の人たちだという。放置された武器庫に，近所の子どもたちが出入りをして遊んでいて，銃や砲弾が暴発して，何人もの子どもが犠牲になったという。しかし，政府，軍もこの状況に対応しないので，これ以上の被害を起こしたくない近所の人々が，やむなく自ら砲弾から弾薬を取り除くことにしたのだという。彼女たちは，防御服はもちろん，砲弾処理の訓練など受けてはいない。もちろん誰からも報酬は出ていない。自らを危険にさらし，自らの意思で「自発的」に，「無報酬」で，安全なコミュニティを作るという「利他」の目的で，自らを危険にさらして砲弾を処理する彼女たちは，まさしく「自発性」「無償性」「公益性」というボランティアの三つの条件に合致するボランティアだったといえるだろう。

(3) 非政府武装組織の志願兵

　一方で私は，こうした一般的なボランティアの条件と必ずしも合致しない「ボランティア」にも出会ってきた。いわゆる，志願兵，それも，非政府武装組織の志願兵だ。例えば，西アフリカのリベリアでは，若い女性の志願者だけで構成されたゲリラ部隊のリーダーを務めていた元兵士の女性と知り合った。戦火のなかにあったリベリアの地方の村で両親と暮らしていた当時10代の彼女は，ある晩，村を襲撃した武装グループによって両親の目の前で集団強姦され，その後，両親が殺害されるのを最後まで見させられた。彼女は命を取り留めて隣国へと逃げたが，その後，自動小銃などの武器を手に，同様の被害にあった同年代の女性たちとともにリベリアへ戻り，武装勢力から村人を守りときには反撃する自警団を組織した。一時は，彼女と同じく志願して武器を取った女性たちが3000人ほど，彼女の傘下にあったという。

　私の友人のなかにも，自らの意思で義勇兵（military volunteer）になった

者がいる。その彼は，1990年代初め，領土問題をめぐる武力紛争に，自らの民族による自治と独立を求め，非正規軍の兵士として戦闘に参加した。当時この地域では，多くの非合法の小型武器が流通していたこともあり，そうした武器を手に取って，正規の軍事訓練を受けていない彼のような一般市民が数多く志願して義勇兵となり，戦闘に参加した。私と出会ったときは，すでに戦闘から10年近くが経とうとしていた。普段は人前で当時のことを語ることは決してなかったが，アルコールが入ると，戦場での生々しい経験を私に話してくれることがあった。「戦争だと，簡単に人は死ぬと思うだろう。そうじゃないんだ。今まで元気に戦場で戦っていた相手を面と向かって殺すのは，本当に力がいるんだ。殺そうとしても，なかなか死なないんだ」。詳しく「そのとき」のことを話す彼は，泣いていた。

(4) PKO（平和維持活動）の国連ボランティア

　紛争地ではもちろん，志願兵以外の「ボランティア」とも出会う。そうしたボランティアの一つ，国連ボランティアは，国連開発計画（UNDP）の下部組織として1970年に創設された国連ボランティア計画という国連組織によって，紛争地域や開発途上国といわれる国・地域に派遣されている。国連ボランティア計画によると，毎年9000名ほどの国連ボランティアが世界各地で開発支援，平和構築，人道支援などの業務に従事しているという（国連ボランティア計画）。国連ボランティアとして国連カンボジア暫定統治機構（UNTAC）に派遣された中田厚仁さんの活動を知っている読者もいるだろう。

　コンゴ民主共和国に展開する国連 PKO ミッションで勤務していた頃は，多くの国連ボランティアの同僚とともに仕事をした。私が従事していた頃のコンゴの PKO ミッションでは，いわゆる途上国と呼ばれる国々から，比較的年齢の高い，豊富な経験と高いスキルを持つベテランたちが国連ボランティアとして従事していた。例えば，高度な航空分野の専門技術が必要とされる航空分野では，ウクライナ人が多かった。国連では財政的理由から，PKO ミッションで使用する航空機などを安価に入札する必要があり，当時，入札で入手可能な安価な航空機やヘリコプターの多くが旧ソ連製だった。そ

して，そうした航空機のメンテナンスを熟知するスタッフはウクライナ出身者が多かったことから，彼らが国連ボランティアとして国連PKOミッションの航空部門に従事するようになったと聞いた。また，仕事をするうえでは英・仏語を使う必要があったことから，英・仏語に堪能な人材を多く輩出するハイチやカメルーン出身の国連ボランティアも多かった。アジア出身のスタッフが少ないなか，同じアジア出身ということで仲良くなった国連ボランティアのAはフィリピン出身だった。Aは孫娘がいるとは思えないほど活動的で，慣れない業務に四苦八苦していた私は彼女の明るい姿を見て何度も励まされた。こうした彼女たちのような国連ボランティアは，PKOの根幹で多岐にわたる業務に従事して，国連による平和維持活動を支えていた。

　こうした，いわゆる途上国出身の国連ボランティアが高い専門知識や豊富な経験を有する一方で，欧米諸国や日本出身の国連ボランティアは比較的若い。彼らの多くは国連ボランティア経験を，国際協力や国連でのキャリアの第一ステップとして捉えている。私の友人にも，国連ボランティアを数年経験してから欧州の自国に戻り，その後正規の国連職員や自国援助機関スタッフとなっていく者たちがいた。日本でも，広島平和構築人材育成センター（HPC）が国連ボランティア計画と人材育成プログラムを共同で実施し，研修履修者を国連ボランティアとして国際機関に派遣する取り組みを行っている（広島平和構築人材育成センター）。国連ボランティアは，欧米や日本の若い人材にとっては，国際協力分野で実務を経験しながら仕事を覚えていくOJT（On-The-Job Training）やキャリア構築の機会を提供する役割も担っているのだ。

● 2── ゼミナール：ボランティアにまつわるモヤモヤ
捉えどころのない「ボランティア」

　このように，私が紛争地で出会った様々な「ボランティア」たちは，それまで日本語で慣れ親しんできた「ボランティア」というイメージには，必ずしも当てはまらない。そして，「ボランティア」という存在を，私にとって，

ますます分からない，捉えどころのないものにしている。日本で一般的にボランティアの条件とされる「自発性」「無償性」「公益性」は，私が出会ったボランティアたちに，いったいどこまで当てはまるのだろう。

(1) その「自発性」は，果たして自発的なのか

　私が出会った紛争地での様々な「ボランティア」たちを思い起こしたとき，まず疑問が湧くのが，一般的にボランティアの条件とされる「自発性」についてだ。自ら志願して自発的に何らかの行動をとることになったその「自発性」を，疑いたくなるのだ。なぜなら，彼ら，彼女らを「志願させた」ものが何なのかを，考えざるをえないからだ。

　先に例を挙げた，アルバニアで出会った女性たちは，確かに自ら手を挙げて，砲弾の処理をしていた。しかしその背景には，政府機能が麻痺し，軍隊を含めて公務員に給与が支払われず，国のいずれの組織もこの軍事施設やそのなかに保管されている武器を管理していなかったという背景がある。男性ではなく女性が作業に関わっていたのも，男性は家族を養うという経済的な必要から外国に出稼ぎに行っていて不在だったからだ。リベリアの女性ゲリラ兵たちの場合はどうか。リベリアでは当時，武力紛争下で法の統治が崩壊しており，軍や警察が機能していないなかで自衛の必要に迫られていたという背景があった。個々人が自らの意思で行動を起こしたことに変わりはないかもしれないが，その個々人を，そうした行動をとるよう促す，もしくは，そういう行動をとらざるをえない背景・構造があったことは，見過ごしてはならない。

　「でも，世界には過激派テロ組織のような存在もあるじゃないか」と，あなたは思うかもしれない。「武装勢力に自ら参加して，戦闘に参加することを志願した戦闘員たちは，自ら志願して自爆テロまでやってのけるではないか」と。では，過激派武装組織の戦闘員の自発性の実態はどのようなものなのだろうか。

　UNDP は2017年，過激派に参加した元戦闘員たちにサーベイと聞き取り調査を行った（UNDP 2017）。そのレポートによると，彼らが武装勢力に自

らの意思で参加したその理由の多くが，本人たちを取り巻く外的環境による
ものだったことが分かる。志願した第一の理由として，宗教的理由が挙げら
れるのだが，掘り下げていくと，彼らの多くが，自らが信じるとしている教
義について読んだことがない，または理解していない，と答えており，宗教
的理由は実質的には主要因ではないことが分かる。それよりも，雇用機会が
ないこと，また，辺境地域の出身で，社会・国のなかでも孤立した環境で育っ
たこと，そして，幼少期に親からのネグレクトを経験していることなどが明
らかになった。しかし，このような生育環境や経験をしたからといって，過
激派組織に志願するとは限らない。実際に，志願しなかったものも多くいる。
何が，分かれ目だったのだろうか。レポートでは，最終的に過激派組織に志
願して参加することを決めた者の多くが，その直前に「政府軍によって家族・
友人を殺された」経験を持ち，この，身近な人を殺された経験が彼らを志願
へと向かわせた「tipping point（転換点）」であったとしている。彼らは，志
願したのか，それとも，自らのコントロールが及ばない背景や環境によって，
志願させられたのだろうか。

　コンゴ民主共和国のある若い元兵士は，なぜ，武装勢力に志願したのかと
聞かれ，こう答えている。

　　「私がこの状況を選んだのじゃない。この国は戦争してるじゃないですか。そ
　　うしたら，私たちに残された選択肢はそう多くはない。逃げるか，戦うか」
　　（Brett & Specht 2004：108）。

(2)　「自発性」を掲げることの暴力性

　もう一つ，「自発性」という言葉で想起される「モヤモヤ」として，「自発
性」を掲げるがゆえの暴力性がある。先に，「自発的」に参加した志願兵だっ
た私の友人の話をした。戦闘に参加し，明確な勝敗がないまま社会に戻って
きた彼には，その後の人生で政府からも，参加していた武装グループのリー
ダーやメンバーからも，また家族や地域からも，サポートがなかった。彼の

ような元志願兵の多くは，敵味方関係なく，戦争が終わり戻ってきた自分の社会のなかで，孤立を深めていく。私が出会った別の元兵士は，「戦場に行った経験は，同じく戦場で経験をした者同士じゃないと分からない。唯一自分の気持ちを分かるのは，敵の兵士だ」と言った。「自分たちがほしいのは，自分たちの魂を支えてくれるサポートだ」と。そして「この気持ちを分かるのは，自分の家族じゃなく，自分と戦った敵の兵士だけなんだ」とも。

　こうした動員解除後の社会復帰における問題は，正規の部隊で参戦した戦闘員にも見られる。例えば，イラクやアフガニスタンでの対テロ戦争などに従事したアメリカの現役・退役軍人の多くが重度の心的外傷後ストレス障害（Post-Traumatic Stress Disorder：PTSD）に苦しんでいることは，近年日本でも報道され広く知られるようになった。しかし，こうしたアメリカ軍のような正規の軍隊でなく，非正規の武装勢力部隊に参加した元兵士たちにはさらに，「自分の意志で参加したのでしょう？」という言葉が投げかけられる。自己責任論で突き放される。社会や組織で彼らや彼らが体験してきたことを受容しサポートするのではなく，無視，そして排除する。私はここに，「自発性」を掲げることの暴力性を見ずにはいられない。また同時に，「自発的に」志願を促すことで，自分でない誰かを戦場で戦わせる，社会の巧妙さも感じる。「自発性」は，そうした社会による元志願兵を「切り捨てる」ことの，免罪符になってはいないだろうか。

(3) 国連ボランティアと雇用形態による格差

　実は国連ボランティアは，「ボランティア」という言葉はつくが，有償である。この，国連ボランティアが有償ボランティアであるということもまた，私をモヤモヤとした気持ちにさせる。それは，国連ボランティアが有償であるということに対してというよりは，PKOの現場で出会った国連ボランティアたちとの出会いを通じ，「こんなにスキルも経験もあるのに，国連ボランティアというだけで，なぜこれほど正規職員と待遇が違うのだろう」という疑問によるところが大きい。国連ボランティアの位置づけ，そして国連内での国連ボランティアへのまなざしが，国連組織における人員の間の格差と分

断，ひいては雇用形態による階級社会を示唆しているように，私には思えるのだ。「この待遇の違いを正当化することに，『ボランティア』という言葉が使われているのではないか」と。

　先に触れたように，国連ボランティアは現場での重要な業務の担い手であり，実際に，高い専門的スキルを持つ経験豊富な人材が少なくない。加えて，正規の国連職員を配置するには時間がかかりすぎるため，比較的短期間で人員を配置できる国連ボランティアは，間隙なくオペレーションを進めるうえで重要な存在だ。国連ボランティアにかかる人件費は正規の国連職員やコンサルタントの4分の1程度で済むことから，「安価な労働力（cheap labour）」として捉えられる側面がある（UN Volunteers 1996）。

　国連ボランティアと正規の国連職員との間の待遇格差は，以前から指摘されてきた。例えば，国連職員が紛争地など大きな危険を伴う任地に赴任する際には危険手当（Danger Pay）が給与に上乗せされて支払われる一方で，国連ボランティアは危険手当の受給資格がない。もっとも，こうした状況は少しずつ改善されてきており，2021年の国連ボランティア計画の報告書によると，勤務環境が厳しい任地で勤務する国連ボランティアには，ウェルビーイング・ディファレンシャル（Well-Being Differential：WBD）が支払われるようになっている（UN Volunteers Programme 2021：36）。

　「国連ボランティアをするという選択は，ボランティア当人たちがしたことなのだから，別によいではないか」という意見もあるだろう。実際，私の国連ボランティアの同僚も，正規職員に見劣りしないスキルや経験を持ちながら，「自国での給与と比べれば国連ボランティアで得る収入の方が高いので，国連ボランティアのままでもいい」と言って，国連ボランティアとして勤務を続ける者が少なくなかった。ただ，ここで忘れてはいけないのは，先のアルバニアの不発弾処理や各地の志願兵の例でも挙げた，「自主性」を促す背景と構造だ。国連ボランティアをするということは，他に選択肢があったなかで，選んだ結果なのだろうか。それとも，それ以外の選択肢がないなかで，選ばざるをえなかった結果なのだろうか。

⑷ 「コスパ」の魅力と代償

　国連ボランティアが国連やドナー国政府にもたらす「コストパフォーマンスのよさ」は，国際援助の世界において，依然として大きな魅力となっている。国連ボランティア計画のホームページでは「国連ボランティアと同レベルの技能と経験を持つ専門家を，通常の職員として派遣する場合，この3〜4倍の費用がかかると見積もられており，国連ボランティアは財政的にも貢献をしています」と述べている（国連ボランティア計画）。ここで謳われていることからも分かるように，国連ボランティア計画自身も，国連ボランティアの活用がコスト圧縮に貢献していることに自覚的であるし，またその財政的な優位性をアピールしている。

　確かに，組織運営の立場からすれば，財政コストを圧縮できる存在はありがたい。しかし，実際の現場では，待遇の違いは業務に従事する者たちの間に軋轢を生みかねないことも，想像に難くない。長く国連ボランティアとして従事した経験者は，ある報告書で，自分たちが国連ボランティアであることが，「残念ながら私たちを二流の労働者だと考える人たちを生む」と述べている（UN Volunteers 1996）。また，待遇の違いは，任される業務にも反映され，「給料の高い人がより価値のある仕事をするという区別」を生み出し，その区別が，正規職員と国連ボランティアの間に分断を生んだとも報告されている（UN Volunteers 1996）。「コスパ」の代償が職場におけるスタッフの間の分断であるならば，それはあまりにも高い代償だといえないだろうか。

⑸ 「紛争地のボランティア」と日本の私たち

　こうした紛争地の例や志願兵の例と日本に住む「私たち」の話は，切り離されたものだろうか。私には，私たちもまた，こうした「紛争地のボランティアたち」を取り巻く様々なモヤモヤに取り巻かれていると思えてならない。

　例えば，コスパとボランティアの話はどうだろう。日本でも，「有償ボランティア」は普及してきている。その背景には，1980年代後半から，在宅福祉サービスへの需要が高まりマンパワーが不足し，従来のような無償ボラン

ティアに依存するのには限界があるとして，有償でボランティアを募ったことが背景としてあるという（小野 2005：12）。「有償ボランティア」は，ボランティアの条件であるはずの「無償性」を満たしてはいない。しかし，「有償ボランティア」はその後，1993年，厚生省の『国民の社会福祉に関する活動参加の促進を図るための措置に関する基本的指針』により，「新しいボランティアの形」として認められ，推奨されていくこととなった（小野 2005：13）。

　日本ではこのように，「ボランティア」が「公共サービスのすきまを埋める存在として期待されてきた」（李 2015：18）という。そして，先に挙げた在宅福祉サービスの分野でいえば，この「すきまを埋める存在」の多くは，「労働ではなく，住民の助け合い」という名のもと，「50歳代，60歳代の比較的高齢の主婦層」であった（小野 2005：12）。そして，彼女たちだけでは不足するマンパワーを，「有償ボランティア」という新たな形態を設けることで，それまでパート労働に従事していた30歳代，40歳代の主婦層から補充・充填していった。ここで行われたのは，パート労働の賃金と競合する程度の額の供与であり，より高い賃金設定をして在宅福祉サービス分野における全体の賃上げを行い人材確保するという構造的な問題解決ではなかった。また，1980年代当時はこの安価な労働対価の提供ですら，有償ボランティアはボランティア本来の「精神的基盤を危うくする」として，批判されたのだった（小野 2005：13）。ボランティアの精神的基盤は，ボランティアの有償化で崩れるようなものなのだろうか。

　そもそも，ボランティアの精神的基盤とは何なのか。何か正しい解釈があり，そこに当てはまらない姿勢でボランティアをする者は，断罪されるのだろうか。そして，ボランティアを精神論で語ることは，ボランティアをする個人，そしてその人を取り巻く環境，構造，権力関係を不問に付すことにならないか。公的機関や公共サービスの機能不全を，「ボランティア」個々人の努力や気持ちの問題として読み替え，放置していくことは，単なる問題の先送りではないだろうか。在宅福祉サービスの分野で有償ボランティアが登場して以来40年が経とうとしているが，ケア労働の多くは，いまだに無償，もしくは有償であったとしても低賃金であるという現状は，変わっていない。

　「さすがに，日本の人は志願してゲリラ兵にはならないでしょう」と，あなたは思うかもしれない。そうだろうか。ちょうど100年ほど前の関東大震災の後の日本には，自警団を組織して殺戮に参加した，市井の人々がいた。それは，私たちの町で起こった。私自身は，同じような状況に身をおいたときに，自分が加害行為に加担しないと，言い切ることができない。こうあるべきという信念や想い，その人にとっての「正しさ」に突き動かされた先にある危うさを，私は意識せずにはいられない。だから，せめて自分の信じる「正しさ」への猜疑心が，引き金を引く指を，ナタを振り下ろす手を，留めることになりはしないか。そんなことを思いながら，今日もこの捉えどころのない「ボランティア」という言葉の意味を，考えてみる。

●参考文献●

入江幸男　1999「ボランティアの思想」内海成治・入江幸男・水野義之編『ボランティア学を学ぶ人のために』世界思想社，4-21 頁。

小野晶子　2005『労働政策レポート 3 「有償ボランティア」という働き方──その考え方と実態』労働政策研究・研修機構，https://www.jil.go.jp/institute/rodo/2005/003.html（2022 年 12 月 23 日閲覧）。

李永淑　2015『小児がん病棟と学生ボランティア──関わり合いの人間科学』晃洋書房。

Brett, R. & I. Specht 2004. *Young Soldiers: Why They Choose to Fight*. Boulder: Lynne Rienner.

UNDP 2017. *Journey to Extremism in Africa*. New York: UNDP.

United Nations Volunteers 1996. *Volunteers Against Conflict*. Tokyo: United Nations University Press.

United Nations Volunteers（UNV）Programme 2021. *2022 State of the World's Volunteerism Report: Building Equal and Inclusive Societies*. Bonn: United Nations Volunteers（UNV）Programme.

（ウェブサイト）

国連ボランティア計画「国連ボランティア（UNV）とは」http://unv.or.jp/about（2022 年 2 月 13 日閲覧）。

広島平和構築人材育成センター（HPC）「実施体制──UNV」https://peacebuilderscenter.jp/program/unv-2/（2022 年 2 月 13 日閲覧）。

Merriam-Webster, https://www.merriam-webster.com/dictionary/volunteer（2022 年 2 月 13 日閲覧）

●ブックガイド●

『砂漠の空から冷凍チキン』デレク・B・ミラー，加藤洋子訳，集英社文庫，2018年
　　湾岸戦争当時とシリア内戦以降のイラクを舞台に，一人の少女を救おうと奮闘
　　する元兵士と記者を描いた小説。フィクションだが，実際の人道援助の現場の
　　雰囲気をよく表している。

『平和のつくり方——紛争地帯の国連ボランティア』
　　国連ボランティア計画編，小山田英治・北村治他訳，清流出版，1999年
　　本文内でも取り上げた *Volunteers Against Conflict* の日本語訳。平和構築分野に
　　従事する国連ボランティアたちの現場体験やジレンマについて記した本。

『証言集　関東大震災の直後　朝鮮人と日本人』西崎雅夫編，ちくま文庫，2018年
　　1923年の関東大震災直後から始まった虐殺行為についての，市井の人々，子ど
　　もの作文，文化人，公的資料などが伝える証言を収める。

私のボランティアの色は黄土色。足の下の地面のようにそこにあり，華やかでも特別でもなく逃れようとも思わない

第10章

アート

人に必要な知識を伝える道具

池田泰子

世界中の人々が，ボランティア活動でも日常の何かでも自分にできるよいことを一つ行えば，素晴らしい未来が待っていると，私は本気で信じています。

私は小さい頃から自然が好き！　未来を生きる人や生き物に，私のように自然の恩恵を受けてほしいと願い，持続可能な世界を目指し，美術やデザインを職業としていることもあり，主にアートを生かしたボランティア活動を行っています。現在は大きく二つのボランティアに関わっています。一つは動物園や植物園で広く環境（問題）を知ってもらうためのデザインをしたりワークショップを行ったり。もう一つは設立より約15年，ボルネオ保全トラスト・ジャパンという認定 NPO の理事として，デザイン，広報，環境教育ワークショップなどのボランティアをしています。

この章の前半は，アートやデザインのボランティアをすることになった些細な体験を，後半には，試行錯誤の連続で行っている勤務先での大学生との工作ワークショップボランティアの体験を紹介します。

●キーワード●動物園，ボルネオ，環境教育，ワークショップ，アートボランティア

● 1 ── 私とボランティアの物語

心が動いて，ボランティアにはまる

(1) 無縁だったボランティアという感覚

私が最初にボランティアを意識したのは今より27年前，30歳くらいからかと思う。私が大学時代を過ごした1980年代後半はボランティアという言葉は今ほど日常的ではなく，私も，アメリカ映画のなかにあるような慈しみ深い慈善家の優雅なマダムのイメージか，危険な国に行って命をかける英雄か，

といった極端なイメージしか持っていなかった。また，私の専門とするアートやデザインの世界は魂を込めた有形の制作物を売買することで評価や価値が成り立つ部分があり，ただで魂を叩き売る，デザインという業界の価格破壊にもつながるボランティアは正直胡散臭いという印象を持っていた。

(2) ミッションって何？──スイッチが入った瞬間

　私がときにはボランティア，ときには仕事として，動物園や植物園と関わり出した約30年前，アメリカ・ニューヨーク州の四つの動物園（ブロンクス動物園，セントラルパーク動物園，クイーンズ動物園，プロスペクトパーク動物園）と一つの水族館（コニーアイランドのニューヨーク水族館）の5施設を運営している組織であるワイルドライフ・コンサベーション・ソサイエティのマネージャーであるリンダ・コーコラン氏を訪ねる機会を得た。

　ブロンクス動物園では，巨大な園内を巡りながら，園内の環境を学ぶための施設や，建設中のゴリラの施設（コンゴの森）などを見学させてもらった。そして，動物園は動物たちを見せ物（展示物）にする場所ではなく，訪問者が動物たちの野生のなかでの行動（behavior）やヒトも含めた環境を学ぶ場所であること，その目的は生息地を保全することであり，私たちヒトも持続可能な未来を動物たちとともに築く存在であること，動物園は園長（director）を中心に飼育員と彼女のような広報や教育普及，デザインを担当する三つの柱が連携して仕事をしていることを伺った。その基本となる考え方は，「動物を飼育するのに物理的・身体的に適切な施設で健康な動物を見せていればそれでいい，という時代は終わった。何千もの動物を集めることが動物園の価値ではなく，その動物たちを来園者にどう解説するか，何を伝えるかが動物園の良し悪しを決めるのだ」との考えだ。この考えは，動物園の三つの柱が一体となって自然と社会をつなぐ役割を担うことであり，人に様々な方法で自然の知識を伝えるという技術は，まさに私の専門分野であるデザインの得意とするところであるのだが，日本では当時，前述三つの柱のうち，広報や，デザインに関わる人材がすっぽりと抜けていた。

　「三つの柱の一つが抜けているというのは，実は日本にとって大変なこと

なのではないのか！？」……その疑問に取り憑かれ，その後の5年ほどの間，ヨーロッパやアメリカの動物園などの博物館施設20ヶ所以上を巡ったのだが，「社会が展示やグラフィックス，それに携わるデザイン関係の人材に価値を認めていること」に大きくショックを受けた。

　それから27年経った現在の日本では，教育普及については，多くの公立の自然に関わる博物館施設において，大きな設立の目的の一つに掲げられ，当時とは比べものにならないくらい力を入れられるようになったと感じるが，デザイナーの雇用は依然として非常勤職員に留まっており，社会全体がデザインの伝える力を非常に軽く扱っているのを感じる。

　また，訪問の際に問いかけられたリンダ氏の言葉にも打ちのめされた。「だって，動物飼育や野生保全でどんなにいいことをやったって，誰かが市民に分かるように伝えなきゃ施設として何の意味もないでしょ？　泰子，（自然を大切に想う）あなたのミッションは何？」と聞かれたのだ。ここでいわれているミッションとは，「ものを作るデザイナー，美術家」としてのミッションだ。その問いに私は「美術の技能を使って自然や環境の役に立ちたい」と本音で答えることができなかった。自信もなかった。

　ブロンクス動物園では，刊行準備中のテキストも見せてもらった。テキストは白黒だったが美しいイラストが贅沢に使われ，クイズなど子どもが環境について楽しく学び自ら考える工夫が詰め込まれた冊子だった。ニューヨーク州の公立小学校では環境を学ぶための授業が設けられており，このテキストは希望する小学校に配布されるとのことだった。それ以来，いつか日本の動物園や植物園でも環境教育のためのテキストを作成するようになること，そしてそのプロジェクトに自分が美術の技能で貢献することが，私の夢となり，今に至っている。

(3) 恩返しがしたいから守りたい

　みなさんはご存知だろうか，動物園や植物園に博物館としての定められた役割があることを。動物園や植物園は珍しい動物や植物を見せ物として見せるためだけの施設ではない。動物園の役割としては，「種の保存」「教育・環

境教育」「調査・研究」「レクリエーション」の四つがある。現代では，生物多様性の保全，SDGs の普及など「環境教育」へのニーズがさらに高まっており，前述のように欧米諸国では多くの施設でデザイナーが在籍し，環境教育の普及の面で成果を挙げている。

　ところで，私はおかしいのかもしれないが，幼い頃から「自分は地球に愛されている」と感じており，「愛されたご恩を地球に返さなければ」という脅迫めいた気持ちを抱き続けている。そんな私が地球にご恩返しができそうなことは，多くの学費と時間を費やし学んだ美術が手っ取り早い。歌がうまければ歌うことで，心が優しければその心の優しさで，頭がよければその頭脳で地球にご恩が返せるだろう。私のやっていることは地球へのご恩返しの「押し売り」なのかもしれないが，私の働ける時代の日本には有給ではご恩が返せるデザイナーの席が存在しなかったので，大学の教員という職業に加えて，ご恩返しの「押し売り」をしたいがためにボランティアをやっている。

(4) 体験から学ぼう①──現地に行かなければ分からない

　デザインボランティアにおいては，体験は誰かに任せて情報を受け取り，家にこもってデザインをする方が効率的，と思われがちだが，本気で人に伝えたいと思うなら，頭でっかちにならぬよう，毎回でなくてもいいから自分の目で確かめ考えてほしいと思う。見ると聞くでは大きく違う。些細な体験が，その後の道につながることは多い。ここでは頭でっかちだった若い頃の私の経験を二つ紹介しよう。

　2000年頃から「エイリアンスピーシーズ（移入動物）」問題が話題になっていた。これは，本来そこにいないはずの動物が，人間の都合で持ち込まれ，いつの間にか棲みついて本来の自然が保てなくなるという問題だ。ペットとして持ち込まれたアライグマが逃亡して野生化し，もともと日本に生息していた在来種や農作物を喰い散らしたり，釣りブームにより持ち込まれたブラックバスやブルーギルが在来種の生息域を脅かし絶滅に追い込んだり，ハブの退治を期待して奄美大島で導入されたマングースが，実際に捕獲したのは島のアマミノトゲネズミなどの絶滅危惧種であったりなどが知られている

かと思う。世界自然遺産に指定された小笠原諸島ではヤギが大きな問題になっている。過去に食用として持ち込まれたヤギが野生化し，森林の破壊や表土の流失，固有植物の食害などの問題を引き起こしているのだ。森林の破壊はそこに住む生き物たちの棲み家を奪うこととなり，小笠原にしか生息しない固有種にとって極めて深刻な問題だ。対策としては，命を奪うことは辛いことだが，最後の1頭までヤギを捕らえて殺す以外にないようだ。少しでも残しておけばそこからまた増えてしまい，あっという間に元に戻ってしまうのだ。

　小笠原は本格的なジャングルを思わせる島であり，私は植物館などでその植物の絵を描き，小笠原の自然の貴重さをデザインなどで伝えるボランティアをしていた。しかし島に行ったことはなかった。そんなとき，日本自然保護協会（NACS-J）の機関誌に出ていた「植林ボランティア小笠原ネイチャーツアー」の案内を見て即，申し込んだ。私は，散々話に聞き，書物で読んで知った自然を破壊し続ける悪夢のようなこの島のヤギの現実を，以前から自分の目で見て確かめたいと考えていたのだ。それに植林ボランティアをしながら小笠原の自然を学べるネイチャーツアー，何て楽しそう！と思ったのだった。船に揺られて初めて足を踏み入れた小笠原は熱帯の雰囲気に溢れていて，ワクワクした。でも，このリュウゼツラン，原産地は南米じゃなかったかなあ……美しいハイビスカスもハワイだよねえ……東洋のガラパゴスとうたわれ，固有種を大事にしているイメージがあった小笠原だったけれど……と，東京で得た知識で頭でっかちになっていた私は，到着した瞬間から混乱した。小笠原での滞在は，毎日が夢のよう。海に潜って美しい魚をたくさん見たし，遊び好きなイルカの群れと一緒に泳いだ。ネイチャーツアーでは，気さくな村長兼ネイチャーガイドの方にジュラシックパークのような奥深いジャングルを案内してもらい，マルハチなどの固有植物種とたくさん出会うことができた。念願だった絶滅危惧種のムニンノボタンの古株を見ることもでき，大満足だった。植林のボランティアでは，昼はツアー職員と小笠原の自然の研究者の指導のもと，増えすぎた外来種のネムノキに薬を注入し殺した後に，自生種の植物の苗を植えていった。ネムノキの株は薬を入れて

も根が強く張っていて，なかなか抜けず，1日1〜2本が限界だった。抜けたときにはキューっと悲鳴が聞こえる気がした。外来種だって生きている。だが，この島に生きる生き物たちがバランスを保ちながら暮らしてきたなかに突然外来種を持ち込んだのは人間であり，もともと暮らしていた生き物たちに与えたダメージは計り知れない。持ち込んだのは私を含む人間なのだから，この声に耳を塞いではいけない，それが責任を取るということだ。そんなことを考えながらの作業のなか，私たちが植林をしていた丘のそばの急斜面にヤギの親子が現れた。生まれたばかりの子ヤギだろうか，急斜面を降りるのが怖いのか，内股の足でガクガクしながら，か細い声で「メェーーー」と下にいる母ヤギを呼んでいる。母ヤギは優しい声で「こっちにおいで」というように，「メェーーー」と応える。子ヤギは滑り落ちるように母ヤギのもとへ駆け寄っていった。

　そのとき，私の身体の深い奥底から声にならない叫びが溢れて出た。これまで私は安全で快適な都会で，たくさんの本を読み，学会に参加して発表を聞いてきた。そして，そこで得た情報だけで「最後の1頭まで殺してしまえ！」と考えていた。しかし，実際に島に来て，現実のヤギの親子を見て，そんな単純なことではないと実感した。だが，現実を見たからといって考えが変わるわけではない。「最後の1頭まで殺してしまわなければ」「もともとそこで暮らしていた生き物たちが滅びてしまう」ことに変わりはないのだ。ただ，現実を見る前と見た後では私のなかでその言葉の重みはまるで違うものになった。夜は，地元の自然活動家から小笠原で取り組まれているヤギの駆除の話をじっくり伺うことができた。人間が持ち込んだヤギが原因で森が破壊されてしまったこと，環境を守るために，ヤギを駆逐（殺す）しなければならないこと。命のあるものなので他の場所に移すなど様々な方法を試みたが，うまくいかなかったこと，島民にかかる経済的な負担も小さくないこと，かわいそうだが，一気にバッサリ殺してせめて苦しみが長引かないようにしたいこと。食用にするためならまだしも，ただ命を奪うことに実際に手を下す人たちが平気なはずはない。本当に辛そうな表情が忘れられない。

　ヤギが悪いわけではない。自分たちの都合でもともとそこにいなかったヤ

ギを持ち込んだのは人間だ。その後，人間の事情でヤギは野山に放たれ，増えていった。やがて人間の生活を脅かす環境被害が出て初めて，人は考える。まるで自分のせいではないかのように，ただただ勝手に増えた悪党のように外来種のことを人はいうけれど，そうではない。外来種を持ち込み自然のバランスを壊したのは，ほかでもない私を含む人間だ……。私が，壊した側の加害者人間として，ただ一つ感じる一縷の救いは，壊したものをたまらなく「繕いたい」と思い，そのために行動ができるのもまた，人間であるいうことだ。壊すのも人間なら，壊したものを繕うことができるのも，また，人間なのだ。

(5) 体験から学ぼう②——複雑な想いを背負う

　もう一つの体験は，現在私が最も気持ちを入れて活動をしているボルネオ島との出会いの体験だ。私は，2007年にボルネオ保全トラスト・ジャパンというNPOを仲間とともに設立し，現在も「ボルネオ島に残された熱帯雨林を保護する」「動物と人間の関係を損なう問題を解決する」「命を繋ぐ社会のあり方について考え，伝えてゆく（環境教育）」という三つの課題に取り組み，主に環境教育の部門でボランティアをしている。

　みなさんは赤道直下に位置し，世界で4番目に大きな島であるボルネオ島で起きている問題をご存知だろうか。私たちのNPOの活動域は，島の北部にあるサバ州のキナバタンガン川流域で，世界でも有数の生物多様性の豊かな地域である。しかし，1970年代前半より熱帯雨林はパームオイルを採るためのアブラヤシプランテーションへと変わってしまい，豊かな生物多様性が失われることとなった。パームオイルは「見えない油」と呼ばれ，日本では「植物性油脂」と記載されていることの多い油だ。新生児の飲む粉ミルクから，口溶けのよいチョコレート菓子やアイスクリーム，ポテトチップなどの揚げ菓子，カップ麺に至るまで多くの加工食品，そして化粧品や洗剤などの生活用品，タイヤなどの工業製品にも使われている生活に欠かせない油である。世界でも生産量1位の油で，パームオイルを使わないという選択肢は，もはやありえない。また，「植物原料の油は大気中のCO_2増加抑制に貢献する」「日

本の河川を汚しにくい」など，日本では環境によい油という認知度が高く，今後もパームオイルの需要がなくなることはないだろう。

　私とボルネオ島との関わりは NPO の設立より 4 年前に遡る。

　2003年に，本職であるデザインの仕事として，東京都の多摩動物公園に新しくできる日本最大級のボルネオオランウータンの施設の内装デザイン（情報掲示のデザインやディスプレイなど）を依頼され，1 年半ほどかけて取り組んだことがきっかけだ。動物園などの環境教育を目的の一つとする施設の仕事の場合，正しい情報を表示する必要があり，私はボルネオオランウータンについて徹底的に調べ，動物園に通い，飼育員に話を伺う日々を過ごしていた。そのなかで，私は前述のようなボルネオ島の問題を知った。日本ではまだ認知度が低かったが，国際的には早くから警鐘が鳴らされていた問題であること，パームオイルのおかげでマレーシアの経済が向上し，人々の暮らしも先進国のようにどんどん豊かになっていることなども知った。訪れたことがないボルネオ島だったが，仕事が終了したとき，どうしても自分の目で現状を見たくて，当時 3 歳の幼い息子と 2 人でボルネオ島へ飛び立った。

　事前に資料を見て知ってはいたが，飛行機から見下ろしたボルネオ島は，オイルを採るためのパームツリーが整然と植えられており，真っ直ぐにのびた農業道路が血管のように走っていた。動物たちの棲む熱帯雨林は河岸にわずかにしか残っておらず，人が変えてしまったものの大きさに衝撃を受けた。1970年代前半から2010年までの40年間でボルネオ島のマレーシア国サバ州全体（北海道とほぼ同じ大きさ）の40％もの熱帯雨林が消失したといわれている。

　プランテーションの開発に伴って，熱帯雨林の生き物たちの命と引き換えにマレーシア経済は向上し，街にショッピングモールやコンビニができ，教育熱心な国へと変化したとも聞いていた。悪いことばかりとは言い切れない，その現状も見られることを期待していた。

　情けない話だが，私は英語もマレー語も話せない。航空券を手配してくれた旅行会社に交渉し，日本語ができるガイドを紹介してもらった。ゴロさんと呼んだその人はまだ大学生で，将来はネイチャーガイドになりたいという夢を持っていた。この国のことを知りたい私は，旅行の間ゴロさんとたくさ

ん話をした。ゴロさんは，大学で2ヶ月だけ開講された日本語の授業に参加して昼も夜も寝ずに学習し，あとは独学で日本語を身につけたという。彼の故郷の村はジャングルのなかにあり，村の人は川で魚やエビを捕って暮らしているが，パームオイルのプランテーションで日雇い労働者として働くこともあるという。ゴロさんは幼いときから神童のように頭がよく，村のなかでみなの期待を一身に受け，奨学金を受けて国立大学に進学したとのこと。勉強熱心で私たちの案内に備えて図書館の本で折り紙をたくさん覚えて臨んでくれていた。明るく屈託のないゴロさんに息子はすっかり懐き，私たちは最高の1週間を過ごした。

　上空から見るとわずかにしか残っていないように見えた河岸の熱帯雨林も近くに行けば日本の大樹の1.5倍ほどの高さがあり，鬱蒼と茂った森に入れば，巨木や植物の茂るジャングルのなかはひんやりと心地よく，スコールの多い湿った空気を胸いっぱいに吸い込めば，私も植物も土も水も世界のすべてが混ざり合い，自分も世界の一部であること，命の循環を自然に感じることができた。私たちは，親を失ったオランウータンの孤児院であるセピロク・オランウータンリハビリセンターを訪ねたり，ボルネオ島にしかいない固有種のテングザルを見にボートでリバークルーズをしたり，ロカウィ動物園やイスラムの教会を見学したりして過ごした。

　また，物価がとても安かった。訪れた2006年には何を買っても何を体験しても日本の6分の1くらいの価格だった。完熟マンゴーやマンゴスチン，ドリアンなどをお腹いっぱい食べ，街で売られているたくさんのおもちゃを息子にねだられるままに買ってやっても大した値段にならない。日本で売られているものは，お菓子でも，おもちゃでも，消しゴムのような文房具に至るまでアジアで作られているものが多く，日本でも買える商品がアジアの市場ではとても安く買えるのだ。私は最初，まるで自分がお金持ちになったように感じ，それも気分がよかったのだが，日が経つにつれ，徐々に違和感を抱くようになった。この違和感は，「経済格差」を感じたということなのか。悪いことをしているわけではなく，私がこの国でお金を使うことは，この国にとってもよいことのはずだと思うのだが，それでも一度抱いてしまった違

和感はつきまとった。

　楽しい旅行の最終日，「泰子，最後の１日はどこに行きたい？」とゴロさんに訊ねられ，私は「ミズオオトカゲが見たい」と答えた。ミズオオトカゲはアジアに広く生息する，成長すると２ｍほどにもなる水辺を好むトカゲである。ボルネオにはたくさんいると聞いて楽しみにして来たのに，旅行中あまり見る機会がなかった。

　ゴロさんはちょっと考えて「僕の村に行こう！」と誘ってくれた。ボートで２時間ほど川を遡り到着したその村は，家屋が木や葉などでできた，ジャングルのなかの本当に小さな村だった。ゴロさんがボートから降り立つと，友人や兄弟，お母さんが大喜びで出迎えてくれ，私は村の人に案内されて，たくさんのミズオオトカゲが棲む沼で，ボルネオ島での最後の１日をゆったりと過ごすことができた。

　さて，最後の日なのに，マレーシアの物価が安かったからか，マレーシアリンギットに換金したお金がだいぶ残っていた。私はお世話になったゴロさんに，感謝の気持ちを伝えたく，学費の足しにしてもらえたらと，日本円にして１万円くらいのスペシャルチップを渡そうと考えた。チップの習慣がある国なので，失礼ではない。当時，大人の１ヶ月の給料が３万円くらいと聞いていたので，結構なお金だ。ゴロさんは「ありがとう！」と満面の笑顔で受け取り，そのままそのお金を持って自分の家に走ってゆき，家の前に腰掛けていたお婆さんにお金を見せた。家族や友人たちも大喜びで，みなで家のなかにゾロゾロと入って行ったかと思ったら，バーベキューセットのようなものを持ってゾロゾロと出てきた。そして周りの家にも声をかけ，小さな村で私たちを囲んで，大宴会が始まった。気がつけば，たくさんのご馳走でいっぱいになり，息子は村の若者に，歌に合わせて踊る地元に伝わるダンスを教えてもらい，大人にも子どもにも囲まれて，言葉が通じなくてもとても楽しそう。夜更けまで村で過ごし，たくさん話をした。村の家に鍵をかける習慣はなく，食べ物は自給自足。村に小学校はなく，小学校に通う年齢になると小舟を作り，子どもだけで小舟を漕いで学校に通う。中学になれば遠くの寮のある学校に行く。子どもの未来を考えれば日本と同じように教育にもお金が

かかる。その村ではご馳走という生っぽい蟹を振る舞われ，息子は夜ホテルに戻ってからゲロを吐き，ひやっとしたが，みなでたくさんのご馳走を食べて楽しんだ。ゴロさんの手元にお金は残ったのだろうか……。私がこの村で出会った人たちは，お金に無頓着で，子どもの未来を願い慎ましく暮らす人たちで，経済優先でプランテーションを作り，熱帯雨林や生き物たちを絶滅に追いやり気にも留めない人たちという印象とは違った。私たち日本人も経済を発展させ，人が豊かに暮らせるように自然を切り捨ててしまった時期があるから，今の日本の暮らしがあるのだろうか。豊かになったとはいえ，この国のプランテーションが環境や生物多様性を破壊している事実は変わらない。

　環境保護に熱心な日本の人のなかには，熱帯雨林の破壊を進めるパームオイルの不買運動を起こしたり，地元の人を非難したりする人もいるが，この問題は単純ではなく，様々な側面を知った上で自身がどう行動するかを決断すべき問題だ。私はこれからも「ボルネオ島に残された熱帯雨林を保護する」「動物と人間の関係を損なう問題を解決する」「命を繋ぐ社会のあり方について考え，伝えてゆく（環境教育）」ための活動に力を尽くして取り組むつもりだ。しかし，ボルネオの自然を壊しているのは，自分も含めてパームオイルを使う人間であり，自分が「加害者」であることを肝に銘じた上で活動しなければならない。そして，この問題に取り組むのなら環境や動物のことだけではなく，貧困などの人間社会の問題や，自国以外の国の人の気持ちや考えにも目を向け，自分の目で見て頭で考えることが大切なのだと強く思う。壊すのも人間なら，壊したものを繕うことができるのも，また，人間なのだ。

　●2── ゼミナール：ボランティアにまつわるモヤモヤ
人間って難しい

(1) 私の今のボランティア

　第1節での体験を経て，私は現在，「自分ができること」をアピールしつつ，やれることを見つけてやっている。自分のやりたいことばかりできるわけでもないし，失敗も多いが，無駄な体験は一つもない。

　もともと全国の動植物園など環境教育を目的の一つとする博物館施設での仕事をフリーランスで多くしており，そのご縁からボランティアで国内の動植物園の環境教育のテキストを作成したり，（工作）ワークショップをしたりしている。これからも生物多様性のためになりそうなことは，可能な範囲で受けたいと思う。また，所属する認定 NPO ボルネオ保全トラスト・ジャパンのなかでは団体としてのボランティア活動として，同様の気持ちで活動に臨んでいる。

　現在私は美術大学に勤務しており，希望する学生を指導する形でのボランティアも多い。以下では，ボランティアが初めてという学生の工作ワークショップの記録を紹介する。

(2) 学生の初めてボランティア

　2022年 1 月，私の務める大学の池田ゼミの33名の学生が，京都府立植物園でポスター展を開催した。植物の貴重さや魅力を伝えるための産学連携事業である。その際，学生より声が上がり，植物園と協働で植物の貴重さや魅力を伝えるための工作ワークショップを環境教育ボランティアとして実施することとなった。工作ワークショップのまとめ役には 5 名の立候補者があり，その取りまとめに従って，ポスター展の出展者33名全員が準備作業に協力するという取り決めとなった。実施当日のワークショップの指導（講師）は，事前に練習をして，全員で行った。

　京都府立植物園は1924（大正13）年設立の日本で一番古い植物園であり，約24ha の敷地に（公開していないバックヤードも含め），およそ 1 万2000種類を育てており，京都府指定希少野生生物であるオオキンレイカなどの植物を保有し保全している植物園である。

　学生たちは，実施の半年前，2021年の 7 月より準備をした。まず植物園と植物園による植物の保全活動について深く知るために，植物園の職員に園内を案内していただき，インタビューを重ねた。植物園は綺麗な花を楽しむだけでなく，自生地の調査をしたり，希少野生生物を守り育てるアクティブな場所であることに学生たちは驚いた。

　植物園の様々な活動内容を知るにつれ，「植物の貴重さや魅力を伝えるためのワークショップでのテーマ」に学生たちは最も多くの時間をかけた。まとめ役は週に1回ミーティングを持ち，みなでアイデアを持ち寄った。工作だけでも，植物だけでもない，両方の魅力が引き出されるワークショップとして，「万華鏡」を提案した。お客様と万華鏡を作り，先に透明なプラスチックのケースを取り付けて，種子交換（植物園の行う保全活動の一つで，貴重な植物の種子を国内外の植物園と交換する事業）の際に出る様々な色や形の夢や花柄を入れ，植物園の保全活動の紹介と，植物の紹介をする，という内容のワークショップに決定した。

　ワークショップの内容が決まったのが10月，1日30組，週末の3日間開催，参加費は材料費として300円，公募は当日募集……など，イベントとしての条件が固まった。

　まずは万華鏡の試作から。安価な紙の筒に塩ビのミラーシートをカットして組み立てる。なかのミラーを三角，四角と組み方を変えるだけで見える景色が大きく違う。また，ミラーシートはカッターに慣れない人には加工が難しいため，事前に学生全員で大きなシートから組み立てられるサイズに切り出す必要があった。先につけるアクリルケースは中身を自由に入れ替えられるよう蓋がねじ式のものを探した。得意のデザインで親しみやすいイラストの描かれた作り方のテキストも用意した。

　放課後に，試作を作り，約100名分の工作キットを参加者全員で作る。

　気がつけば，まとめ役の5名が毎日遅くまで作業をしており，みんなで決めたことではあるが，やはり33名全員が事前準備に協力的というわけではない。ポスター展の出展とワークショップの講師体験は参加したいが，事前準備は「バイトなどでさぼる」学生も多かった。また，やりはするが，サイズや仕様が極めていい加減で使いものにならないため，まとめ役による作り直しも多かった。結局は責任感の強い一部の学生とその友人が負担を担うこととなる。仲間同士で波風を立てたくもないのだろう。

　ワークショップの当日はたくさんのお客様で賑わった。学生たちは，オープン前に植物園の学芸員の方に種子交換の植物の話を伺い，植物園による保

全活動の内容を時間のかかる工作作業のなかでお客様にお伝えできたように思う。話すことが得意な学生も苦手な学生も，当日のお客様に対面で教えることは驚くほど上手く，楽しそうで，終了後はみな良い表情をしていた。工作ワークショップは，製作の時間を長くとっていたため，失敗しても挽回する時間がある。お客様ともしっかり向き合える。帰宅後，作品を眺めるたびに保全の話とともに楽しい体験を思い出してもらえたのではないだろうか。

(3)　「無理をしない」にまつわるモヤモヤ

私は「無理をしない」という言葉が嫌いだ。今の社会，個人のペースや気持ちを守ることに重きをおいているのは理解しているが，よほど上手く運営している組織でない限り，みなのロハスを守るために無理して辻褄を合わせている人が必ず数％は出ると思う。前項で紹介した学生によるボランティアはおおむね上手く行ったが，それでも所々に綻びが見られる。

バイトや体調など，自分が約束を抜けるために仕方のない理由は数限りなくある。たいていは「いいよ，いいよ，無理しないで，ボランティアだから無理せず行こう！」と許してもらえる。しかし，協力参加を約束したわけだから，その穴埋めは誰がするのか。自分がされたらいやじゃないのか……。

だが，私もそのようなときは，笑顔で「いいよ，いいよ，無理しないで（私がやっておくから）」としか言わない。私も波風を立てたくないからだ。また，必ずしもではないが，負荷のキャパを超えると，人はもうすぐ事業が終わるという直前や事業終了直後にバクハツすることが多いと感じている。もうすぐ終わるというときにバクハツされると事業が立ち行かなくなるし，終了後にバクハツされると後味悪いことこの上ない。そうかと思うと，無理をしない人に打ち上げの飲み会などで「自分に重い役を振ってほしいのに認めてもらえていない」と文句を言われることもある。

そのタイプの人が重い役を果たし，人としての成長を遂げるとドラマチックで感動的だが，個人的には，真面目で誠実な人がコツコツ努力した積み重ねを実らせる方が，大きく感動する。

私の関わる環境教育となる工作ワークショップや普及教育活動ボランティア

は，人命に関わるわけではないし，気軽に体験できるものが多い。この緩さはそこから来るものなのか。

　また，これまでの話と矛盾するようではあるが，自他に厳しく完璧で緩みがない人はすごいとは思うが，さらに苦手と感じてしまう。マイペース多発より，ガチガチな一人が正論で全体をきつく締める方が，大きく組織が「ぶっ壊れる」気がする。すべてはバランスなのだろうか……。ボランティア活動に限らずではあるが，自分も含めて人の気持ちは難しい。

(4) ボランティアはロマン？

　ボランティアとは，「○○のために」何かをして，自分がその先にある理想の世界が見たい。だから「私たちは○○を実現するために最善を尽くします！」と公約を宣言し，活動をする。この○○には，お金に換えられない，お金どころではない凄いロマンや価値のあるものもある。

　だから，「やってあげる」のではなく「やらせていただいている」という姿勢で臨み，その結果，誰かの役に立てて，理想の世界が見られれば，これほど嬉しいことはない。不完全で未熟な人間にも理想の社会はあってもいい。あなた自身や私自身という可能性無限大の道具を上手く使い理想の社会に向かうのだ。

　私は自分のことを，技能や思考も含め，「地球の道具」と考えている。私という道具はたくさんの人から愛情や教育を与えられ，社会に刺激を受けて作られてきた感情のある道具であり，「デザインをする」「面倒見がよい」「結構ブチ切れる」など複合的なスキル（技術）を備える地球の道具だ。あなたという地球の道具は，これから誰のために何をするのだろうか。とても小さなことでもいい，どうかあなたという道具を使い切って実りの多い人生を送ってほしいと切に願い，この章の終わりとする。

●参考文献●
川端裕人・本田公夫　2019『動物園から未来を変える──ニューヨーク・ブロンクス動物園の展示デザイン』亜紀書房。

田中正之　2013『生まれ変わる動物園——その新しい役割と楽しみ方』化学同人。
日本自然保護協会　2000『会報自然保護』2000 年 10 月号。
坂東元　2008『夢の動物園——旭山動物園の明日』角川学芸出版。
横塚眞己人　2012『ゾウの森とポテトチップス』そうえん社。

●ブックガイド●

『ファクトフルネス——10 の思い込みを乗り越え, データを基に世界を正しく見る習慣』
　　　ハンス・ロスリング＆アンナ・ロスリング・ロランド, 日経 BP 社, 2019 年
　　　自分の思い違いを知ることができる本。この本に書かれている解釈は, 仕事でも,
　　　ボランティアでも, 日常の生活のなかでも役に立つ。自分ほど疑わしいものは
　　　ない。世界を正しく見る習慣を身につけたい。

『小笠原が救った鳥——アカガシラカラスバトと海を超えた 777 匹のネコ』
　　　有川美紀子, 緑風出版, 2018 年
　　　一つの目的のもとに集まった様々な団体やボランティアが手を結び, 現在進行
　　　形で続く環境問題をとりあげたノンフィクション。「一緒なら頑張れる！」未来
　　　を守るために立ち上がり変わり続けた人々の記録が勇気をくれる。

『世界と貧しさの教室——世界の子どものくらしから』
　　　石井光太, 少年写真新聞社, 2015 年
　　　『絶対貧困』の著者による, 小学生からの分かりやすい世界の路上の子どもたち
　　　の暮らしについての授業。自身の考えを押し付けない, 読み手に考えさせる語
　　　りが参考になる。子ども向けだが内容の濃さでこの本を薦めたい。

私のボランティアの色はオレンジ色。明るく刺激的で人をワクワクさせ気分を盛り上げる色だから

第11章

食

ボランティアから気づく社会のモヤモヤ

原田佳子

　大学生のとき，授業の校外実習で学友と二人で水俣に行ったことがあります。当時の厚生省が水俣病の原因は工場の廃液にあると認定したのが1968年。その後，水俣病患者の認定や保障をめぐって市民運動が高まっている最中で，筆者が人生で初めて遭遇したモヤモヤでした。

　先日，映画「MINAMATA」を観賞しました。被害者の生々しい実態が映し出されるなか，チッソ水俣工場でのワンシーンで，チッソの社長がカメラマンのスミスに語った言葉に思わず頷いてしまいました。彼が，工場排水に含まれている有機水銀は ppm のレベルであり，チッソが日本の発展に大きな役割を果たしていることを考えると，わずかな被害者の問題など取るに足りないと豪語したからです。

　筆者が2007年に広島市安佐北区可部にフードバンクを起ち上げてから15年以上が経過。近年，生活に困窮している人々からの食料支援の依頼が増えています。本人の自助では，どうすることもできないと思われる貧困にたびたび遭遇することがあり，コロナ禍の支援では，貧困はわざと作られているのではとの疑念も抱くようになりました。冒頭で紹介した映画のなかのチッソの社長の言葉に私が頷いたのは，そういった日頃の疑問の答えをそこにも見つけたからです。上記の言葉は，国の経済成長という大きな問題を前に，貧困など小さな問題であり，犠牲は仕方ない，と読み替えられるのではないかと。

　この章では，フードバンク活動について紹介し，筆者がこの活動を通じて学んだことを様々な事例を通して示しながら，ボランティア活動で遭遇したモヤモヤとそれを産み出す社会の仕組みについて述べていきます。

　●キーワード●フードバンク，食品ロス，貧困格差拡大，資本主義

● 1 —— 私とボランティアの物語

フードバンク

(1) フードバンクに出会うまで

　30年も前のこと，大病を患った経験がある。かなり際どい状態だったと後に担当医師から聞いた。そのとき，どん底から這い上がるため「私は管理栄養士だ。食べることで病を治そう」と，心のなかで決意した。規則正しい食生活と体調に合わせた食事内容，あわせて早朝ウォーキングを毎日繰り返し，2年後にはみごと返り咲いた。ここでいうのも気恥ずかしいが，「こうして大病を克服できたのは，私にはまだやり残したことがある。そのために，神様が助けてくださったからだ」と心の底からそう思った。そこで，助けていただいた命を誰かの役に立たせたいと最初に行ったのが，がん患者会でのボランティアであった。がんを克服する食事や抗がん剤の副作用を軽くする料理作りなどのアドバイスや相談を，自らの体験を生かし，精力的に行った。「役に立った」「食欲が湧いた」などの言葉をかけてくれるがん患者も出てくるようになった。この経験は，思わぬ効果を私にもたらした。今まで，栄養素の側面でしか食べ物を見てこなかったのが，社会的側面からも見ることができるようになったのである。やがて，その発見は，現在のフードバンク活動につながった。食は，生きることの基本であり，人と人，人と地域をつなぐ。食べ物があれば，人は必ず寄ってくる。食べ物があれば，みんな仲良くなれるという食の持つ偉大な力の発見である。

　私のフードバンク活動が当初から人と人の見える関係性を大事にしてきたのは，フードバンクに集まってくる食べ物に栄養素だけでなく社会的な価値を見出してきたからである。この思いが私の長年にわたるボランティア活動の根底にある。最近，私は，フードバンク活動をこう捉えている。「フードバンクとは，食べ物の力に依拠し，食べ物の力を存分に引き出す活動である」と。

(2) フードバンクの歴史

　まずは，フードバンクの歴史から紹介しよう。近年，テレビや新聞，SNS などにもよく登場するようになったので，活動の内容は知らなくても「フードバンク」という言葉を聞いたことがある読者は多いだろう。

　1967年，アメリカのアリゾナ州で炊き出しを行っていたジョン・バン・ヘンゲルが，スーパーで大量に食料が廃棄されていることを知り，それをもらい受けて活用するために「セカンドハーベスト」を設立した。これが，フードバンクの始まりである。アメリカが発祥の地となった背景には，社会保障制度が脆弱で自己責任が強く求められるが，コミュニティ活動が盛んという，アメリカ社会特有の状況があったと考えられる。

　日本では，2000年に東京都台東区で，2003年には兵庫県芦屋市で活動が始まり，2007年頃から全国に広がっていった。2011年の東日本大震災・福島原発事故をきっかけに一気にフードバンク主体者数は増加し，その後，大災害が発生するたびに，新たな主体が活動を始めている。次第にフードバンクの存在は知れわたるようになり，農林水産省によると2021年8月末時点で151ヶ所を数えるまでになった。特に，新型コロナウィルス感染症拡大に伴い，収入が減った，職を失ったなどの理由で生活に困窮する人が急増し，フードバンクがクローズアップされるようになっている。

(3) フードバンクとは何か

　フードバンクは，一般的には「食べられるにもかかわらず，市場に流通しない未利用食料を，企業や個人から無償でもらい受け，様々な理由で支援を必要としている人や支援団体に無償で分配する活動」と理解されているが，学術的な定義は特に存在しない。筆者が代表を務めるフードバンクでは「食べ物をロスにしない活動」と定義している。

(4) フードバンクの機能

　現在，我が国のフードバンク活動は，それぞれが掲げているミッションか

ら三つの機能に分類できる。生活困窮者支援，食品ロス削減，地域活性である。といっても，これら一つだけを行っているところは少ない。活動当初は，生活困窮者支援から始めるところがほとんどだが，活動が進むにつれ，多くは，

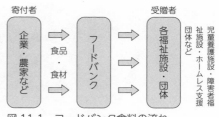

図 11-1　フードバンク食料の流れ
出所）農林水産省「フードバンク」。

食品ロス削減や地域活性など，多面的で多様な活動を展開している。

　図11-1は，農林水産省のフードバンクのページに掲載されている図で，食料の流れを表したものである。この図で分かるように，フードバンクは，食料寄付者と受贈者の間を取り持つ中継地点である。一般でいう流通の役割を担っていて，食料システムの仲卸業者に相当する。しかし，ここで注視してもらいたいことがある。ビジネスには，必ずお金が必要である。一方フードバンクは，食品を扱うとはいえ，いっさいお金が介在せず（配送にかかる経費などを徴収しているフードバンクもある。他国では，安い価格で販売しているフードバンクもある），信頼関係のみで成立している活動という点である。何でもお金お金という時代に稀有な存在ではなかろうか。しかし，それは，むろん容易ではない。寄付者，受贈者との信頼関係を築くには，長い時間をかけ，地道に様々な工夫を重ねるなど並々ならぬ努力の積み上げが必要である。

(5) フードバンクで扱う食料

　寄贈される食料の多くの理由は規格外ということである。ほかには，ロットの関係で余ってしまった，作りすぎた，売れ残ったなどが並ぶ。理不尽としかいいようがないものも大変多い。いずれにしても，栄養的にも衛生的にも食べ物として問題ないにもかかわらず，商品として価値がなく市場に流通できない食品である。

　企業だけでなく，個人からの寄贈も多いが，ここでは，本章のテーマの性質上，事業所から提供される食品に限定して話を進めよう。

　写真11-1は，筆者が代表を務めるフードバンク「あいあいねっと」に寄贈

写真11-1 左は，配送の途中で落としてしまったため，中身は変わらず，賞味期限も十分にあるが，商品としての価値がなくなり，店頭に並べることができなくなったマヨネーズ。中は，飾り切り野菜の残り。切り抜いた部分以外は使われない。右は，人手不足で収穫が遅れてしまい，成長しすぎて規格外となり，出荷できなくなったほうれんそう（筆者撮影）

され処分を免れた食品である。

(6) フードバンクのミッション

先に述べたように，フードバンク活動のミッションは，主体者の活動の目的から見て，生活困窮者支援，食品ロス削減，地域活性の三つである。それぞれの具体的な活動内容を説明していこう。

生活困窮者支援

無償で提供された食品を，必要とする人や団体に無償で分配する活動であり，すべてのフードバンク主体者が行っている。日本でフードバンクがスタートした当初，目的のほとんどは路上生活者への提供であったが，その後，多発する災害などで生活困窮者が増大し，その時々の必要に応じて分配先は多岐に渡るようになった。貧困や格差拡大などの社会の状況により食料の提供先には変動が見られる。

主な提供先は，障がい者施設，若者の自立支援団体，一人親家庭支援団体，高齢者施設，地域づくり団体などで，個人に直接提供する場合もある。

食品ロス削減

食品ロスが生じるのは，大きく分けて食品関連事業者と一般家庭においてである。2020年には合計522万トンの食品ロスが発生した。

　フードバンクに対する食品ロス削減への期待は大きいが，2017年に公表された「国内フードバンクの活動実態把握調査及びフードバンク活動推進情報交換会実施報告書」によると，2018年に全国のフードバンクが取り扱った食品ロスは約4000トンであった。この年の食品ロスが621万トンであるから，わずか0.06％であり，フードバンクが食品ロス削減に量的に貢献しているとはとても言い難いのが現実である。

　しかし，多くのフードバンク主体者は食品ロス削減啓発活動を精力的に実施している。日々大量に食品ロスを取り扱い，その課題に向き合う活動主体者だからこそ，誰よりもどこよりも食品ロス削減について訴える説得力があるのではないだろうか。

　地域活性

　我が国の多くの地域では，とりわけ地方では，若者が流出し人口が減少するなかで人口に占める高齢者の割合が増加している。特に75歳以上の後期高齢者の増加が顕著になっている。これらは人材不足を引き起こし，経済が弱体化し地域の活力が減退するなど，複合的に様々な課題が生じている。

　そこで，提供された食品ロスを活用し，様々な地域活性の取り組みを行っている地方のフードバンク主体者が増えている。道の駅など特産物や郷土料理で地域おこしを行っているところは多々あるが，それを食品ロスに置き換えたと想像してほしい。食品ロス削減および啓発活動と地域活性を同時に行う，まさに一石三鳥である。とはいえ，調整や連携などのマネジメントは増えるわけで，口でいうほど簡単ではない，と言い添えておく。

　本書の趣旨から外れるのでフードバンク活動の実際のオペレーションに関しては触れないが，興味があれば，農林水産省のサイトに全国のフードバンクが紹介されているので，そこから検索していただきたい。

(7) フードバンクを起ち上げたきっかけ

　筆者は2007年に広島市内でフードバンクを起ち上げた。当時，診療所の管理栄養士をしていたが，経済的事情で適切な食事を用意することがままなら

ない高齢者の食事指導に当たることが頻発した。適切な食事が摂取できない高齢者は，すぐに栄養状態が悪くなり，持病が悪化したり，新たな病いにかかったり，ひいては介護が必要な状態に陥りやすくなる。本人にとっても周囲にとってもまことに困ったことなのである。そこで，経済的に困窮する高齢者の「食べる」を地域で保障したいとの思いからフードバンクに注目した。

● 2── ゼミナール：ボランティアにまつわるモヤモヤ
フードバンクにまつわる不合理と不条理

　15年間活動を行っていると，様々な課題に直面する。すぐに解決できるものもあるが，多くは，我々だけではどうしようもなく，モヤモヤのまま引きずっている。ここでは，フードバンク活動に必須アイテムである食品ロスと生活困窮者についてモヤモヤの正体を考えてみよう。

(1) 大量に集まる食品ロス

　活動を開始した頃は，食品ロスに関する知識や問題意識はまったく持っておらず，「もったいないを活用するのはいいことだ」程度の認識しかなかった。しかし，活動が地域内外から支持され評価も高くなると，食品関連事業者をはじめとして農業関係者，市民などから食品ロスも含めて多量の食料が集まってくるようになった。活動当初は年間5トンくらいだったが，年々増加し，2021年には51トンにもなっている。

　ある日のことである。ある事業所から届いた食品は，事務所内の保管エリアの半分を占拠した。「こんなにロスを出して経営は大丈夫なの」と思わずつぶやいた。これは，どう考えても偶発的にロスが発生したとは思えない。たまたまでなければ，いったい何なんだ。このモヤモヤは，筆者の心のなかで次第に増幅し，辿り着いた答えは，社会の構造的な問題だった。だから，たえず再生産されるわけだ。それ以外の理由を思いつかない。

　ここで，日本の食品ロスの実態を見てみよう。

　図11-2は，2020年における日本の食品ロスの実態である。食品ロスに関し

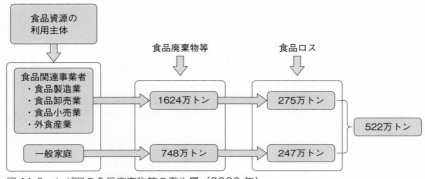

図 11-2　わが国の食品廃棄物等の発生量（2020 年）
出所）環境省「わが国の食品廃棄物の発生量の推測値」を参考に筆者作成。

てはミッションの箇所で触れたが，改めて詳細を見てみよう。

　この図によると，国内の食品流通は大きく分けて食品関連事業者と一般家庭を対象としている。それぞれにおいて食品ロスが発生し，合計の推計値は522万トン。一般家庭からの食品ロスの多さにびっくりするかもしれない。

　それにしても，あまりに大きな数字でぴんとこない。以下の説明を参考に，量のすごさをイメージしてみよう。

・日本の年間の米の生産量は約800万トン弱。522万トンはその65％に相当する。

・522万トンは東京ドーム5杯分弱に相当する。

　それでも，おそらく把握しづらいと思う。とにかくすごい量なのである。これ以外の表現を思いつかないので勘弁いただきたい。

　ここで注意してもらいたいことがある。食品関連事業者と一般家庭では食品ロス発生の原因が異なる。一般家庭の場合はもったいないという表現がぴったりだが，食品関連事業者の場合は，もったいないという精神論で語ると，本質を見誤ってしまう恐れがある。なぜなら，先にも記したように構造的に再生産されるからだ。言い方を換えると，わざと残している。もっと言い方を換えると，儲けるために多めに作る。なんだか悪口を言っているように聞こえるが，そうではない，食品ロスが構造的にしっかり組み込まれてい

て避けることができないのである。そこで売れなければ当然ロスになるわけ
で，社会の仕組みのなかで食品ロスは常に再生産されるわけだ。なるほど，
モヤモヤが一挙に晴れた気がする。

(2) 拡大する貧困と格差

　次は，フードバンクの基幹ともいえる重要な事業の一つ，生活困窮者支援
活動で感じるモヤモヤである。まず，その前に，我が国の貧困や格差拡大に
関する現状をデータで確認しておきたい。

　図11-3は，世帯類型別に見た生活保護受給世帯数の年次推移である。総数
はこの20年間ずっと増え続けている。一番の要因は，高齢者世帯が増加して
いることである。一方，母子世帯は2012年以降漸減傾向にある。気になるの
はその他世帯である。ここには，明細ないが，解雇などによる収入減で生活
保護を受給している世帯が含まれている。2007年のリーマンショック，2011
年の東日本大震災の影響を受けて増え続けたが，近年は減少傾向にある。た
だし，この図はコロナ禍以前のデータであることに注意が必要である。新聞
やテレビなどのメディアは，コロナ禍の影響により生活保護受給者数が増加

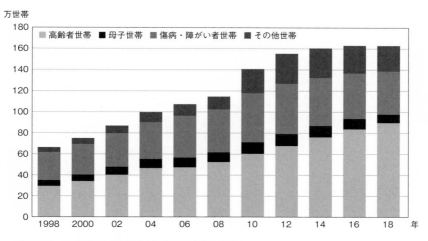

図 11-3　世帯類型別生活保護受給世帯数の推移
出所）厚生労働省「被保護者調査月次調査」を参考に筆者作成。

していると報じている。特に働く世代が直撃を受けており，その他世帯の受給が増加していることは想像に難くない。

　さらに注目すべきは女性の困窮である。コロナ禍は，飲食店や宿泊業などのサービス業を直撃し，それらの産業に多く従事している非正規の女性労働者がより深刻な影響を受けた。

　あいあいねっとは2020年4月から，できるだけ速やかに支援食料が届くよう，緊急を要する人たち個人への支援を開始した。1年半でのべ260名から依頼があったが，60％は女性であり，そのうち半数はシングルマザーであった。

　社会に大変なことが起きると一番にしわ寄せがいくのが，社会的弱者といわれる女性や高齢者であることを痛感する。

　より深い理解を促すため，あいあいねっとに依頼のあった事例を紹介する。

・子ども3人（大学生，高校2年生，中学3年生）のシングルマザー。コロナ禍で収入が安定しない。もともと給料は少なく，ボーナスはない。子どもたちもバイトがなくなり，長女は大学を退学予定。
・夫がコロナ禍で仕事を失い，妻のパート収入だけで家計を支えている。そのパート収入もコロナ禍で減った。借金がある。4月には，子ども2人が入学を控えており，出費が多くなるので不安でいっぱい。
・一人暮らしの69歳男性。清掃の仕事をしていたが，コロナ禍で仕事量が増え，体を壊して退職した。しかし年金だけでは1日250円しか食費に回すことができない。

命に関わるような深刻な内容の依頼もある。

・子どもには食べさせているが，自分は我慢して3日ほど何も食べていない。お金がなく，この1週間もやししか食べていない。
・安いソーメンばかり食べて，この1ヶ月間，野菜や肉を口にしていない。そのせいか口内炎に罹っているが，病院にかかるお金がない。
・死ねば楽になるのではと思うことが，たびたびある。

　あいあいねっとに食料がある限り，依頼を断ることはまずありえない。しかし，フードバンクにできることは「今日，明日，明後日の食料を渡すことだけ」であり，根本的な解決にはならず，深刻な依頼には我々の力だけでは

どうしようもなく，正直なところ頭を抱えている。まずは国や行政が誰よりもどこよりも先んじてやるべきだろう。言葉はきついが，社会保障で解決すべき問題を民間に丸投げしているのではと思うこともあり，モヤモヤはときに怒りに転換する。

　モヤモヤを抱えながら活動を行い，モヤモヤを払拭しようと四苦八苦してきた。そうこうするうちに，目の前の霧が晴れたようにモヤモヤの正体が見えてきた。それは，資本主義という社会の構造仕組みである。

⑶ 資本主義社会とは

　これまで資本主義社会について学校で詳しく教わることはなかったと思う。資本主義とはいわば，今，ほぼ世界を席巻しているオペレーションシステムのことで，パソコンでいえばウィンドウズやマックに当たる。社会のシステムの基礎のなかの基礎である。

資本主義社会の本質は競争

　資本主義社会は一言で表現すると競争社会であり，資本主義経済とは利益を上げ勝ち抜く経済システムのことである。「椅子取りゲーム」を思い浮かべてほしい。限られた数の椅子（儲け，売り上げ，客など）を取り合って闘いを繰り広げる。闘いは熾烈を極め，経済用語で「レッドオーシャン」（血で血を洗う真っ赤に染まった海のような市場という意味）というくらいだ。

　もちろん，企業はロスが発生しないよう生産や売上目標など綿密な計画を立てるが，見込み違いが起きることがある。作りすぎて売れなければロスが出る。一方，足りなければロスは出ないが，みすみす売り逃しを招くことになる。それでは，他者との競争に負け，椅子に座れなくなる恐れも出てくる。そして，競争は延々と続くのである。

資本主義経済と食品ロス

　数年前，ゼミの学生が「スーパーにおける食品ロスの実態調査」を行ったことがある。そのとき某店の店長に食品ロスが出ないようどのような配慮を

しているか質問すると，「食品ロスより顧客ロスの方が心配。客が来るよう，店の棚はいつも食品でいっぱいにしている。食品ロスはやむをえない」という返事が返ってきた。端的に資本主義経済を言い表した言葉である。

　さらには，商品の欠品は絶対許されず，最悪の場合，メーカーや卸売業者などからペナルティを課せられたり，商品を店に置かせてもらえなかったりする。

　現在，世界の多くの国が資本主義経済である。上記のようなことが日本だけでなく世界中の国々で毎日繰り広げられているのだから，膨大な食品ロスが発生するわけである。ちなみにFAO（国際連合食糧農業機関）の報告によると，世界では年間食料生産量の3分の1に当たる約13億トンの食品がロスとなり廃棄されているという。何度も繰り返すが，食品ロスはたまたま「作りすぎた」「売れ残った」のではなく，日常的に再生産されているのである。

資本主義経済と貧困・格差拡大

　椅子取りゲームで椅子に座れるように，企業は利益を上げるのに必死だ。利益を上げるには，大きく分けると，たくさん売って儲けることと支出を抑えることの二通りがある。企業の経営状態を図る指標の一つである労働生産性を用いて考えてみよう。

　　労働生産性＝生産量÷労働投入量（労働者数×労働時間）

　この計算式から分かることは，労働生産性を上げるには生産量を増やすか労働投入量を減らすかのどちらかだということである。生産量を増やすには，イノベーションの活発化や経済政策の成功など，なかなか大変そうだ。それに比べ，労働投入量を減らすことは手っ取り早い。すなわち，労働者の数を減らし，一人一人の労働者をしっかり働かせて労働時間を短縮する。実際には，労働者の賃金を安くする，サービス残業させる，正規の労働者を非正規に置き換える。こうしてコストを抑えようとするのである。

　上記のことは，コロナ禍の影響でたくさんの企業や店が廃業や休業をやむなくされたときに真っ先に首を切られたのが非正規雇用の労働者であったこ

とから，理解できるであろう。

　以上を統計から確認してみよう。図11-4を見ると，1980年代半ばから40年近くの間に，正規雇用者が減少し，非正規雇用者が大きく増加していることが分かる。1990年頃の雇用者に占める非正規雇用者の割合は20％であったが，2019年には40％近くと，雇用者の5人に2人が非正規雇用となっている。さらに理解が深まったと思う。

　次に図11-5を見てみよう。非正規雇用は男性に比べ女性の比率が高く，最近の2021年では2.5倍となっている。これらから，コロナ禍の影響を一番早く受けたのは非正規雇用の女性であることが，よく理解できる。

　コロナ禍に限らず，資本主義経済の仕組みのなかで，いつも割に合わない理不尽な扱いを受けるのは，労働者や女性，高齢者，子どもなどの社会的弱者である。2015年に政府が掲げた「すべての女性が輝く社会づくり」は，女性労働者を増やすことが目的であり，2021年4月に施行された「高年齢者雇用安定法」は働く高齢者を増やすことが目的であるが，これによって，女性が輝くようになったであろうか，高齢者の生活が安定したであろうか。

　政策の中身が整わず，掛け声ばかりで，女性や高齢者は翻弄されていないか。国のため，企業のために都合よく使われる「ppm」のような気がしてならない。

　どうだろうか。私たちが直面している食品ロス発生と貧困・格差拡大の問題は，いずれも資本主義社会の構造的仕組みのなかから生じていることが理解できたと思う。第2節(2)の説明を再度確認してほしい。資本主義社会というフィルターを通して，私たちが住んでいる社会を見ると，モヤモヤの正体である不条理や理不尽の根源がどこにあるのかよく見えてくる。

(4) モヤモヤから学ぶ

　ボランティア活動を始めるきっかけは「何かのため」に役に立ちたいからという人が，多いのではないだろうか。「何かのため」は，「未来のため」と置き換えることができる。今より少しでも，快適な地域を社会を未来のために残したい，という考え。逆に，残したくない何かが現実に存在するという

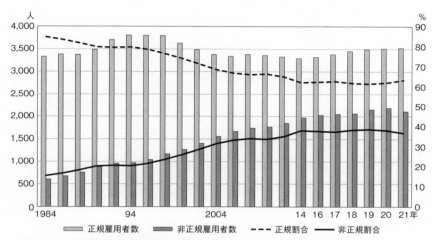

図 11-4　雇用形態別雇用者数と割合の年次推移
出所）総務省統計局「労働力調査」を参考に筆者作成。

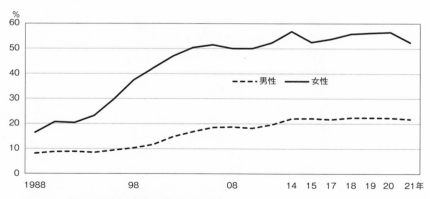

図 11-5　性別非正規雇用者割合の年次推移
出所）総務省統計局「労働力調査」を参考に筆者作成。

ことである。実は，この残したくない存在こそがモヤモヤの正体なのだ。そして，モヤモヤの多くは，経済的に効率が悪いため排除されたヒトやモノ，コトである。経済効率を唯一無二とする資本主義の社会観では，モヤモヤに価値をおくことは稀であろう。しかし，時代の価値観は大きく変わらざるをえない現実に直面している。例をあげれば，気候変動を前に，私たちの社会は，経済効率一辺倒ではにっちもさっちもいかなくなっている。モヤモヤこそが，価値観を変える大きな鍵を握っているといっても過言ではないであろう。モヤモヤと対峙し解決に向けて活動するボランティアの醍醐味は，まさにここにあると考えている。

さて，ここでは，モヤモヤを食品ロスに置き換えて説明してきた。

要約すると，食品ロスの発生が少ない社会は，人間らしい働き方，人間らしい生き方ができる環境が整った社会ではないのだろうか。

このような社会はどのような仕組みを持つのか，どうしたら実現できるのかを考えることは，この国の未来を担う人たちにとって避けて通ることのできないテーマであることを，最後に伝えて筆を置くことにする。

●参考文献●
基礎経済科学研究所　2008『時代はまるで資本論』昭和堂。
基礎経済科学研究所　2021『時代はさらに資本論』昭和堂。
公益財団法人流通経済研究所　2017「国内フードバンクの活動実態把握調査及びフードバンク活動推進情報交換会実施報告書」。
保坂直達　2012『資本主義とは何か』桜井書店。
（ウェブサイト）
環境省「我が国の食品廃棄物の発生量の推測値」https://www.env.go.jp/press/109519-print.html（2021年12月23日閲覧）。
厚生労働省「被保護者調査月次調査」https://www.mhlw.go.jp/content/12201000/000604185.pdf（2021年12月24日閲覧）。
総務省統計局「労働力調査」https://www.stat.go.jp/data/roudou/longtime/03roudou.html（2021年12月23日閲覧）
農林水産省「フードバンク」https://www.maff.go.jp/j/shokusan/recycle/syoku_loss/foodbank.html（2021年12月22日閲覧）。

●ブックガイド●

『未来にツケを残さない』原田佳子他，高文研，2017 年
　　広島と岡山のフードバンクの代表を務める筆者が若い世代に向けて著した本である。フードバンクの成り立ちや活動の実際に加え，我が国の食品廃棄物の現状や高齢者の食と健康の問題について論じている。

『瀬戸内食品ロス削減団──フードバンク活動入門』
　　原田佳子他，クリエイツかもがわ，2022 年
　　執筆陣は，広島，岡山，山口，愛媛，香川で活動するフードバンク代表者たち。フードバンク活動の内容を紹介するとともに，食品ロス発生に関する我が国の食の歴史や構造，SDGs との関係など，フードバンクを取り巻く環境が多面的に分かりやすく解説されている。

『食大乱の時代』大野和興・西沢江美子，七つ森書館，2008 年
　　人々の食を支え，それにより土や水などの自然環境を守ってきた食と農の現場が直面している問題に迫る。問題を産み出している社会の仕組みを解明し，その課題を展望する秀逸な作品。

私のボランティアの色は赤。今の社会に「ここが足りない！」と知らせる存在

第12章

医　療

労働とボランティアの境界

竹中健

　1990年代半ば頃より，大きな病院では院内にボランティア組織がおかれるようになりました。受付の近くで初めて来院した患者を案内したり，車椅子を押したりしているボランティアの存在に，みなさんも気づくことがあるかもしれません。この章では，おもに病院で活躍するボランティアさんを見ていきます。

　また，各論の最終章にあたり，ボランティアを社会の仕組みとしてどのように評価するのかについても考えていきます。「労働」と「ボランティア」は，本来とても近い概念です。社会によっては，この二つは連続しています。どちらも他者のため（すなわち社会のため）の行為であることには，違いがありません。すべての人にとって暮らしやすい社会の仕組みを考えるとき，「労働」を主とする社会を目指すのか，「ボランティア」を維持・拡大させる社会を目指すのかは，もう少し慎重に考える必要があります。

　ボランティアは，現時点ではまだ存在していなかったり欠落したりしている社会機能の穴を埋め，新しいサービスを実践する取り組み，新たな関係性を創り出す試みとしては極めて優れた仕組みです。その一方で，ボランティアが担っている社会活動は，仮にそれが人々に評価され，希求され，社会の仕組みとして定着することが期待されるものならば，それらの活動は早急に制度化され，市場原理もしくは公的な支援のなかへと位置づけられるべきです。もしかしたら，ボランティアの最終目標は，その活動がボランティアの手から離れて，社会に定着していくことにあるのかもしれません。

●キーワード●ボランティア動員，義勇兵，病院ボランティア，労働とボランティア

●1 ── 私とボランティアの物語

誰の役にも立たない私／社会に貢献しない私

(1) 私の内申書

　本書に収められている12の章には，それぞれ各章の書き手である「私」の「ボランティア」にまつわる物語が書かれている。本章の冒頭を読んでもらえば，この本に登場する他の12人のどの書き手よりも，間違いなく私は「ボランティア」から遠い存在であることが読み取れると思う。私はこれまで，いわゆる「ボランティア」と呼ばれる活動に参加したことがない。おそらく今後も参加する機会はないかもしれない。そんな私のような人も，きっと世の中にはいる。各章の書き手13人のうち，一人くらいはそんな人間の話があってもよい。そんなこじつけで，私の話を書いてみよう。

　ボランティアに惹かれる人は，みな，どこかしら利他的な志向性を持つ人たちである。誰かが喜び笑顔になること，誰かがつらい目に遭っているときにその苦しみを取り除くことに自らの喜びを感じる……，ボランティア行為者は，みなそんな人たちである。一方，とても残念なのは，私個人は極めて利己的な人間であるという変えることのむずかしい事実である。自分が持ち合わせるわずかばかりのお金と時間を，自分のために使うことしか私の頭にはない。そもそも私は他の人にはあまり関心がなく，自分自身のことだけに関心がある。基本的に人間が嫌いなので，一人でいる時間をどうすれば少しでも長く持てるかを，いつも考えている。ボランティアが好きなあなたのまわりにも，きっと一人くらいはそんな私のような偏屈な人物がいるはずだ。

　先日，私のもとに地獄からの招待状が届いた。どうしたものか。働きアリのなかには，炎天下，自分の体の数倍ほどもある大きさの食料を，長い距離，仲間のアリや女王アリのために汗を流しながら運んでいるアリもいれば，まったく仕事をしないアリも2割ほどいるという。アリの行列から少し外れて木陰で休み，のんびり砂糖を舐めているアリは，もしかしたら私の分身かもしれない。組織のためにあまり役に立っていないアリを見ると，私はなぜかほっとする。

　私は，いつの日か灼熱地獄のなかで来る日も来る日も青鬼に鞭を打たれながら火の車を押し続けるのも疲れるので，天国への推薦状をインターネットでダウンロードした。その様式にそってこれまで生きてきた生活態度を内申書に書き込んでいると，「あなたのボランティア活動歴」の欄があった。そこが空欄だと天国には入国できないとのことであった。また，嘘を書くと即刻地獄に直行し，エンマさまに舌を抜かれるという。私は困ってしまった。私はこれまで，履歴書に「市立札幌病院にて2002年より2014年まで病院ボランティアとして在籍」と書いていた。しかし，これを書いた私はペンチで舌を抜かれる。

(2) 病院ボランティア

　総合病院のような大きな病院には，1990年代半ば頃より一般市民より募ったボランティアがおかれるようになった。そこでボランティアとして活躍しているのは，多くが中高年の女性たちである。患者が初めて大きな病院を訪れるとき，受付の場所がわからなかったり，お年寄りだと受診の申し込みの記入の仕方がわからなかったりする。受付を済ませた後も，受診する科に行くにはどちらへ行けばよいのか，また検査を行う場所はどこなのか，会計をするときに自動化された機械をどう操作するのかなど，戸惑うことばかりである。そんな患者を病院内の各所でボランティアが笑顔でサポートしている。

　さらに，目が不自由だったり，車椅子だったり，外国から来て日本語がよくわからなかったり，そんな人たちのために，近年一部の病院では医療行為以外のところで必要なサポートの一部をボランティアたちが担っている。入院している子どもたちに絵本を読み聞かせたり，患者の枕元まで本を配達したり，クリスマスにはロビーや病棟に出向いてコンサートを催したりもする。

　確かに私は，そうした活動の一つひとつに関わってはいたが，真のボランティアが活躍するのを横で見ていただけであった。私はただ，彼女たちが子どもたち相手に紙芝居をしたり絵本の朗読をしたりするのを，子どもと一緒に聞き，ときには病院の庭の花壇を手入れするボランティアの傍で，その方の話を聞いていただけであった。要するに，私は何も活動していない。

(3) ボランティアへのまなざし

　私が時おり病院のボランティアルームに出入りしていたのは，他のボラン
ティアが持ち寄ったお菓子を食べながら，そこで活動をしている人からの話
を聞くためであった。当時この病院でボランティアコーディネーターをされ
ていた向井和江さんの許可を得て，私はボランティアからの聞き取り調査を
行っていた。この病院のボランティア組織に参与観察を許してもらったので
ある。私は形の上では会費も払い，ボランティアスタッフとして登録をして
いたが，私がしていたのは，ボランティアとして活躍されているスタッフの
一人ひとりから話を聞き，活動の様子を記録していくことだった。

　私が向井さんと出会ったのは，北海道大学の大学院のゼミであった。博士
課程の指導教員であった小林甫教授のゼミナールに，当時，向井さんが聴講
されていた。市立札幌病院と北海道大学は，石山通りと呼ばれる道路を挟ん
ですぐ隣にある。広い北海道のことなので，隣といっても歩いて30分以上は
かかる距離だった。私が病院ボランティア組織を研究対象として選んだのは，
まったくの偶然であった。とくに病院に関心があったわけでもなければ，ボ
ランティアに関心があったわけでもなかった。当初，修士課程で私は，別の
教員のもとで社会運動を研究していた。修士論文は，断酒会とごみ処理施設
建設反対運動を研究対象として調査し，「自助組織や社会運動が継続する要
因」を調べていた。その頃の私は動物愛護運動に興味を持っていたので，小
林教授にそれをテーマに博士論文を書くと話した。すると先生は，「『動物』
ではなく『人間』を研究対象にしなさい！」と，向井さんを通して札幌病院
の調査をするように言われた。私は当初，研究テーマの設定に戸惑いを覚え，
しぶしぶそれに従った。「動物愛護運動」と「病院ボランティア」はだいぶテー
マが違うなあ……と思いながらも，そのようなことから，どうせ長くはしな
い研究だろうから，何でもいいや，という消極的で投げやりな気持ちであっ
た。恥ずかしながらこれが，私が「ボランティア」を研究し始めた経緯であ
る。

● 2——ゼミナール：ボランティアにまつわるモヤモヤ

ボランティアが担わざるをえないという社会の矛盾

(1) 「ボランティア」のない社会を目指して

　私はボランティアが嫌いだ。私の理想は，この世の中からボランティアと呼ばれるものがすべて消えてなくなることである。「ボランティア」という用語が醸し出す，この胡散臭さは，何だろう。それは第一に，一個人の存在よりも社会全体の利益が優位におかれることへの不快感なのかもしれない。個人の時間や労力が無償で吸い取られるだけならまだしも，ときには，一人の人間の健康や命までもが全体社会への生贄（＝犠牲）として捧げられる。

　ボランティアの語源は「義勇兵」である。かつて金銭と引き換えに戦いに捧げられる命のことを，人々は「ボランティア」と呼んでいた。2011年，放射能汚染が拡がった福島では，中高年の男性たちが，自衛隊や東京電力の専門的技術者たちに代わって，地域の除染を真っ先に行っていた。社会全体の構成員の「総体としての命」を量的に捉えるならば，出産を控えた若い女性たちのことを人々はいちばんに考える。同時に，人々は将来生殖に関わる若者たちのことや多くの子どもたちのことも考える。少年や少女たちが被ばくする量を減らすことができるなら……，と。除染活動に従事した人たちの多くは，おそらく，そんな思いであったろう。

　「ボランティア」という用語が醸し出す不自然さと違和感は，第二にその語源となる意味と現実のねじれにも起因している。volunteer は本来「自発的な」行為を意味することばである。ところがこのvolunteerはカタカナの「ボランティア」になったとたんに，社会が個人に有無をいわさず労働へ導く「動員」の様相を帯びることがある。結婚や出産，就職，趣味の活動への参加という真に「自発的な」活動に対して「ボランティア」という用語があてはめられることはない。社会を機能させ維持するためにどうしても必要な活動があり，それが既存の仕組みのなかでうまく回っていない「差し迫った状況」にあるとき，「ボランティア」は募られる。「ボランティア募集」が政治や企業によって呼びかけられるとき，「自発的に」「無償で」特定の活動に参加す

る人々を社会が求めているという事実がある。個人を「自発的に」特定の活
動に関わらせる他者（団体・組織・社会・構造・政治・経済活動）が存在して
いることに気づく。そもそも，volunteer の語源には「無償性」の含意は存
在しない。日本では当然のように「無償性」が「ボランティア」という用語
を用いる人々の間で了解されている。この事実は興味深い。「どなたか『ボ
ランティアで』○○をしてくださいませんか」という呼びかけは，それに応
じた人が「自発的に」関わったのであるから，一連の行為に対する責任はそ
の個人が負うものであり，またその行為に対する報酬も当人は期待すべきで
はないという理屈である。

　はたして「自発的な」ボランティアは，真に「自発的である」といえるの
だろうか。無報酬であることはもとより，行為の結果，仮に生命の維持に関
わるような重大な支障をきたす可能性がある場合でも，それを当人が「自発
的に」選択し行為した結果なのだから責任は行為者本人にある，とする理解
は，はたして正しいのだろうか。

(2) 放射能除染のボランティア

　福島の除染ボランティアの事例を考えるとき，生贄となるある一人の中高
年男性の命は，多くの若者の命に比べるなら「軽い」ものであるという考え
がその前提として垣間見える。生贄とは，そもそも一つの命を犠牲にするこ
とで，社会全体の複数の命が守られるという宗教的な儀式のことであった。
軍隊や徴兵制度を持つ社会は，たとえ「失われる命」があったとしても，そ
の結果として社会全体に「利益」が得られるのであれば，その「失われる命」
には目をつぶるという社会である。「失われる命」とは兵士かもしれないし，
相手側の市民かもしれない。いずれにしても戦争があれば失われる命が出る。
日本国は「自衛隊」は「軍隊」ではないという奇妙なレトリックを用いる。
そして我々は戦後，徴兵制度を捨てた。これらの理由の一つには，「社会全
体の利益のために，たとえ一つの命であっても失われる行為やプロセスが
あってはならない」という理念があったのだという解釈もできる。

　2011年3月11日の福島第一原発事故の発生から12月6日までのおよそ9ヶ

月間，日本政府は自衛隊に対してすぐには除染活動に着手させなかった（NHK NEWS WEB, 2011年12月6日付）。このことは，自衛隊員の命を守るという意味では非常に「慎重な対応」として評価できる。その一方で，近隣に住む市民のなかには，事故の直後から「ボランティア」として積極的に除染活動に関わった人が数多くいた。現場から北西に60キロ離れた福島市の住宅街近くに位置する常円寺の住職，阿部光裕氏（活動開始当時47歳）はその一人である（日本経済新聞電子版，2012年12月23日付）。2011年6月，3歳の子どもを持つ母親が助けを求めて住職のもとを訪ねたとき，阿部氏は「説法をしても線量は下がらない」と考え，自らスコップと線量計を手に除染活動に関わるようになった。阿部氏の除染活動に賛同する近隣の市民がこれに加わるようになった。その後インターネットを通じたボランティアの募集により，首都圏をはじめ全国からこの活動に関わる人が福島に来るようになった。2012年2月に開催した除染講習会には，30の町内会から100人以上が受講し，同年12月までに従事した人はのべ1600人に達したという。

　ここで注目すべき事実は，自衛隊員は国家公務員としての職務上の行為を遂行するため，その身体への安全性が厳密に確保される必要があるという考え方が一方にあることである。ところが，「ボランティア」で除染に関わる市民は，自ら自発的にその行為を選択するものであるから，国家としてはその行為を止めることはできない，という方便がそこには用いられる。さらに問題はその先にもある。国家や行政は個人の自発的な行為を「止めることができない」という立場を超えて，「国家」「行政」が「ボランティア」を「募る」という現象が現実には存在している。「募る」という言葉は非常に柔らかい表現である。放射能により死に至る危険性もある行為に人々を導く，という現実を正しく反映させるならば，正規の制度上の行政プロセスで実行が困難な業務をボランティアに「やらせる」と表現した方がより適切であろう。一般に，これは「動員」と表現される。戦争をはじめとする命や身体に深刻な危険を伴う様々な社会的な行為に，市民自らが「自発的に」関わるように，国家が巧妙に仕向けるプロセスは「ボランティア動員」と呼ばれている。2012年からの自衛隊による本格的な除染活動に先駆けて，2011年11月13日，

福島県伊達市で細野豪志環境相（当時）は，全国各地から集まった60人のボランティアとともに放射性物質を取り除く除染作業に参加した（日本経済新聞電子版，2011年11月13日付）。日本経済新聞によれば，「環境省は8日から，除染作業への市民参加を促すため，福島県内の市町村が募集するボランティア情報をホームページで紹介する試みを始め」たと記されている。

　はたして，仮にその行為が真に「自発的」であったなら，その行為が社会のために実行されることが正しいといえるのだろうか。専門的な放射能の知識を持たない一般の市民が，放射能に関する専門的知識と十分な技術を持つ自衛隊が活動するよりもずっと以前に活動していた。しかも，市民が「自発的に」「自ら」その活動へと積極的に関わるよう，国家と地方自治体がマスメディアやインターネット上のホームページなど，ソーシャルネットワーク・サービスを駆使して市民を動員していた事実が，当時の新聞には克明に記録されている。

(3) 戦時動員とボランティア

　一部の人は，自分が誰かのために繰り返し行っている社会活動について，その活動が「ボランティア」という名前で呼ばれることを激しく拒絶することがある。人によっては，「ボランティア」という用語そのものに，どこかしら嫌悪感を抱く人も少なくない。それがなぜなのか，気になるところである。中野敏男（2001）は，第二次世界大戦中の戦時動員こそが，日本の「ボランティア」の源流であったと論じている。志願兵はもとより，赤紙によって招集された兵隊たちはみな，天皇を守るため，「社会」を守るため，自ら進んで兵士として自分の命を捨てた。兵士だけではなく，女性も学生も高齢者も少年も少女も，国民のすべてが戦闘態勢へと総動員された。そのときのレトリックが「社会のために自ら進んで（＝主体的に）命を捧げる」という「ボランティア」精神であった。こうした戦争協力に疑問を持ち異議を唱えた人は，投獄され，拷問されていた。そして，誰が戦争に反対しているのかを，国民が互いに監視し合い，それを憲兵に密告するための組織が存在していた。それが町内会である。そのようなかたちで戦時動員を推し進めた町内会は，

戦後 GHQ によって解体された。町内会こそ，日本においてはボランティア組織の象徴的存在ともいえる。

　このように「ボランティア」という用語は，「町内会」という存在とともに，暗黒の歴史をその言葉のなかに秘めている。「町内会」は戦後新たに再編成されたということになっている。しかし，権威主義的な性向を持つ一握りの高齢男性にとっては町内会長としての自己顕示欲を満たす場として十分に機能している一方で，多くの女性や知的な若年世代にはあまり支持されていないようにも見える。こうした現実を見ると，「町内会」組織をはじめとする「日本のボランティア」の影の歴史は，戦後七十数年を経過した現在も人々の記憶の底にはしっかり残っている。一定割合の日本国民の脳裏にこうした過去の記憶は焼き付いている。これはもう一つのボランティア観でもある。私たちのなかに，この事実を忘れることができない人もいる。

(4) 労働とボランティアは違う？

　労働とボランティアの違いは，賃金が支払われるかどうか以外に，何かあるのだろうか。大きく違うと捉える人は，職務の内容や負っている責任，業務への関わりの濃淡，継続的か否かなどの点をあげるのかもしれない。一方，報酬の有無を除いて両者の違いはほとんど存在しないと捉える人もいる。現代社会は，数の多い少ないはあっても，ほぼすべての業種で，ボランティアが活躍している。教育，医療，自治体，地域社会，そして様々な企業のなかで賃金が支払われる労働者と一緒に，無給のボランティアが存在するようになった。

　労働とボランティアは，業務そのものへの関わり合いの程度が異なると想像している人は，「労働」のなかにもフルタイムの仕事もあれば，パートやアルバイトのような仕事の仕方があることを思い出してほしい。３日間だけの短期間のイベント開催を手伝うアルバイトもあれば，１週間のうちの特定の曜日の１日だけ，毎週３時間程度の「仕事」をする人もいる。その一方で，週５日，毎日６時間もボランティアとして特定の活動に従事し，それを10年以上続けている人もいる。

　報酬を得て働く労働には大きな責任が伴うが，ボランティアとしての関わりにはそのような責任は負わされていない，という想像をする人は，教育や医療，福祉の現場で活躍しているボランティアや災害時の救命活動に関わるボランティアが負っている責任に思いを巡らせてほしい。両者に大きな隔たりはないことがわかる。賃金を得て活動しているかどうかは，人の命に関わる領域や人生を左右する生き方に影響を与える領域で，人を対象とした支援をする際には，行為者が相手の命や生活へどのように関わりを持つべきかという意識のあり方には影響を与えない。

(5) 病院内で活躍するボランティアのいろいろ

　これまで私はいろいろな病院に展開する様々なボランティア組織を観察してきた。国家行政主導のボランティア動員の結果，1990年代半ばには突如全国の病院内に数多くのボランティア組織が作られた。表出した全国の病院ボランティアの多くは，医療専門職や病院経営に関わる事務部門や購買部門など，既存の職務とその活動領域からは遠く離れて，周辺的な活動からスタートした。年に数回程度の単発的なイベントの開催などもその一例である。外来の受付案内や車椅子での移動の手伝い，花壇の手入れ，入院患者のための図書の整備，七夕やクリスマス会のイベント，ロビーコンサートやバザーの開催など，これらをボランティアが担っていたという印象がある。

　一方，国による病院ボランティア組織普及の政策が施行されるようになった1990年代よりもずっと以前から，独自に展開しているボランティア組織もいくつか存在していた。そうした活動のなかには，上記の活動例とは異なったユニークな活動もあった。職業上の専門性を前提とした，プロフェッショナルなボランティア行為者のサービス提供がその一例である。入院している子どもたちを対象に学習支援を行うボランティアでは，非常勤の教諭が本務校が非番の日に病院にやってくる。ほかにも，定年退職した元営業マンによる紙芝居や朗読，動物を連れたアニマルセラピー，音楽教員による音楽療法，外国人の多い地域にある病院での英語通訳などがある。教育，リハビリ，通訳といったそれぞれの専門性を生かした職業人が，自分の職務の隙間をぬっ

て，あるいは退職後に，スペシャリストとしてのボランティアという立場で
患者と関わっている事例をたびたび目にしてきた。

　聖路加国際病院におけるボランティア組織の歴史も長く，独自のプログラ
ムを展開していた。通常の病院であれば看護師や医師などの医療専門職員，
事務職員のみで構成される職務領域にもボランティアが入り込んで活動を展
開していた。非常に興味深いボランティア活動の試みとして，患者の家族に
対する心理的なケアを，専門性を有した職員がボランティアとして，あるい
は十分な教育とトレーニングを積んだ一般市民がボランティアとして担って
いる。例えば，次のようなサポートをボランティアが行っている。十数時間
にわたる子どもの手術では，ときに夜遅くまで母親が一人で手術室のそばで
待っていることがある。そんなとき，ボランティアはその母親の傍らに，た
だ黙って付き添うのである。こうしたボランティアの存在がどれだけその母
親にとって心強いものか，想像に難くない。

　ときには，そうしたボランティアは，医師や看護師から次のような指示を
受けることがある。手術後によくない結果を医師が患者に伝えなければなら
ないとき，医師や看護師は付き添いを行っているボランティアの力を借りる
のである。数十分程度，事前に母親が状況を受け止めるために必要な時間を，
ボランティアは医師の指示のもとで母親とともに待合室で過ごす。「今から
執刀した医師が来て，手術の結果を説明されます。私も一緒に同席した方が
よいでしょうか？　今夜はご自宅に帰られますか？　ホテルに泊まられます
か？　どなたかお迎えのご家族を呼びましょうか？」などと，患者に付き添
う家族がその辛い現実を受け止めるための心の準備を，カウンセリングの専
門技能を持つボランティアに託すのである。医師，看護師，心理療法士，ボ
ランティアといった職域や職務遂行上の労働形態の垣根は必ずしも高くな
い。この病院ではそれらが巧みに，かつ合理的に連携している。

⑹ 労働とボランティアは同じもの？

　ドイツには医師にも定年の制度がある。かつては60歳が定年の年齢であっ
た。現在は高齢社会における患者の急増に対応するために65歳まで定年が延

長された。その年齢に達した医師は全員が退職する。医師たちのなかには，退職後も病院にボランティアとして通う人も少なくない。退職した医師が医療行為を行うことは，法律で禁じられている。彼ら彼女らはボランティアとして，それぞれの専門性を背景とした支援を患者やその家族に対して，あるいは現役の医師や看護師に対して行うのである。こうした国では，現役を退いた医師や看護師が，それまでのキャリアと専門的知識を生かして，同一の職場で，もしくは近接する領域で，継続して医療上の支援を行うケースがある。業務の範囲は法的に定められているが，同一の医療行為の実践上に，賃金を得る就労と無給のボランティアが結びついている。

　病院のなかで，医療行為に近いところで専門性を持った職業に携わる人がボランティアとして関わる事例は，日本にも散見される。20年ほど前，私は長野県のある市立病院で，音楽療法のボランティアを実践する40代の女性の活動を見たことがある。当時彼女は 2 週間に一度の割合で慢性期の病棟のロビーで，入院している20名ほどの高齢者に音楽療法を実践していた。彼女は以前に中学校の音楽教師をしていたが，しばらく前に出産のため退職していた。その後子育てが一段落し，非常勤の教員として再びいくつかの学校で教えるようになっていた。その傍ら，ボランティアとして定期的に病院を訪れていた。彼女の積極的な病院内での活動は医師や看護師など病院側のスタッフや患者から絶大な支持を受けて，この病院の数あるボランティア活動のなかでも目玉になっていた。30〜40分ほどの短い時間ではあるが，彼女と一緒に歌を歌いながら手や身体を動かしている患者たちの顔は，とても輝いていた。患者にとって，慢性期病棟という閉鎖的な空間での生活は，医師や看護師，同室の患者という限られた人との接触のなかで，病気や体調に関わる会話がほとんどを占める毎日なのかもしれない。患者のお年寄りたちはもとより，この活動を支援するボランティアスタッフや看護師たちもみな，毎回この活動を楽しみにしていた。彼女は次の学校の常勤職が見つかるまではこの活動を続けていくと話していた。

　彼女の人生は，音楽を楽しむ喜びを人に分け与えるという行為のなかで一貫しているように見えた。その活動が「就労」の形態をとっていることもあ

れば、「ボランティア」という形態で社会に認識されていることもあるという、それだけの違いなのかもしれない。20年前に出会った彼女が、その後いつまでこの病院で音楽療法を実践していたのか、私は知らない。また常勤職としてどこかの小学校か中学校に戻ったのか、並行して病院での活動も続けていたのかは、わからない。彼女は、いったんその活動から退いたとしても、もしかしたら現在は定年で退職して、またどこかの病院でお年寄りを笑顔にしているような気もする。このように一部の行為者は、専門の知識と技能を生かした活動を、「労働」→「ボランティア」→「労働」→「ボランティア」というように同一直線上で行為し続けている。

(7) 操られ続ける「ボランティア」の言説

　ボランティアとは自助・共助の仕組みであり、行政の下請けもしくは補佐する仕組みとして国家や自治体が取り入れるべき仕組みではない。ボランティアとは「自分たちで何とかする」という仕組みであり、社会福祉の理念からは本来最も遠くにある仕組みである。社会のあり方として、「ボランティア」が社会のなかで継続的に機能していくことは望ましくない。ボランティアとは、あくまでも公助が制度化するまでのつなぎとして、過渡的に存在すべきものである。

　私は20年ほど前、そのころ取り組み始めた博士論文のテーマとして、ボランティアは「どうすれば維持できるのか」という問いをたてていた。しかし私は研究をしている間に、それが根本的に間違った問いであることに気づいた。ボランティアは、けっして継続してはならないのである。真に社会が必要とするサービスや仕組みであるならば、それを制度化し普遍化させていくプロセスが必要である。市場原理に基づいた企業やNPOの活動として、もしくはそれが困難であるならば国家や自治体により、公助として、税収による財源を適切に確保したうえで、安定的かつ継続的にサービスを提供していけるように位置づけていくのが、本来の社会福祉のあり方である。

　残念ながら、日本社会ではそのような方向で適正にボランティアが位置づけられていない。ボランティア行為の本来の意義は、今はまだ社会に存在し

ていないが，先駆的な「新たな仕組み」として，その行為の意味を社会に知らしめ定着させていくことにある。彼ら彼女らの存在は，安上がりな労働力として国家・行政が動員するための対象なのではなく，その時代の新たな一つの社会運動として評価され認知されるべき存在なのである。ボランティアが横行する社会は，けっして美しくはない。

●参考文献●

中野敏男　2001『大塚久雄と丸山眞男——動員，主体，戦争責任』青土社。

●ブックガイド●

『不動の身体と息する機械』立岩真也，医学書院，2004 年
　　ALS という難病にかかった人たちの，膨大な量の語りをきめ細やかに拾い上げた本である。ボランティアの罠，自らの生命を他者の生活のために進んで断とうとすることの問題を社会に告発する本である。

『大塚久雄と丸山眞男——動員，主体，戦争責任』中野敏男，青土社，2001 年
　　阪神・淡路大震災以降に顕著に見られるようになったボランティア活動や NPO 組織の顕在化は，国家・行政による動員の結果であるという見方を示し，1990 年代後半のボランティアの高揚は，第二次世界大戦中の戦時動員の延長であることを論じる。ボランティア動員の問題を最初に告発した名著である。

『「ボランティア」の誕生と終焉——〈贈与のパラドックス〉の知識社会学』
　　仁平典宏，名古屋大学出版会，2011 年
　　ボランティア言説がどのように形成されてきたのか，戦前から戦後にかけて綿密に記述し分析を加えた書籍。日本社会学会の奨励賞等，数々の賞を受賞した作品である。市民社会のありかたとボランティア動員の実態が丁寧に描かれている。

私のボランティアの色は黒
色。いろんな色が入り混じる
と黒になるから。もう一つは
虹色。いろんな色が並ぶと虹
色になるから

「私」を生きるボランティアの
隣の「他者」と「社会」

李永叔

　最後に，日本におけるボランティアの変遷を交えながら，「私の生」に交差するボランティアのモヤモヤを論じ，あなたのボランティアの物語へバトンをつなげたいと思います。

　今，あなたのボランティアの色は何色でしょうか。私は，黒色と虹色の狭間でモヤモヤしています。

(1) ボランティアに振り回される

　20代。私にもそんな時代があった。そしてその頃，ボランティアに振り回されていた。

　私はひょんなことから「小児がん病棟」に出入りすることになった。

　患者とその親と医療者以外は立ち入り禁止である閉鎖空間に，事務のアルバイトに過ぎない私が出入りすることになったのは，中学3年生の教育保障問題がきっかけだった。入院が3月だったため，高校を留年せざるをえず，半年に及ぶ入院期間中の学びをどう保障するのかという問題が持ち上がったのだ。

　当時は医療の進展に伴いQOL概念が広まり，退院後の社会復帰を見越した教育保障を視野に，「院内学級」の設置が始まっていた。この病院は全国に先駆けて院内学級を設置していたが，義務教育外の対応はなかった。

　こうして，本来的には公的に保障されるべきニーズが，ベッドサイドボランティアとして，その白羽の矢が私に当たった。若さとやる気はあったが，社会的に評価されるような学歴や資格などがあるわけでもなく，「女の幸せ

としての結婚」だけを期待されていただけの私にとって，このボランティア活動はすぐに，かけがえのない居場所となった。

そのうちに，「就学前の子どもたちの遊び相手をするボランティア」という依頼が病棟から舞い込み，喜んで引き受けた。活動の拡大に伴い，大学生のボランティア仲間もできた。そして一時は60名ほどが所属するボランティアグループに成長し，私の活動は「ボランティア・コーディネーション」が大きな比重を占めるようになっていった。活動は公私関係なく常にフル稼働していたが，ボランティアは「どうせ私なんか」と腐っていた私の人生を鮮やかな色に染めていった。

そうして子どもたちや家族と親密になるなかで，「あなただから言うけど」という話をよく聴くようになった。そしてあろうことに，私は専門家である病棟スタッフに対して，彼らの声を代弁したり意見したりするようになった。

病棟スタッフたちは私の声に耳を傾け，専門職が担う業務範囲では対応することが難しい事案を私に相談するようになった。私はそんな反応に感激し，喜んで対応した。メルッチは，「智を産み出すという課題に応えるということは，何か特権的な行為なのではなく，聴くことの場を産み出すことへの責任（responsibility, 聴いて応答する力）なのです」（メルッチ 2001：9）と述べているが，私は「ボランティア」として他者の話を聴くことで，同時に他者に対する責任に応答する循環が発生し，本来立ち入るはずのない専門職の世界に深入りすることになってしまった。

すると「ボランティアでしょ」と言われるようにもなった。私は，そこに含まれるメタ・メッセージが何かキャッチすることができずに混乱し，何だか悪いことをしたような気持ちになって萎縮してしまった。そして自分の立ち位置と活動の是非の曖昧さにモヤモヤする気持ちが大きくなっていった。

他方，その曖昧さのおかげで，私は子どもたちと患者ではなく，かけがえのない友人として関わることができた。しかし，彼らの多くは天国へ旅立っていった。この頃の私は，たくさんのお葬式とお通夜に参列した。胸いっぱいの悲しみと無力感ばかりが大きくなっていった。

次第に私は「ボランティアは都合のよいタダ働きのマンパワー」と見なす

ようになり，「ボランティア」と呼ばれることがストレスになっていった。

　そこで，病院は専門家社会だから，無資格者であるボランティアに市民権はないのだと考え，保育士やチャイルド・ライフ・スペシャリスト（医療チームや家族と協力して子どもの心理社会的支援を行う専門職で，米国に本部を置くAssociation of Child Life Professionals が資格認定を行っている。入院・闘病に伴う経験の心の準備や理解を促進したり精神的苦痛を軽減したりするために，治療的な遊びを用いた介入などを行う〔Romito et al. 2021〕）の取得を目指した。しかしこれらは，私の活動内容と「近い」けれど遠かった。当然ながら，専門職には専門職の領域があり，ボランティア活動のように，臨機応変に対応して新たな境地を切り開く「逸脱」は前提になかった。

　そこで，評価もニーズもある（と，私は考えていた）ボランティア活動そのものを，仕事として認めてもらえたらと思いついた。さっそく「病棟になくてはならない」と，日頃から活動を応援してくれていた人たちに相談した。すると，誰もがあっさりと「難しいだろう」と言った。病院社会では，「病棟スタッフ＝専門資格保有者」であり，この活動はあくまでも「あなたが好きでやっているボランティア」なのだ。

　たしかに，「仕事」になってしまったら，私は子どもたちの友人ではなくなってしまう。では，いったい私はどうすればよいのだろうか。途方に暮れ，逃げ出したい気持ちが爆発しそうだった。しかし，私はかけがえのない友人たちを前にして，簡単にボランティアを投げ出すことができなかった。私は完全に，「自分ですすんでとった行動の結果として自分自身が苦しい立場に立たされるという」「自発性パラドックス」（金子 1992：105）に陥っていた。

(2)　「曖昧なマンパワー」というボランティアはどう作られたのか

　「ボランティアとは何か」。

　このシンプルかつ難解な問いに，挑みたくないけれど挑まざるをえないほど，ボランティアのモヤモヤが私の「生」を圧迫していた。そもそも日本では，ボランティアという言葉がどのように用いられて定着したのだろうか。

　日本では，ボランティアの考え方につながるものとして，江戸時代までは，

主に地縁社会での相互扶助をはじめとした社会貢献活動が行われていた。地縁社会では，互いに労働を提供する共同作業の慣行があり，社会のための活動という意味ではボランティア活動の源流でもある。しかし，自発的な活動というよりは，共同体のなかでの義務として行われてきた。ボランティア活動の始まりに近い事例としては，明治期の学生や若者が中心となったセツルメント運動がある。しかし，太平洋戦争に突入し，各分野で官民一体の統制下が進み，自由意志による民間活動は抑圧されていった。軍国主義的な全体主義が広まるなかで，日本人の意識もまた，お国のためという国家中心の考え方にまとまっていくとともに，公共的な活動はすべて政府が担当するという考え方が受け入れられていった。戦後，1951年に制定された「社会福祉事業法」では，政府の行う社会福祉政策は社会福祉法人に委託され，社会福祉法人は「措置制度」によって公費を受けて公的福祉の一翼を担うことになった。また，共同募金が法制化された。さらに，民間組織として社会福祉協議会が法制化された。このほか，各地の方面委員は民生委員と改称され，厚生大臣の委嘱により，「民間の篤志奉仕者」として生活困窮者のためにボランティア活動を実践した。一方で，国民の意識には，「社会福祉はすべて国の責任」という考え方が広まっていった（経済企画庁 2000：60-62）。

　1960年に入り，日本は経済復興期から高度経済成長期へ移行する。それに伴い公害問題が深刻化するが，被害者が一人で国や企業に立ち向かうことは難しかった。そこで同様の困難を抱えた個人活動が組織化され，生活環境改善を求める市民運動が活発化した。個人ボランティアが横につながり，ボランティア活動を推進する機関や組織が誕生したが，ボランティアはまだ馴染みの薄い言葉だった（筒井 1997：25-26）。

　1970年代に入ると高齢化率が7％を超え，日本は高齢化社会に突入し，高度経済成長時代の終了とともに，地域社会と家族機能の衰退が進行した。そこへ，イギリスで生まれた「コミュニティケア」から地域住民によるボランティア活動が注目され，コミュニティ政策はボランティア育成・振興策へと結びついていった。また，家電製品が普及したことによる家事労働の省力化は，主婦ボランティアの活動を後押しした。そして，戦後続いてきた「社会

福祉はすべて国の責任」「ボランティア活動は行政の責任転嫁を招く」といったボランティア活動に対する否定的な見方は崩れ，以後，政府による積極的な関与が拡大していくこととなる（筒井 1997：27）。文部省（当時）は「婦人ボランティア活動促進事業」「青少年地域活動促進事業」などを展開し，厚生省（当時）は市町村社会福祉協議会（社協）の「奉仕活動センター（現ボランティア・センター）」に国庫補助を開始した（西山 2007：58-59）。

　そして，これまでの施設収容型福祉が問題視されるようになり「地域から福祉へ」という議論が福祉業界を賑わした結果，70年代後半になると「在宅福祉」活動がみられるようになってくる（中山 2007：120）。70年代後半から80年代前半にかけて地域を活動の場とするボランティアが増え始め，80年代半ば以降，身体障害者，児童，老人の福祉に関わる法改正が進み，在宅福祉は政策事項としても推進された（中山 2007：188）。

　こうして本格的な高齢社会に向けた地域福祉システムを，公私協働でどのように構築していくかをめぐり，在宅福祉サービスの担い手（マンパワー）の確保という政策課題から，ボランティアを福祉「サービス」の担い手として位置付けようとする行政側の意図が，活動者側にあらためて「ボランティアとは何か」という活動の理念の問題を投げかけるとともに，住民主体の地域づくりの在り方が問い直されてきた（渡戸 1993：156）。例えば，在宅福祉サービスの業務の一部を「有償ボランティア」という曖昧な形態のワーカーに依存することは，「ボランティア活動の精神的基盤を危うくし，ひいては，福祉国家の基礎として不可欠な精神的土台を崩すことにもなりかねない」「最低賃金制度を曖昧なものとし，一般のパートタイムの雇用市場を混乱させるおそれがある」「“人”を直接の対象とした仕事を主な内容とする業務であるから，雇用関係を明確にすることによって，事故がおきた場合の責任の所在を明らかにしておく必要がある」という理由から避けるべきである（東京都社会福祉審議会 1984：22-23）など，「在宅福祉」の登場と結びついたボランティアの有償化問題は，80年代のボランティアを取り巻く中心的な課題となった（中山 2007：120-121）。

　一方で，「『ボランティア』という言葉の社会的な浸透が進み，社会福祉分

野だけでなく，コミュニティづくり，社会教育，文化，教育，環境，国際交流・国際協力などの分野においても，実質的に『ボランティア』活動と呼びうる諸活動が広がってきて」（渡戸 1993：156）いた。

　学校教育での推進は，厚生省（当時）が大きな役割を担っていたが，80年代は文部省（当時）や教育行政が牽引役として全面に出てきた。例えば，1982年の文部省初等中等教育局長通知では，教員採用時の選考方法において，社会的奉仕活動等の経験について，積極的に評価を行うよう配慮することが提言された。また，1985年には，青少年に「社会的責任を伴う生活体験」の機会を与えるため，各都道府県教育委員会等に2ヶ所ずつ「青少年ボランティアバンク」が設けられた。1987年に成立した「社会福祉士及び介護福祉士法」によって法制化された社会福祉従事者の資格試験では，受験資格を得るための履修科目の一つに「ボランティア」に関する科目が要請されることになり，以降，社会福祉系短大などを中心に「ボランティア」に関する講義が増えていった。このように，80年代の教育におけるボランティア施策は，子どものみならず，教員すらも自らの対象として見出している点に特徴がある（仁平 2011：318-319）。

　1985年はボランティア政策に関する重要な提言や事業が次々と行われた。例えば，厚生省（当時）が開始した2年間のモデル指定事業である「福祉ボランティアの町づくり事業（ボラントピア事業）」では，指定された社協は，地元関係者で「ボランティア活動推進協議会」を設け，基金創設やボランティアルーム等の基盤整備，ボランティア登録，スクール開設などの事業を要請された（仁平 2011：316-317）。その後，1989年よりフォローアップ事業として「がんばっトピア事業」が開始された（筒井 1997：29）。

　また，日本の国際的役割が問われるようになり，1980年に「日本奉仕センター（日本国際ボランティアセンター）」が発足した。1987年には「国連ボランティア」に日本が参加し，若者を中心に海外協力活動への関心も高まっていった。景気拡大が続いた1980年代後半には，欧米に進出した企業が現地企業に触発され，企業の社会貢献活動が盛んになった。1990年には経済団体連合会に「1％クラブ」が発足し，「フィランソロピー元年」と呼ばれた（経

済企画庁 2000：64-65）。

　1990年代以降のボランタリズムの議論は，「ボランティアを，行政の補完，あるいは対抗として位置づけ，宗教的理念や動機づけで規定するのではなく，他者との関係性や，彼らが行う非営利事業に注目する議論への展開」へ大きく変化した（西山 2007：63）。90年代は，東西ドイツの統一で幕を開け，日本ではバブルの崩壊もあり，「人々の働き方，すなわち生き方への真摯な問い直しが起こり始めた」（筒井 1997：30）。1995年には阪神・淡路大震災が発災した。のべ150万人ともいわれるボランティアが全国から被災地に集まり，「ボランティア元年」と呼ばれ，1998年の特定非営利活動促進法（NPO法）制定へつながった。こうして，「『ボランティア』概念は，『無償性』から『非営利性』，『慈善』から『互酬』へと転換することで，参加者を集めやすくなり，継続性をもった新しい活動を生み出せるようになった」（中山 2007：135）。一方，国の関与は，ボランティアをより身近なものにした。文部省（当時）は「生涯学習ボランティア活動支援・推進のための研究・開発事業」を開始した。高校では，ボランティア活動などに係る学修の単位認定が認められるようになった。厚生省（当時）は「ボラントピア事業」を解消し，「市町村ボランティアセンター活動事業」を開始した（西山 2007：59）。

　改めて，私の「モヤモヤ」を日本のボランティア概念の変遷に重ねてみる。すると二つの「答え」が見えてきた。

　一つ目の「答え」は，日本におけるボランティア概念は，「福祉領域における社会保障問題と親和的で，その施策を担う国家の関与（振興と育成）を背景に，ボランティアが一般化したから」である。

　もう一つは，「福祉領域以外の活動が広がったから」である。ボランティア対象が多岐にわたると，動機も多岐にわたる。「誰かの役に立ちたい」場合もあれば，「自己実現」の場合もあるだろう。つまり，「人それぞれ」という確率の高まりが，「日本においてボランティアが今のところ『とらえどころがない』活動であるということ」（関 2008：137）へつながったのではないだろうか。

　ところで，私は「ボランティアのモヤモヤ」から解放されたのだろうか。

238

(3) ボランティアというカオスのなかで

　活動を始めてから6年後，私は小児がん病棟ボランティアを辞めた。

　金子は，「『ボランティアとしてのかかわり方』を選択するということは，自発性パラドックスの渦中に自分自身を投げ込むこと，つまり，自分自身をひ弱い立場に立たせることを意味する」という。そしてその理由は，「問題を自分から切り離さないことで『窓』が開かれ，頬に風が感じられ」「意外な展開や，不思議な魅力のある関係性がプレゼントされることを，ボランティアは経験的に知っているからだ」という（金子 1992：112）。

　しかし私は，魅力ある関係性が開く一方で，辛い関係性に支配されるようになっていた。私が陥った自発性パラドックスの構造は，金子のいう高齢者の入院と在宅ケアにおける「関係性」の対比にも通じる。

　金子は，老人が病院に「収まっている」ときと比べると，在宅ケアは関係者に「事の本質」を見つめることを要請し，多くの人をより複雑な関係性へ巻き込むことになるという。つまり，病院に入れるという「こうすれば問題は解決する」という画一的なアプローチは無力化し，在宅ケアの現場では，複雑に関連する人たちが独自の考えと気持ちで，自ら新しい関係を紡いでいくほかはなくなるのだ。しかし，自ら在宅ケア問題に乗り出して少しでも不都合が生じると「病院に入れておけばいいのに……」と言われたり，あらぬ非難を受けたり，要求がどんどん高くなったり，他の人の分まで苦労を背負い込んだりと，自発性を発揮した者が問題解決の責任を過度に負わされたりする，自発性パラドックスのもたらす「つらさ」が生じる可能性が出てくる（金子 1992：130-132）という。

　確かに，独自の考えを持つ人たちとの複雑な関わり合いのなかで，「病院社会における非常識」の「パンドラの箱」が開くときは，わくわくする気持ちと居心地の悪い気持ちが複雑に同居していた。そして，回を重ねるたびに，「好きでやっているから仕方ない」と，「自己責任」を背負う方向へ向かっていった。早瀬は，「『自己責任』とは市民が自らを律する言葉であって，困難な事業に挑戦する人々を切り捨てる言葉としてはならないのである」（早瀬

2010：34）というが，「自己責任なので仕方ない」と思うしかなかった私の関係性はどんどん閉じて，孤独になっていった。

　その結果，「なぜ評価してくれないの？」という気持ちに行きついた。その分かりやすいベンチマークが「仕事」，つまり有償労働という評価だった。しかし，「ボランティアの発見する価値は，経済性という価値観の平面には収まりきらないもの」（金子 1992：158）なのである。ボランティアが，既存の有償労働の評価の枠組みに収めることができないゆえ，私はしがらみなく「先駆性」や「独自性」を発揮し，病院社会の既存の枠組みを超えた可能性を広げることができたのだ。

　しかし，いつしか私は「社会的評価」が気になるようになり，「自発的に」そのしがらみに収まろうとし始めた。「専門家とその他」で明確に区別される病院社会が作り出す，固着した関係性に変容をもたらす装置としてのボランティアを実践していたはずの私は，自らその固着した枠組みに収まろうとしていた。人生初の小さな成功体験となった「ボランティア」は，自己肯定感が低い私をますます迷走させた。

　一方で，この迷走体験は私に「かけがえのない生」を与えてくれた。

　ある日，私はいつものように，病棟の廊下で親友Mに「私の仕事っていったい何なんだろう……」と弱音を吐いた。当時，弱冠10歳だった偉大な親友は３秒ほど沈黙した後，まっすぐ私を見て言った。

　「よんちゃんの仕事はよんちゃんや！」

　私は私でいい。そんなことを言われたのは，初めてだった。

　ボランティアは関わり合う人々の「生」を励まし，つながり，未知の広がりへと誘う。そして，そもそも「ボランティアを受ける側」と見なされる人々は弱者ではない。がんの子どもたちは，私にとって弱者ではなく，かけがえのない友人であり恩人だった。私の知る彼らは，周囲の「大人」たちより達観して，物事を俯瞰していた。そして私はいつも，「自分の悩みを相談しているボランティア」だった。ボランティアは，互いに足りないところを補い合う関係性のなかで「よりよい生」をともにするための装置に過ぎないことを，私は子どもたちから学んだ。ボランティアは，彼らを無力化する装置で

はないし，彼らのエンパワメントを阻害する装置でもない。

　石田は，「ノーマライゼーション」の思想を踏まえて，障害者とボランティアの関係について以下のように述べている。

　「障害者がノーマルになることを求めるのではなく，社会が障害者の権利を保障し，障害を理由に機会を狭めることのないような社会こそノーマルな社会であり，そうなるよう誰もが努めようというのである。こうした社会では，障害のある人を保護や管理の対象としてではなく，同じ社会に生きる一人の市民として理解すること，『する－される』の関係ではなく，相互の足らないところを補い合う関係としてボランティアと障害者の関係を位置付けることが大切である」（石田 1999：133）。

　誰が，どのような政治的・社会的文脈で，「ボランティアする側」と「ボランティアされる側」を規定しているのだろうか。私たちは，その文脈をどのように内在化しているのだろうか。そして，どのように組み込まれているのだろうか。ボランティアはその「答え」を探究する手がかりを見つけ，思いもよらない可能性を発見したり広げたりしながら，私・他者のかけがえのない生を紡ぐ社会を醸成する装置ではないのだろうか。

　「ボランティアの提示する関係性は，現在では圧倒的な優位性をもつにいたった経済システムの規定する価値観のフィルターをとおすと，『マイナー』で『社会の隅っこにある』もののようにみえる。しかし，実は，それは，人間の関係性が本来もっているはずの複雑さと豊かさを保有しているものであり，その意味においては，むしろそれこそが，『本流』に属するものである」（金子 1992：200）。

　彼らと築いた関係性は，ずっと私の生を支え続けている。だから私は，彼らの魂を感じながら，今日も私の生を精一杯生きたいと思っている。

⑷ ボランティアをする人はどんな人？

　小児がん病棟のボランティアにどっぷりはまったことで私に取り憑いた
「ボランティアのモヤモヤ」は，いっこうに解消されなかった。
　すっきりしたい――そんな不純な動機から私は大学院の門を叩いた。そし
て，衝撃的な詩と出会うことになった。

　　　　ボランティア拒否宣言

　　　　　　　　　　　　　　　　　　　　　　花田えくぼ

　　それを言ったらオシマイと言う前に
　　一体私に何が始まっていたと言うの
　　何時だってオシマイの向う側にしかハジマリは無い
　　その向う側に私は車椅子を漕ぎ出すのだ

　　ボランティアこそ私の敵
　　私はボランティアの犬達を拒否する

　　ボランティアの犬達は　私を優しく自滅させる
　　ボランティアの犬達は　私を巧みに甘えさせる
　　ボランティアの犬達は　アテにならぬものを頼らせる
　　ボランティアの犬達は　残された僅かな筋力を弱らせる
　　ボランティアの犬達は　私をアクセサリーにして街を歩く
　　ボランティアの犬達は　車椅子の蔭で出来上がっている
　　ボランティアの犬達は　私をお優しい青年達の結婚式を飾る哀れな道具にする
　　ボランティアの犬達は　私を夏休みの宿題にする
　　ボランティアの犬達は　彼等の子供達に観察日記を書かせる
　　ボランティアの犬達は　私の我がままと頑なを確かな権利であると主張させる
　　ボランティアの犬達は

　　　　　　　　　　ごう慢と無知をかけがえのない個性であると信じ込ませる
　ボランティアの犬達は　非常識と非協調をたくましい行動だと煽りたてる
　ボランティアの犬達は　文化住宅に解放区を作り自立の旗を掲げてたむろする
　ボランティアの犬達は　私と社会の間に溝を掘り幻想の中に孤立させる

　私はその犬達に尻尾を振った
　私は彼等の巧みな優しさに飼い慣らされ
　汚い手で顎をさすられた
　私は　もう彼等をいい気持ちにさせて上げない
　今度その手が伸びてきたら
　私は　きっとその手に噛みついてやる

　ごめんね
　私の心のかわいそうな狼
　少しの間　私はお前を忘れていた
　今　私はお前を取り戻す
　誇り高い狼の顔で
　オシマイの向う側に
　車椅子を漕ぎ出すのだ　　　　　　　　　　　　　　　　　（花田 1986）

　花田さんは，「ボランティアの犬達」に対し「私を〜させる」と使役動詞を用いて，ボランティアはボランティアを受ける側の主体性を無視していると指摘した。そして，アクセサリー，陰，道具，宿題，観察日記と具体例を示して，ボランティアが自分を「モノ扱い」しており，ボランティア活動によって自身の社会性が奪われたと糾弾した。
　以上を踏まえると，花田さんが出会ったボランティアを「善い人」と言うことは難しい。一方で，花田さんに苦痛を与えようと活動したボランティアもいないだろう。花田さんはそれを嫌というほど「分かっていた」だろうし，ボランティアたちも車椅子ユーザーである花田さんにとって，自分たちの存

在は必要不可欠だと「分かっていた」だろう。だからこそ，花田さんはこれ
まで「それを言ったらオシマイ」と自覚し，ボランティアを「いい気持ち」
にさせてあげてきたのだろう。

　しかし，とうとう限界が訪れた。花田さんは「今度その手が伸びてきたら
私はきっとその手に噛みついてやる」と言う。ボランティアがこの詩を読ん
だらきっとショックを受けるだろう。善いことだと思っていたことが，善い
ことではなかったのだ。彼らが見落とし，花田さんをここまで追い詰めたも
のは何だったのだろうか。

　もし「私」が花田さんだったら，どう感じるだろうか。私はこのような活動を
家族や友人に対して行えるだろうか。できないのであれば，なぜだろうか。

　花田さんに関わったボランティアは，おそらく「障害者ボランティア」と
いう「自覚」があったのではないだろうか。障害者は健常者ができることが
できないから，社会生活上で多くの困難がある。だから助ける（ボランティ
アする）。助けることは「善いこと」なので，「善いこと」の解釈の広がりに
異を唱えにくい。しかし「普通」の枠組みから外れている人たちは「助けて
もらっている」ので「贅沢」は言えないし，言ってはならないのだ。そして
ボランティアは「障害者理解の促進」に資する「公益」活動でもあるのだ。
だから花田さんに対してはこのような活動が「できる」のだ。

⑸ ボランティアをされる人はどんな人？

　「ボランティア拒否宣言」に出会った後，私自身も「ボランティアの犬達」
に出会うことになる。彼らはみな，ボランティア経験が豊富で，ボランティ
アに関心を持つ「善い人々」だった。そんな彼らは無邪気に，教育という場
で私のエスニシティを話題にした。

　ボランティア活動に熱心で，その教育研究に携わる私なら，学生の学びに
資する——つまり「公益」のために快く「ボランティア」として応じてくれ
ると考えたのだろうか。しかし私は「公益に資する」ことを考えるどころか，
頭が真っ白になった。

　「ボランティア経験が豊富で関心がある私」はなぜ，彼らの「期待」に応

えることができなかったのだろうか。それは，私がこれまで周囲から，公共の場で「在日」を語ることは，私にとって社会的なリスクと脅威になると聞かされてきて，私もそうだと考えて生きてきたからだ。しかし，そもそも私には，そのような「期待」に応える義務はない。

　一方，自身のエスニシティを公共の場で語ることがリスクや脅威にならない（と考える）人々もいる。それは，彼らが社会の主流，つまりマジョリティであるからだ。そして，対極にあるマイノリティは「普通じゃない」ので，マジョリティの「普通」を実践すると「社会活動」の実践に置き換えられる。

　例えば健常者が主流ならば，社会は健常者にとって便利で都合のよい構造となる。公共交通や建物も健常者が使いやすい仕様になるし，働く仕組みも健常者が基準となる。だからそのようなインフラ整備のもと，車椅子で電車に乗る障害者は「特別」で「すごい」のだ。もちろん健常者は電車に乗っても「特別」で「すごい」とは言われない。

　社会的な価値は健常者が基準なので，障害者とその家族は絶望的な気持ちになる。周囲も障害を悲劇的なものとして同情し，自分がそうではないことに安心したりする。そのような「常識」が主流となると，妊娠したら出生前診断を「選択肢」として提示されたり，障害者の生殖機能を奪うことに優生保護法という国のお墨付きがついたりする。

　「障害者ボランティア」に臨むとき，障害者本人がどうすることもできない社会的な困難を安定的に再生産する歯車に，「私」が組み込まれている可能性に自覚的であれば，ボランティアが，「ボランティアというエッセンスを少しでも含めば免罪符となるマジックワード」ではないことに気づくはずである。そしてそれは，「障害者ボランティア」に限定された気づきではないはずである。

(6)　「障害者ボランティア」とは何か

　ところで，やはり大学院生の頃，私は在日コリアンの障害児キャンプにボランティアとして参加したことがあった。そこで出会った障害児の父親は，私にこう言った。

「悲惨ですよ。在日の学校も日本の学校も無理で。役所にも相談したけど支援の枠に当てはまらないことばかり。在日であるだけでも，障害者であるだけでも，しんどいことが多いのに，ダブルでしんどい。どこに，誰に分かってもらえるのか。受け入れてもらえるのか。どう生きていけばいいのか。」

　在日コリアンとして「それなりに生きづらくてしんどい」と自覚し，ボランティア経験も豊富なはずの私は，何も返事をすることができなかった。私は，「在日コリアン」というマイノリティでもありながら，「健常者」というマジョリティでもあるという自分に，立ち尽くすしかなかった。私は彼らの困難を複合的かつ多元的ではなく，「障害者」「在日コリアン」と分けて「理解」し，それぞれの分野でいわれている「困難」としてしか捉えていなかったのだ。

　キンバリー・クレイショーは，黒人女性の抱える困難な経験は多次元的であるため，単一軸の分析では彼女たちの経験を歪めてしまうと指摘する。

　クレイショーは，差別を交差点の交通に例える。交差点の事故が，いくつもの方向から走行してきた車が原因となることもあれば，すべての方向から走行してきた車が原因となるように，黒人女性は，白人女性と似たような差別を経験することもあれば，黒人男性と似たような経験をすることもあり，多くの場合二重の差別を経験している。また，人種差別と性差別の両方からではなく，黒人女性としての差別を経験することもある。このように，黒人女性の経験は差別言説が提供する一般的なカテゴリーよりもはるかに広範囲に及んでいるが，彼女たちの経験を完全に覆い隠してしまうようにカテゴライズされた分析によって，彼女たちのニーズが取り上げられることはほとんどないという（Crenshaw 1989：149-150）。

　健常者が主流の社会の場合，健常者がマジョリティで社会的強者，障害者がマイノリティで社会的弱者になるので，障害者を支援するボランティアニーズが発生する。

　日本社会の場合は日本人が主流なので，外国人が日本人に比べて社会的な生きづらさを抱える構造となり，外国人を支援するボランティアのニーズが発生する。

　しかし，外国人で障害者である場合のボランティアニーズとは何なのか。いや，そのようにボランティアを「分野分け」する前提が，ボランティアを一元的で単純な理解に落とし込み，それが活動に反映されていくのではないのか。

　分野に分けて整理することは分かりやすいし，合理的である。しかしだからこそ，複雑に相互依存する人間社会の溝に関与するボランティアは，その便利さと「〇〇ボランティアはこういう感じ」という規範に慣れ親しむことを，警戒しなくてはならないのではないだろうか。そして，個々のニーズが分野に包摂されることにも。

(7) ボランティアが誇り高くオシマイの向こう側へ漕ぎ出すために

　「在日コリアン障害児キャンプ」の経験は，在日でありボランティア経験が豊富だという私の「自信」を一瞬で崩した。私も結局，無自覚で無邪気で悪気のない「ボランティアの犬」だったのか。しかしその一方で，私は何か重要なことを学んだのではないだろうか。

　キム・ジヘは「差別は私たちが思うよりも平凡で日常的なものである。固定観念を持つことも，他の集団に敵愾心を持つことも，きわめて容易なことだ。だれかを差別しない可能性なんて，実はほとんど存在しない」（キム 2021：65）という。そして二分法ではなく複数の次元を重ねて立体的に見てこそ，差別の現実を多少なりとも理解できると指摘する。性別や人種に加えて，国籍，宗教，出身国，地域，社会経済的地位などの軸を加えると，状況はさらに複雑になるので，そもそも一つの軸だけで差別の経験を説明することは難しく，多次元に発展する議論を全て解決することも難しいからだ（キム 2021：62-63）。

　そうであれば，私ができることは，私の生きている社会構造をよく知り，「今」私に内在するマジョリティとマイノリティの要素を確認し，「今」私にできるボランティアを考え，実践していくことではないのか。それは，「私たちはつねに主流であるわけではない。国籍で，人種や民族で，宗教で，性別で，経済状況や健康状態で，いつも他者化され，自分も気づかないうちに

差別の加害者と被害者のあいだを簡単に行き来する。この当たり前の事実に気づくには，きっかけが必要だ」（尹 2021：228）からである。

　例えばホームレス状態におかれたすべての人が，生まれながら野宿生活をしていたわけではない。そして，突然のリストラ，病気，けが，失業等々によって主流から外れる事態は誰にでも起こりうる。ホームレス状態になるまでには，健康や仕事だけではなく，貯金や家族，友人なども失われていく。もともと，十分な教育を受けられなかったり経済状況が厳しかったり，頼れる家族や友人がいない人もいる。そして，主流に戻るために就職活動をしようとしても，ホームレス状態でお風呂に入って身なりを整えたり，スーツを準備したりすることは難しい。交通費や，住所が書かれた履歴書を準備することも難しい。借りたり相談したりする際には，自身がホームレス状態であることを知らせることにもなる。就職活動ができる体力と気力も十分ではないだろう。

　しかし，自力ではどうすることもできない構造的な壁によって，野宿者が主流に戻ることを阻まれていると知っても，「私と野宿者は違う」「私は絶対ホームレスにはならない」という「確信」は，思いのほか強固ではないだろうか。そうであれば，それが「幻想」であると気づくきっかけはあるのだろうか。

　北村は，ホームレス状態にある野宿者を差別する社会意識というのは「働けるのに働かない。みんながんばってるのに，がんばってない」であるという。そして，不登校の子どもたちが，夜回り活動で野宿者たちと非常に共鳴するのは，彼らが「みんなが学校に行ってるのに，どうして行かないんだ。がんばってない，弱い，ずるい，逃げてる，なまけてる」と見られていることと，野宿者を差別する社会意識が，地続きでつながっているからだと指摘している（北村 2013：89）。

　不登校の子どもたちが経験したような，ボランティアがボランティアと呼ばれるカテゴリーを越境し，自身と他者の「生」が共鳴する経験。

　そして，自身と他者の「生」と向き合いながら，ボランティアに関与する多様な人々──とりわけボランティアをする側の「常識」が揺らぎ，既存の

社会秩序が問い直されるという経験。

　そういえば，私も経験済みだった。そして，その揺らぎには，他者の存在と，私のなかのマジョリティとマイノリティの要素が必要だった。

　ボランティアが他者の困難を前に，自身の常識と社会の常識に向き合った結果として，困難な状態におかれた人々の気持ちが癒されたり，既存の社会秩序が揺らぎ始めたり新たな秩序が生まれたりする循環は，困難な状況の人々だけではなく，ボランティアにとっても，幸せへの希望を諦めずに済む手すりになるのだろうか。

　今，社会の価値観や常識が一変するような事態が，数年に一度くらいのスパンで起こっている。通信手段一つをとっても，私の場合は高校時代にポケベル，大学時代は PHS，その後は携帯電話，そして今はスマートフォンだ。しかも単なる情報伝達手段にとどまらない，生活手段でもあり，ビジネス手段でもあり，教育手段でもあり，余暇を楽しむ手段でもあるマルチインフラだ。しかし数年後は「スマホ？　昔のやつ？」となっているかもしれない。

　目まぐるしい社会の変化は，新たな「マイノリティ」や「マジョリティ」を生み出し，私はその交差点に立つのだろう。そのたびに，どのような軸を据えてボランティアを描き，実践していくのだろうか。少なくとも私は，「私たちが生涯にわたって努力し磨かなければならない内容を，『差別されないための努力』から『差別しないための努力』に変える」（キム 2021：202）ためのボランティアでありたい。

　今，あなたにはどのような景色が見えているだろうか。

　よかったら，あなたとボランティアの物語を聞かせてくれませんか。

●参考文献●

石田易司　1999「障害者とボランティア」内海成治・入江幸男・水野義之編『ボランティア学を学ぶ人のために』世界思想社，131-146 頁。

金子郁容　1992『ボランティア──もうひとつの情報社会』岩波書店。

北村年子　2013「教職員へ『ホームレス』襲撃は，路上の『いじめ』」生田武志・北村年子著，一般社団法人ホームレス問題の授業づくり全国ネット編『子どもに「ホームレス」をどう伝えるか？──いじめ・襲撃をなくすために』太郎次郎社

エディタス，57-140 頁。

キム・ジヘ　2021『差別はたいてい悪意のない人がする――見えない排除に気づくための 10 章』尹怡景訳，大月書店。

経済企画庁編　2000『平成 12 年版国民生活白書――ボランティアが深める好縁』大蔵省印刷局。

関嘉寛　2008『ボランティアからひろがる公共空間』梓出版社。

筒井のり子　1997「ボランティア活動の歩み――私たちの社会とボランティア」社会福祉法人大阪ボランティア協会監修，巡静一・早瀬昇編著『基礎から学ぶボランティアの理論と実際』中央法規出版，20-34 頁。

東京都社会福祉審議会　1984「東京都におけるこれからの社会福祉の総合的な展開について（中間答申）」東京都福祉局総務部調査課。

中山淳雄　2007『ボランティア社会の誕生――欺瞞を感じるからくり』三重大学出版会。

西山志保　2007『〔改訂版〕ボランティア活動の論理――ボランタリズムとサブシステンス』東信堂。

仁平典宏　2011『「ボランティア」の誕生と終焉――〈贈与のパラドックス〉の知識社会学』名古屋大学出版会。

花田えくぼ　1986「ボランティア拒否宣言」NPO 法人おおさか行動する障害者応援センター『すたこらさん』1986 年 10 月号（1986 年 10 月 15 日発行）。

早瀬昇　2010『寝ても覚めても市民活動論――ミーティングや講座の帰り道に読む 35 の視点』ボランティア・テキストシリーズ 23，社会福祉法人大阪ボランティア協会。

メルッチ，A　2001「聴くことの社会学」新原道信訳，地域社会学会編『地域社会学会年報第 13 集　市民と地域――自己決定・協働，その主体』ハーベスト社，1-14 頁。

尹怡景　2021「訳者あとがき」キム・ジヘ，前掲書，225-228 頁。

渡戸一郎　1993「ボランティア活動の今日的意義と展開方向」西尾勝編『〔21 世紀の地方自治戦略　10 巻〕コミュニティと住民運動』ぎょうせい，145-167 頁。

Crenshaw, K. 1989. Demarginalizing the Intersection of Race and Sex: A Black Feminist Critique of Antidiscrimination Doctrine, Feminist Theory and Antiracist Politics. *University of Chicago Legal Forum* Volume 1989: Iss.1, Article 8: 139-167.

Romito, B. and Jewell, J., Jackson, M., AAP Committee on Hospital Care; Association of Child Life Professionals 2021. Child Life Services. *Pediatrics* 147（1）: e2020040261.

あとがき

　「新しいボランティア学のテキストをつくりませんか？」

　昭和堂編集部の松井久見子さんの一言から，このプロジェクトは始まった。コロナパンデミックに振り回されていた2020年初夏のことだったと思う。当時，休校，オンライン，自粛に翻弄されながら家族で引きこもり，途方に暮れていた私は，松井さんからの事務連絡が済んだあとも，２時間近くおしゃべりを繰り広げてしまった。そしてそのとき，とめどもなく熱く語ったのが，ボランティアの授業の面白さと難しさだった。しかし，私はこのお声がけを素直に受け止めることができなかった。先ほどまでの勢いはどこへやら，どれだけの学生がボランティアという問いを面白がってくれるのか，まったく自信がなかったのだ。

　ここでこの話は立ち消えてもおかしくないのだが，松井さんが忍耐強くやり取りを重ねてくださるなかで，なぜか私がこのプロジェクトの旗振り役になっていた。しかし，自覚するまでに３ヶ月くらいはかかったと思う。ボランティアに関する専門家は山ほどいるなかで，編者を務める自信どころか逃げ出したい気持ちでいっぱいだったのである。しかし，私が松井さんに熱く語ったのは，ボランティアの専門的な知識の話だったのだろうか？

　「どうして私がボランティア学のテキストを！？」

　戸惑いが解消されないまま本プロジェクトは始まったが，他の執筆者も同じような戸惑いを抱えている人が多かった。そこで，全執筆者と個別に何度も打ち合わせを重ね，編集会議を７回重ねた後，ようやく本書のコンセプトと概要を固めることができた。そしてその過程で，「ボランティアの議論は無限で面白い」とうっかり確信してしまったのである。

　本書の執筆陣は皆，専門も経験もバラバラである。そして，ボランティアに特別関心があるわけでもなかったり，自分は門外漢だと思っていたりする人や，ボランティアをずっと追求してきたり関わってきたりしたという人も

いた。そして，ほとんどが「初めまして」という間柄だった。それにもかかわらず，なぜボランティアというテーマは底なしの問いを与え，私たちはそれぞれの関係性や戸惑いを忘れて議論に熱中しているのだろうか？　議論が面白すぎた私は，編集会議の議事録をまとめる形に変更してもよいのではないかと松井さんに提案した（すぐに却下されたが）。

　いずれにしても，いつしか私たちは，このような学び合う場を「本」という媒体で表現したい，表現できるのではないかと思うようになっていったのかもしれない。それでも，「どうして私が！？」という戸惑いが解消されることのないまま，本書を上梓する運びとなった。しかし解消されなかったこの戸惑いが，本書における「ボランティア学」の根幹を形作ってくれたとも思う。コロナパンデミックの困難な状況のなかで，へっぴり腰の私を励まし，刺激的なコラボ作業を共にしてくださった，執筆者の皆さんと松井さんとのご縁に心から感謝申し上げます。

　最近，ボランティア論の授業で学生から「（モヤモヤすることは）特にないです」と言われた。「ない」と思い込んでいるのかもしれない……疑問を持ったりしてはいけないとか，皆と同じでないといけないとか，モヤモヤする機会がないことが当たり前と思ってきたからかもしれない……真相はわからないが，「ない（かも？）」と思っていた私たち執筆者一同，本書が「あるかもよ！？」とおせっかいを焼く装置になればと願っている。そしてボランティアというフィルターを通して見える，かけがえのない私のモヤモヤに出会うとき，その隣に横たわる他者と社会が見え，「私」は物語ることを始めるのではないかと思う。私を形づくっている他者と社会が，私がそのままにしておくことができない私の生の輪郭を浮かび上がらせるかもしれないから。そして，私が抱く問いと学びを，無限に広げてくれるはずだから。

　　コロナパンデミックの渦中で迎えた2023年1月1日，
　　オシマイの向こう側のハジマリへ漕ぎだそうともがきながら

執筆者一同を代表して　李永淑

■執筆者紹介 （執筆順）

李永淑
  ＊編者紹介参照

小島祥美 （こじま よしみ）
  東京外国語大学多言語多文化共生センター長・准教授。専門は教育社会学，外国につなが
  る子どもの教育。おもな著作に『外国人の就学と不就学――社会で「見えない」子どもた
  ち』（大阪大学出版会，2016）など。

川田虎男 （かわた とらお）
  聖学院大学ボランティア活動支援センターアドバイザー，非常勤講師。NPO 法人ハンズオ
  ン埼玉代表理事。専門はボランティア・市民活動，地域福祉。おもな著作に『オンライン
  のあたたかい場づくり自主研究ノート』（共編，ハンズオン埼玉，2021）など。

久米隼 （くめ はやと）
  埼玉純真短期大学こども学科助教。専門は社会福祉学，非営利活動論。おもな著作に『こ
  れだけは理解しておきたいボランティアの基礎』（日本橋出版，2021）など。

中西唯公 （なかにし ゆうこ）
  順天堂大学大学院スポーツ健康科学研究科准教授。専門は公衆衛生看護学。おもな著作に
  Status of Normal Weight Obesity among Japanese Women under 40 Years Old （*Juntendo
  Medical Journal* 66(4), 2020）など。

荒井裕樹 （あらい ゆうき）
  二松學舍大学文学部准教授。専門は障害者文化論。おもな著作に『障害者ってだれのこと？
  ――「わからない」からはじめよう』（平凡社，2022）など。

加藤恵美 （かとう えみ）
  帝京大学外国語学部准教授。専門は政治学，国際関係論。おもな著作に『和解をめぐる市
  民運動の取り組み』（分担執筆，明石書店，2022）など。

石野由香里 （いしの ゆかり）
  専門は演劇教育，人類学，地域づくり・ボランティア論。おもな著作に『他者の発見――
  演劇教育から人類学，ボランティアと地域活性論への架け橋』（早稲田大学出版部，2021）
  など。

竹端寛 （たけばた ひろし）
  兵庫県立大学環境人間学部准教授。専門は福祉社会学，社会福祉学。おもな著作に『家族
  は他人，じゃあどうする？――子育ては親の育ち直し』（現代書館，2022）など。

小山淑子（こやま しゅくこ）
　早稲田大学社会科学総合学術院准教授。専門は紛争解決，平和構築。おもな著作に *The Political Violence of Capital: Paramilitary Formations in Global Perspective*（分担執筆，Routledge, 2022）など。

池田泰子（いけだ やすこ）
　嵯峨美術大学芸術学部教授，認定 NPO 法人ボルネオ保全トラスト・ジャパン理事。おもな関心事は動・植物園，ボルネオ。おもな著作に『ちいさなかがくのとも　ゆきのひのどうぶつえん』（共著，福音館書店，2014）など。

原田佳子（はらだ よしこ）
　美作大学生活科学部教授。専門はフードバンク。おもな著作に『瀬戸内食品ロス削減団』（共著，クリエイツかもがわ，2022）など。

竹中健（たけなか けん）
　九州看護福祉大学大学院看護福祉学研究科教授。専門は福祉社会学，医療社会学。おもな著作に『ボランティアへのまなざし——病院ボランティア組織の展開可能性』（晃洋書房，2013）など。

■編者紹介

李永淑（り よんすく）

　　帝京大学文学部准教授。おもな研究分野・関心事は，ボランティア，
　　NPO，地域連携貢献，進路キャリア形成，アクティブラーニングなど。
　　おもな著作に『小児がん病棟と学生ボランティア──関わり合いの人間
　　科学』（晃洋書房，2015），「ディープ・アクティブラーニングとしての
　　複合型 PBL（combined project-based learning）の検討──権限のない
　　リーダーシップ開発を目指した実践から」（『帝京大学高等教育開発セン
　　ターフォーラム』Vol.8, 2021）など。

モヤモヤのボランティア学
　　私・他者・社会の交差点に立つアクティブラーニング

2023 年 3 月 31 日　初版第 1 刷発行

　　　　　　　　　　　　　　　編　者　李　　永　　淑

　　　　　　　　　　　　　　　発行者　杉　田　啓　三

　　　　　　　　　　〒 607-8494　京都市山科区日ノ岡堤谷町 3-1
　　　　　　　　　　　　　発行所　株式会社　昭和堂
　　　　　　　　　　　　　　　　振替口座　01060-5-9347
　　　　　　　　　　TEL（075）502-7500／FAX（075）502-7501
　　　　　　　　　　ホームページ　http://www.showado-kyoto.jp

© 李永淑ほか　2023　　　　　　　　　　　　　印刷　亜細亜印刷

　　　　　　　　　ISBN978-4-8122-2211-9

油井清光
白鳥義彦
梅村麦生
編

3STEPシリーズ①

社 会 学

定価2530円

吉永明弘
寺本剛
編

3STEPシリーズ②

環 境 倫 理 学

定価2530円

大西琢朗
著

3STEPシリーズ③

論 理 学

定価2530円

北野真帆
内藤直樹
編

コロナ禍を生きる大学生
留学中のパンデミック経験を語り合う

定価2750円

前林清和
中村浩也
編

SDGs時代の社会貢献活動
一人ひとりができることとは

定価2640円

鈴木康久
嘉村賢州
谷口知弘
編

はじめてのファシリテーション
実践者が語る手法と事例

定価2640円

昭和堂
（表示価格は税込）